KB113763

한 달 만에 달성하는

100만 팔로워 마케팅

BOOK
AGIT

ONE MILLION FOLLOWERS by Brendan Kane

Orignal English language edition published by BenBella.

Copyright ⓒ 2018 by Brendan Kane.

Korean edition copyright ⓒ 2020 by Little Cosmos.

All rights reserved.

이 책의 한국어판 저작권은 대니홍 에이전시를 통한 저작권사와의 독점 계약으로 도서출판 작은우주에 있습니다.
저작권법에 의해 한국 내에서 보호를 받는 저작물이므로 무단전재와 복제를 금합니다.

한 달 만에 달성하는
100만 팔로워 마케팅

브렌단 케인 지음 | 임경은 옮김

목 차

"오늘날 온라인 세상은 너무나 복잡하여 아무리 콘텐츠가 훌륭하더라도 묻히거나 무시되는 경우가 많다. 하지만 다행히도 광범위한 고객에게 다가가는 능력을 키우는 일은 자신이 하기 나름이다. 그리고 당신도 《100만 팔로워 마케팅》과 함께라면 지금 당장 시작할 수 있다."

– 케이티 쿠릭Katie Couric
미국 야후 앵커, ABC 앵커

"세상에 큰 도움이 될 디지털 시리즈의 공개에 앞서 조언이 필요했을 때 내가 가장 먼저 연락한 사람은 브렌단이었다. 이번에 그가 책을 통해 자신의 연구와 경험을 널리 알리게 되어 매우 기쁘게 생각한다."

– 저스틴 발도니Justin Baldoni
〈제인 더 버진(Jane the Virgin)〉의 주연 배우, 〈마이 라스트 데이즈(My Last Days)〉의 감독,
웨이페어러(Wayfarer)의 공동 창립자 겸 CEO

"브렌단의 성공 사례는 테일러 스위프트, 리한나, 제이슨 스타뎀, 케이티 쿠릭, MTV, 바이스, 라이언스게이트, 야후와 같이 글로벌 개인 및 기업 브랜드가 포함되어 더욱 흥미롭다. 책 속 사례에서 볼 수 있듯 그는 자신의 약속을 몸소 성과로 입증했고, 실제로 단기간에 최소의 비용으로 100만 명의 팔로워를 모았다. 그의 성공 요인에는 테스트와 방법론이 많은 부분을 차지한다. 그는 친절하게도 이번 기회에 자신의 작업 방식을 세상과 공유하기로 했다."

– 그렉 더킨Greg Durkin
'것츠+데이터(Guts + Data)'의 CEO,
'워너 브라더스 픽처스(Warner Bros. Pictures)' 전 마케팅 분석 담당 수석 부사장

"브렌단은 대부분 사람이 꿈꾸는 것을 이루어냈다. 그가 자신의 비밀을 공유하기로 결정한 것은 우리에게 무척 행운이다. 이 책은 반드시 읽어야 한다."

– 줄리 모란Julie Moran
〈엔터테인먼트 투나잇(Entertainment Tonight)〉 전 공동 진행자

"브렌단은 소셜 미디어에서 목표를 달성하는 데 도움이 될 훌륭하고 실용적인 전략을 제시한다. 브랜드 구축, 제품 판매, 인플루언서 되기 등 어떤 것이 목표가 되었든 이 책에 지혜가 담겨 있으니 그냥 따라 하기만 하면 된다."

– 안토니 랜달Antony Randall
EQ의 CEO 겸 공동 창업자,
제이 지(Jay-Z), 레이디 가가(Lady Gaga), U2 등과의 공동 작업을 포함해
30년 이상의 경력을 자랑하는 엔터테인먼트 총괄 프로듀서 겸 감독

"어떤 콘텐츠가 널리 확산될지 예측할 수 있는 사람은 없겠지만, 콘텐츠의 도달 범위를 극대화하고 수많은 무리에서 돋보이기 위해 전문가가 사용하는 검증된 공식은 존재하며, 이 공식은 누구에게나 효과가 있다. 브렌단 케인은 모든 팁과 도구, 특별한 비밀을 공개한다."

– 데이비드 오David Oh
'팹핏펀(FabFitFun)'의 최고 제품 책임자

"좋은 성과를 내는 원리의 이해에 중점을 둔 브렌단의 방법론은 널리 전파될 만하다. 그의 호기심과 지식은 당신의 성취 욕구를 자극할 것이다."

– 래섬 아네슨Paramount Pictures
'파라마운트 픽처스(Paramount Pictures)' 전 디지털 마케팅 부사장

"브렌단 케인은 소셜 미디어와 그 전략적 적용의 선구자로서, 갈팡질팡하고 있을 여러분에게 안내자 역할을 할 것이다."

– 존 자쉬니Jon Jashni
'레인트리 벤처스(Raintree Ventures)'의 창립자, 〈콩 : 스컬 아일랜드〉, 〈워크래프트〉, 〈고질라〉,
〈로스트 인 스페이스〉, 재키 로빈슨(Jackie Robinson) 전기 영화 〈42〉, 〈퍼시픽 림〉 등의
콘텐츠 개발 및 제작을 총괄한 '레전더리 엔터테인먼트(Legendary Entertainment)'의
전 사장 겸 최고 광고 책임자

"오늘날 온라인에서는 정신없을 정도로 콘텐츠가 범람하고 있다. 그래서 주요 잠재 고객에게 콘텐츠나 브랜드, 메시지를 최대한 널리 전달하는 것이 점점 어려워지고 있다. 단, 이 책을 읽는다면 얘기가 다르다. 브렌단은 유용한 팁과 도구, 내부자 정보의 정수만을 뽑아내어 모두 적용해 실행할 수 있는 조언으로 담아내는 대단한 작업을 수행했다."

– 이몬 캐리Eamonn Carey
'테크스타스 런던(Techstars London)'의 전무 이사

"소셜 미디어는 이제 금전적 수익을 창출하거나 자신을 세상에 알릴 수 있는 기회다. 당신은 이 책으로 전 세계 최고의 전문가들이 들려주는 기본 지식을 배울 수 있다. 각 분야의 전문가들이 소셜 미디어에서 성공하기 위해 필요한 중요한 정보를 제공할 것이다!"

– 조이반 웨이드Joivan Wade
'월 오브 코미디(The Wall of Comedy)'의 창립자,
〈더 퍼스트 퍼지〉 출연 배우

"복잡하고 끊임없이 변화하는 소셜 미디어 세상에서 실질적, 지속적 영향력을 갖게 해줄 책을 찾고 있다면, 멀리서 찾을 필요 없다. 이 책은 실용적이고 명확하며 쉽게 읽힌다. 브렌단 케인은 바이블을 써냈다."

– 카리오 살렘Kario Salem
에미상 수상 경력의 시나리오 작가

"브렌단은 내가 아는 누구보다 유료 광고의 가치를 더 잘 알고 있다. 그리고 유기적 성장을 위한 새로운 방법으로서 효율적인 광고비 지출 전략의 가치와 그 진정한 의의를 알고 있다. 그리고 정말 훌륭한 콘텐츠는 성공의 이면에 올바른 전파와 올바른 플랫폼이 숨어 있는 법이다."

– 에릭 브라운스타인Erick Brownstein
'셰어러빌리티(Shareability)'의 사장 겸 최고 전략 책임자

"10년 전 비디오 연출 경력을 쌓기 시작할 때 이 책을 읽었더라면 좋았을 걸 그랬다. 나는 이 책에서 배운 것을 나의 소셜 미디어 플랫폼에 활용할 생각에 매우 가슴이 떨린다. 이 책을 진지하게 읽고 배운 지식을 실전에 적용한다면, 누구나 목표에 한 걸음 더 가까이 다가갈 수 있다."

– 페드로 플로레스Pedro D. Flores
'콤프에이 프로덕션(CompA Productions)'의 CEO

"브렌단은 놀랍게도 2주 만에 비영리 단체인 우리의 페이지에 엄청난 수의 팔로워를 안겨 주었다. 내 경력을 통틀어 그러한 급격한 성장을 본 적이 없었다."

– 리치 저먼Rich German
'JV 인사이더(JV Insiders)'의 설립자 겸 CEO

"이 시끌벅적한 세상에서 대량의 팔로워를 모으기는 비현실적으로 보일 수 있다. 그러나 《100만 팔로워 마케팅》의 현명한 조언을 따르면 누구나 당장 강력하고 열정적인 팬 기반을 구축할 수 있다."

– 도리 클라크Dorie Clark
듀크 대학교 후쿠아 경영대학원(Duke University's Fuqua School of Business)의 겸임 교수,
《당신도 기업가(Entrepreneurial You)》, 《스탠드 아웃》의 저자

"브렌단은 포화 상태의 시장에서 눈에 띄는 아웃라이어다. 그의 전략은 실행하기 쉽고 엄청난 성과를 보장한다. 브렌단과 함께 일하면서 그의 놀라운 아이디어에 눈이 번쩍 뜨였다. 그는 자신의 분야에서 단연 최고다."

– 루크 왈Luke Wahl
'스포츠 일러스트레이티드(Sports Illustrated)' 및 '야후(Yahoo!)' 총괄 프로듀서

목소리를 내어

당신은 마음속의 꿈을 펼치기 위해 세상에 왔습니다.

이 지구상의 모든 사람에게는 재능이 있습니다.

꿈은 당신이 재능을 펼치도록 인도할 것입니다.

꿈을 포기하지 않을 용기가 있습니까?

그러리라 믿습니다.

당신은 빛날 준비가 됐습니다.

세상에 긍정적이고 영속적인 의미 있는 영향을 주기 위한

계획만 있으면 됩니다.

소셜 미디어를 활용하십시오.

강력한 메시지와 제품을 세상에 보여 줘야 합니다.

때가 됐습니다.

망설이면 안 됩니다.

메시지와 콘텐츠로 진정 세상을 변화시킬 수 있습니다.

불가능한 게 아닙니다.

나의 친구 브렌단 케인이 이 책에서 설명하고 가르쳐줄 것입니다.

미국, 멕시코, 브라질, 호주, 인도, 영국,

그 외 세계 어디에 당신이 있더라도,

마치 마법 지팡이처럼,

권위 있는 대가들이 이 책에서 당신에게 방법을 알려줄 것입니다.

약속합니다.

영감을 얻고 꿈을 좇으십시오.

불가능한 것은 없습니다.

비록 불가능해 보일지라도,

제 말을 믿어보십시오.

이 책에서는 세계 최고의 마케팅 전문가들의 조언을 만날 수 있습니다.

당신이 전략을 세우고, 파트너십을 맺고, 기회를 얻는 데 도움이 되는,

놓치고 싶지 않을 정보들입니다.

원하는 걸 손에 넣고

기업가가 되어 성공할 수 있습니다.

이 전문가들은 전 세계로 당신의 메시지를 전하는 방법을 알고 있으며,

당신과 그 지식을 기꺼이 공유합니다.

이 책을 읽은 후 당신은 강력한 디지털 전략과

잠재 고객을 구축하는 기술을 갖게 될 것입니다.

나아가 세상에 메시지를 전달하고 변화에 한 걸음 더 가까워질 수 있습니다.

당신의 꿈이

연사, 시인, 모델, 인플루언서, 배우, 기술 스타트업, 자영업,

코미디언 등 무슨 일을 하든, 여러분은 할 수 있습니다.

이 책을 읽으면 확신이 설 것입니다.

당신에게는 이미 창의성, 독립성, 혁신력 그리고 연결 능력이 있습니다.

믿음과 신뢰를 얻기 위한 정보만 갖추면 됩니다.

그것은 오늘날의 사회에서
꼭 해야 할 일이기도 합니다.

당신의 재능을 밖으로 꺼내 꿈으로 바꾸십시오.
정보는 이 안에 있으니,
깨어나십시오.

여러분의 가능성을 믿습니다.
이 책을 읽고,
주옥같은 조언을 따라 자신의 꿈이 이루어지는지 지켜보십시오.
꼭 필요하고 가치가 있으며 반드시 도움이 될 조언들입니다.

당신이 자신의 꿈에 몰두한 후
어떤 결과물이 나올지는 알 수 없습니다.
내 생각을 듣고 싶은가요?
지금 바로 이 책을 읽고 최대한 다양한 지식을 내 것으로 만드십시오.

실행에 착수하고 지혜에 눈을 뜨십시오.
소셜 미디어로 세상을 변화시키며
재능을 활용해 성공으로 가는 법을 배우십시오.

당신은 세상에 한 명뿐인,
대체 불가의 존재입니다.
더 이상 숨어 있지 말고 자신을 알리십시오.

— 프린스 이에이|Prince Ea

100만 명의 팔로워를 확보한다는 것

당신이 세상에 보여 주고 싶은 것이 있고(음악, 예술, 연기, 스포츠와 관련된 자신의 재능에서 브랜드 및 스타트업 창업에 이르기까지) 디지털 및 소셜 미디어 플랫폼을 활용하는 방법도 알고 있다면, 전 세계의 팔로워를 수억까지는 아니더라도 수백만 명 정도는 빠른 시일 내에 모을 수 있다. 소셜 미디어 인플루언서들은 이렇게 해서 단 몇 년 만에 큰 인기를 누리고 심지어 주류 연예인을 능가할 정도로 세력을 키워 왔다. 그들은 집 안에 카메라를 세팅하고, 세상 사람들에게 자신만의 개성을 널리 알리기 시작했다. 올바른 전략만 있다면, 누구라도 전 세계적으로 대규모의 잠재 고객을 확보할 수 있다.

저스틴 비버Justin Bieber는 본능적으로 디지털 미디어의 힘을 터득한 사람의 완벽한 예이다. 처음에 그는 당시의 인기곡들을 커버해서 부른 영상을 유튜브에 올리며 알려지기 시작했는데, 현재는 누구도 넘볼 수 없는 세계적인 스타가 되었다. 그는 딱히 혁신적인 것을 시도할 필요가 없었다. 이미 효과가 있었던 방법을 활용할 기회를 엿보다가 실행에 옮겼을 뿐이다. 저스틴 비버가 부린 특별한 마법은 사람들의 마음을 움직이는 가창력, 그리고 이미 유튜브에서 많이 검색되던 노래를 선곡해 자기만의 색깔로 표현하는 센스를 결합한 것이다. 이는 결과적으로 그의 잠재 고객과의 관계를 잇는 교량 역할을 하였다.

그는 사람들이 공감하고 공유하고 싶었던 메시지를 시의적절하고 감성적으로 전달했다. 사람들이 비버를 대신해 이 메시지를 공유해 줬기 때문에 그는 프로듀서와 음반사, 매니저들로부터 주목을 받았고, 결국 스타덤에 오를 수 있었다. 한때는 저스틴 팀버레이크Justin Timberlake와 어셔Usher가 서로 자신의 소속사에 그를 영입하려고 경쟁하기도 했다. 이것은 소셜 미디어의 존재 그리고 전 세계 수백만 명의 사람들에게 자신의 동영상을 보고, 참여하고, 공유하게 만든 비버의 능력 덕분에 가능했다. 처음에 그는 그저 재능 있는 무명 중 하나일 뿐으로, 이 책을 읽고 있는 당신과 별반 다르지 않았다.

우리는 모두 나름의 개성이 있으며, 다른 사람들에게 감동을 줄 자격이 충분하다. 그리고 이 책을 읽는 당신은 아마도 남들에게 무언가를 전달하고 영향력 있는 존재가 되길 바라는 사람일 가능성이 높다. 하지만 요즘은 영향력을 행사하고 싶어 하는 사람이 너무 많을 뿐만 아니라, 사회는 점점 더 세계화되고 있어서 그 어느 때보다도 자기 목소리를 내기가 힘들다. 모바일 플랫폼에서만 매일 600억 개가 넘는 메시지가 공유되는 실정이다. 이런 현실에서 도대체 어떻게 사람들의 관심을 끌고 그들에게 당신의 이야기를 들려줄 것인가?

많은 사람은 페이스북, 인스타그램, 스냅챗에 메시지를 게시하거나 홍보하는 것만으로도 충분하다고 여긴다. 하지만 그렇지 않다. 사람들이 특정 메시지를 공유하고 싶게 만드는 요인이 무엇인지 알아야 한다. 한 사람이 어떤 메시지를 공유하는 순간, 그 메시지가 노출되고 확산하는 범위는 기하급수적으로 늘어난다. 결국, 수백 명의 친구에게 전달되며 잠재적으로 친구의 친구에게까지 계속해서 뻗어 나간다. 사람들에게 내 콘텐츠를 얼마나 빠르게 공유하게 만드느냐가 소셜 미디어의 유기적organic (페이스북에서 '유기적'이란 광고의 반대 개념으로, 팬들의 전파에 의한 확산 결과를 말한다.) 성장의 성공을 좌우한다. 다시 말해 공유 수가 올라갈수록 성장이 빨라진다는 의미다.

브랜드나 제품을 홍보하는 불특정 다수의 숨은 위력을 극대화하는 방법을 배워야 한다. 바로 이것이 이 책에서 팁과 예시를 통해 단계별로 다루고자 하는 내용이다. 나는 10년 이상 디지털 및 비즈니스 전략가로 일하면서 글로벌 네트워크와 전문 지식을 활용해 유명 인사, 브랜드, 〈포춘Fortune〉 지 선정 500대 기업들의 규모, 영역, 도달 범위의 확장을 도왔다. 이제는 이 경험을 바탕으로 당신이 전하고 싶은 메시지를 당당히 들려줄 수 있는 전문가가 되도록 돕겠다.

《진화된 마케팅 그로스 해킹》의 저자 숀 엘리스Sean Ellis의 말을 빌려 나를 '그로스 해커growth hacker'라고 부르는 사람도 있다. 그로스 해커는 그로스 해킹growth hacking을 사용하는 마케터를 말한다. 고객의 취향을 파악하고 상품 및 서비스의 개선 사항을 수시로 모니터링하고 반영하는 온라인 마케팅 기법을 그로스 해킹이라고 한다. 하지만 나는 스스로 '디지털 및 비즈니스 전략가'라고 부른다. 나의 임무는 사업적이든 개인적이든 당신의 목표를 가능한 한 빨리 달성할 수 있도록 돕는 것이다. 그러기 위해서 주로 다른 사람들이 콘텐츠 및 브랜드를 공유하도록 유도하여 콘텐츠의 잠재된 가치를 최대한 끄집어내고, 본질적으로 자발적인 공유라는 관문을 뚫을 수 있게 도와주려 한다.

나는 이 책을 준비하고 자료 조사를 하면서 관련 업계의 친구들과 전 세계의 그로스 해킹 전문가와 긴밀히 연락하며 각 전략을 세분화했다. 이제부터 구체적인 목표에 도달할 수 있는 최상의 정보와 방법을 알려 주고자 한다. 이 책을 통해 소셜 및 디지털 성장의 각 분야를 대표하는 최고의 전문가와 인물들을 만나볼 수 있다. 페이스북에서 팔로워 100만 명 모으기, 유튜브나 인스타그램에서 인플루언서가 되기, 자신의 브랜드 알리기, 온라인에서 수백만 달러의 제품 매출 올리기 등 각자 목표가 무엇이건 간에 모든 정보가 이 안에 있으니, 여러분은 그 정보를 잘 활용하기만 하면 된다.

테일러 스위프트에게 배운 공유의 능력

지난 몇 년 동안 나는 유명 연예인, 운동선수, 미디어 기업 등의 의뢰를 받아 그들의 도달 범위와 잠재 고객을 신속하게 확장하는 작업을 했다. 특히, 콘텐츠 테스트와 최적화, 분석 및 데이터, 유료 광고에 중점을 두었다. 수년간의 실험과 관찰이 축적되어 지금과 같은 성과에 이르렀지만, 테일러 스위프트Taylor Swift와 함께 일 하면서 얻은 교훈이 큰 도움이 되었다. 그녀와 함께 일하면서 디지털 및 소셜 플랫폼의 힘과 그것을 활용하는 방법을 배울 수 있었다.

나는 테일러 스위프트가 브랜드, 음악, 명성을 스스로 쌓아 올렸다는 것이 아주 흥미로웠다. 브랜드가 성장하는 데 있어서 팬 사이트가 중요하다는 것을 직관적으로 이해했던 그녀는 팬과의 활발한 일대일 소통의 장을 마련하고자 마이스페이스My Space (글로벌 커뮤니티 서비스 사이트)를 소박하게 시작했다. 그녀는 플랫폼에서 팬들이 남긴 댓글에 일일이 답변했다. 그리고 언제든 사인이나 사진을 요청하는 팬이 있으면 부탁을 들어주었다.

테일러 스위프트는 13시간짜리(결국, 17시간으로 늘어나긴 했지만) 팬 미팅을 열어 3,000명의 팬에게 친필 사인을 하고 셀카를 찍어 준 적이 있다. 그녀는 사인을 받거나 사진을 찍기 위해 줄 서서 기다렸던 모든 팬이 평생 남을 팬이자 브랜드 지지자가 될 것을 알고 있었다. 이러한 브랜드 지지자들은 그녀의 음악과 메시지를 널리 알리고 친구들과 다 함께 공유한다. 테일러 스위프트가 실제로 만난 팬은 3,000명이지만, 최종적으로 도달한 사람은 그날에만 수십만 명에 육박했을 것이다. 그녀와 팬 간의 상호 작용은 단순히 찰나의 순간에 국한되지 않았다. 팬은 시간이 지나 친구들에게 그 경험을 들려줄 뿐만 아니라, 행사장에서 찍은 사진과 동영상, 받아온 사인을 자기의 소셜 채널에 게시한다. 페이스북 사용자는 평균 338

명의 친구가 있기 때문에 각 팬이 이 이미지를 공유하면, 테일러 스위프트는 잠재적으로 101만 4,000명에게 도달할 수 있는 셈이다. 팬들은 테일러 스위프트에 대해 동네방네 외치고 싶을 것이다. 그들은 모든 친구와 소셜 인맥을 향해 "나는 테일러 스위프트가 좋아!" 혹은 "방금 이렇게 멋진 사진을 찍고 사인도 받았어!"라고 말한다.

테일러 스위프트는 여전히 시간을 내서 이런 행사를 마련한다. 그녀는 팬들의 생일 파티, 결혼식, 웨딩 샤워에 참석한다. 2014년에는 크리스마스 선물을 들고 여러 팬의 집을 깜짝 방문했으며, 이 선물 전달 영상은 1,800만 명이 넘는 사람들이 시청했다. 2017년에는 여섯 번째 정규 앨범 〈레퓨테이션Reputation〉의 발매 기념 파티를 열기 위해 팬들을 선별하여 런던, 로스앤젤레스, 내슈빌, 로드아일랜드 등의 자택으로 초대했다. 이런 종류의 이벤트는 팬에게 보답하는 그녀만의 방식이자 엄청난 대중의 관심과 주의도 불러일으킨다.

그녀는 팬들과 함께하는 모든 이벤트에 진지한 태도로 임하기 때문에 홍보에 아주 효과적이다. 다른 무언가를 기대하고 이런 일을 하지 않는다. 똑똑하고 재능이 있으며 팬들에게 감사할 줄도 알지만, 무엇보다 그녀는 마음씨가 따뜻하다. 들불 번지듯 급속도로 확산한 자신의 브랜드 충성도를 육성한 것은 바로 이 마음이다. 그러나 몸이 하나라서 아쉬운 테일러 스위프트는 한 번에 여러 지역의 팬을 만날 수가 없다.

그녀는 데뷔 초기에 내슈빌에서 살았다. 내슈빌에 살면서도 사인회를 열고 3,000명의 지역 팬과 소통했지만, 세계 각지의 팬들을 위해서는 시간을 할애하지 못했다. 미국, 영국, 중국, 홍콩, 인도, 일본 팬은 그녀와 소통할 수 없었다. 그러나 그녀가 온라인 활동에 집중하기 시작하면서 전 세계 모든 사람과, 그것도 신속하게 연결될 수 있었다.

우리 팀을 만나기 전까지 테일러 스위프트는 자신의 홈페이지에 변화를 주려고 업데이트하려면 매번 이틀이 소요되는 플래시 전용 웹사이트를 운영하면서 무려 7만 5,000에서 15만 달러를 지출하고 있었다. 분석 정보를 살펴보니 사람들이 홈페이지에 머무르는 시간은 평균 30초 미만이었고, 방문자의 90%는 사이트에 들어서자마자 빠져나갔다. 나는 그녀의 브랜드인 일대일 상호 작용이라는 근본적인 아이디어로 돌아가서 웹사이트의 잠재성을 극대화하기를 제안했다. 이러한 올바른 전략 덕분에 그녀는 자신의 웹사이트를 활용하여 팬들과의 유대를 강화할 수 있었다.

내 제안은 우리 팀이 개발한 기술 플랫폼을 사용하여 6시간 만에 완전히 새로운 사이트로 탈바꿈하는 것이었다. 우리는 웹사이트의 어떤 요소라도 실시간으로 다이내믹하게 바꿀 수 있는 원리를 스위프트에게 보여 주었다. 이로써 그녀는 배경을 변경하고, 내비게이션 메뉴를 이동하거나 바꾸고, 웹사이트의 모든 구성 요소를 스스로 제어함으로써 팬들에게 자신을 표현하는 방식을 계속해서 발전시킬 수 있는 힘과 창의성을 갖추게 되었다. 예를 들어, 새 앨범이 나올 때마다 앨범 커버의 심미적 요소와 일치하도록 전체 웹사이트의 디자인을 신속하게 바꿀 수 있었다.

이렇게 웹사이트를 신속하게 변경할 수 있게 되면서 그녀는 데뷔 초창기에 마이스페이스로 그렇게 했듯이, 원하는 때에 원하는 방식으로 자신을 표현하며 팬과 더욱 강력한 관계를 구축할 수 있었다. 그녀의 홈페이지에 우리가 제작한 플랫폼 그리고 우리의 파트너 업체가 만든 다른 훌륭한 커뮤니티 구축 기술 플랫폼을 같이 사용하자, 팬들이 사이트에 머무르는 시간은 기존의 30초 미만에서 22분 이상으로 늘어났다.

우리는 어떻게 방문자 체류 시간을 이토록 끌어올릴 수 있었을까? 바로 팬들에게 사이트에 머물 이유를 제공했기 때문이다. 우리는 테일러 스위프트가 한꺼번에 소통할 수 있는 팬 수에 한계가 있다는 것을 깨달았기 때문에 대신 팬들 간의 소통에 활기를 불어넣기로 했다. 그래서 우리는 팬들이 테일러 스위프트와 그녀의 음악에 대한 애정을 공유하며, 서로 '자기들끼리' 소통할 수 있는 커뮤니티 공간을 만들었다.

우리는 또한 1분도 안 걸려서 팬들이 페이스북 프로필을 테일러 스위프트의 팬 사이트로 연결하도록 하는 시스템을 만들었다. 그로써 그녀의 사진과 앨범 커버뿐만 아니라 팬의 이름과 사진도 자동으로 추출하여 제작한 오롯이 팬들만을 위한 공간이 만들어졌다. 팬 사이트는 테일러 스위프트의 홈페이지를 제작할 때 사용한 것과 동일한 기술 플랫폼을 기반으로 제작되어, 팬들이 자신의 입맛에 맞게 사이트의 모든 요소를 맞춤 설정할 수 있도록 하였다. 팬들은 스위프트와 같은 종류의 플랫폼을 사용하며, 마치 그녀와 한 팀에 속한 것처럼 연결되어 있다고 느꼈다. 몇 달 후, 이 플랫폼에서 파생된 3만 5,000개 이상의 팬 사이트가 생겨났다. 정확한 수치는 모르지만, 나는 당시 특정 아티스트를 위해 만든 팬 사이트 중 신기록을 세웠다고 확신한다.

테일러 스위프트의 브랜드 형성 과정을 통해 팬과 긴밀한 관계를 조성하는 것이 얼마나 중요한지 직접 목격한 후에 내 머릿속에는 시도하고픈 아이디어가 떠올랐다. 보아하니 팬들은 스타와 연결되어 있다고 느끼면, 자기가 아는 모든 사람과 콘텐츠, 메시지, 제품을 기꺼이 공유하려고 했다. 공유의 위력을 일단 깨닫고 나자, 공유는 이제 내 모든 접근 방식에서 중요한 부분을 차지하게 되었다. 나는 대중에게 도달하기 위해 마케팅에 수백만 달러를 쓸 필요가 없다는 것을 깨달았다. 그 대신 사람들에게 메시지를 공유하게 하면 된다.

누구나 할 수 있다

기억하기로는 나는 항상 거물급 유명 인사, 기업 임원, 운동선수, 사업가들과 관계를 맺고 싶어 했다.

젊은 시절의 나는 영화학도였다. 영화를 좋아했고, 영화 제작법과 엔터테인먼트 산업에 관한 비즈니스를 배우고 싶었다. 하지만 영화 학교에서 비즈니스 관점에 대해서는 아무것도 가르치지 않는다는 것을 금세 깨달았고, 비즈니스에 관해 배우는 최선의 방법은 독학이라고 생각했다. 지금도 마찬가지지만, 그 당시 가장 효율적인 방법은 온라인 비즈니스를 시작하는 것이었다. 그래서 대학생 시절의 나는 실험을 하고 산지식도 얻고 싶어서 몇몇 인터넷 기업도 만들었다.

2005년, 내가 영화계에서 본격적으로 경력을 쌓기 위해 로스앤젤레스로 이사했을 때, 엔터테인먼트 산업은 닷컴 버블dot-com bubble (인터넷 관련 분야가 성장하면서 1995년부터 2000년에 걸쳐 나타난 거품 경제 현상) 이후 간만에 디지털 카드를 다시 꺼내 들었다. 나는 내가 가진 지식을 활용해 관련 회사에서 경력을 쌓기 시작했고, 인맥과 일감을 부지런히 쌓아 나갔다. 결국, 영화 스튜디오 두 군데에서 디지털 부문을 관리하는 업무를 맡았다. 이 일을 하는 동안 디지털 마케팅 캠페인을 구성하고, 필름 라이브러리Film library를 통해 수익을 창출할 수 있는 방법을 찾고, 배우와 감독들을 직접 만나 그들 브랜드의 온라인 판권 거래를 협상하는 등 안 해본 일이 없었다.

궁극적으로 나는 영역을 넓혀 기업가가 되고 싶었다. 그래서 기술 지식을 활용해 디지털 플랫폼을 구축하고, 이 플랫폼들을 MTV의 바이어컴Viacom, 야후Yahoo, 라이언스게이트Lionsgate, 〈바이스Vice〉 잡지, MGM 영화사 등에 제공하는 계약도 맺었다. 그때를 계기로 유료 미디어의 세계로 뛰어들어 세계 정상급 유료 소셜 미디어 최적화 기업의 설립에 일조하는가 하면, 〈포춘〉지 500대 선정 기업 중 하나에서는 연 7,000만 달러에 가까운 광고비의 관리를 맡기도 했다.

이런 다양한 경력 덕택에 세계에서 가장 주목할 만한 인물들인 테일러 스위프트, 제이슨 스타뎀Jason Statham, 리한나Rihanna, 케이티 쿠릭Katie Couric 그리고 앞에서 언급한 회사들의 프로젝트를 맡을 기회를 얻었다. 이처럼 거물들과 작업하면서 호기심에 불이 붙었고, 성공하거나 스타가 되거나 유명 브랜드가 되는 데 필요한 요건을 찾는 일에 몰두하게 되었다.

유명 연예인, 브랜드, 기업들을 상대로 10년간 일하다 보니, 나는 바닥부터 시작하는 초보자에게도 내 아이디어와 기술을 적용할 수 있는지 궁금해졌다. 그래서 TV, 영화, 신문 등 매체에 한 번도 등장한 적이 없는 일반인도 세계 곳곳에서 수많은 팔로워를 모을 수 있을지 알아보기 위한 실험을 고안했다. 일반인에게도 내 방법이 통한다면, 자신만의 콘텐츠를 선보여 사람들에게 노출하고 팔로워를 늘리기 원하는 '누구든' 내 도움을 받을 수 있다. 그렇다면 재능 있는 사람들이 타당도validation와 신뢰도credibility를 확보하며 자신의 꿈에 한 발짝 더 가까워지도록 도울 수 있다.

이 프로젝트를 위한 상대로 누구를 고를지 곰곰이 생각하다가, 나 자신이 완벽한 후보자임을 깨달았다. 나는 무명이었다. 텔레비전, 영화, 신문 어디에도 나온 적이 없었다. 적어도 그때까지는 말이다. 나는 그저 전 세계 사람들과 연결되면 재미있겠다고 생각하는 평범한 사람일 뿐이었다.

그래서 2017년 6월 조그만 실험에 착수했다. 10년 넘게 디지털 및 소셜 미디어 경험을 통해 배운 것을 모두 실전에 옮겨 전 세계 사람들이 실제로 내 페이스북 페이지를 얼마나 빨리 팔로우할 수 있을지 확인했다.

놀랍게도 한 달이 채 지나지 않은 7월까지 나는 100개국 이상의 100만 명이 넘는 팔로워를 달성했다. 나는 이 사람들을 알지 못했고, 그들도 이 실험 전까지는 나를 몰랐을 게 분명하다. 컴퓨터 화면에서 '페이지 좋아요' 수를 확인했을 때, 과연 무슨 일이 일어난 건지 믿을 수가 없었다. 의뢰인들을 위한 작업에서 좋은 성과를 거둔 적이 있었기 때문에 100만이라는 숫자 자체가 달성 불가능하다고 여긴 것은 아니지만, 그래도 그들은 사회에서 중요한 위치를 차지하고 있는 유명인과 대기업들이었다. 정말 놀라웠던 것은 기본적으로 플랫폼도 없이 무대 뒤편(또는 스크린 뒤편)에서 숨은 인력으로만 일해 온 나 같은 디지털 전략가도 세계적인 유명인이 될 수 있다는 점이었다. 어느 날 갑자기 나는 아주 영향력 있는 인물이 되어 있었다.

내가 록스타나 배우, 유명 인사가 아닌데도 전 세계의 수많은 팔로워가 생겼다는 것은 놀랍고 신기하면서도 고무적인 사실이다. 이를 계기로 나는 강한 책임감을 느꼈고, 내 인생에 흥미로운 경험이 또 하나 추가되었다. 사람들이 내게 팬이라고 밝힌다던가, 그리고 내가 그들의 삶에 커다란 영향을 미쳤다는 얘기부터, 심지어 내가 공유한 정치적 콘텐츠가 자신의 관점에 거슬린다는 이유로 보낸 살해 협박과 항의문에 이르기까지 각양각색의 메시지를 받았다.

그러나 '아직도' 스스로 유명 인사나 인플루언서라고 생각하지 않는다. 나는 이 많은 팔로워 수를 말 그대로 한 달 안에 달성했으며, 이건 수년에 걸쳐 차곡차곡 팔로워 수를 늘린 경우와는 하늘과 땅 차이다. 나는 유명해지기 위해서 팔로워를 늘린 게 아니었다. 단지 내가 생각한 게 정말 실현 가능한지, 그리고 궁극적으로 파급력을 발휘할 수 있는지 알아보기 위한 소셜 미디어의 단순한 실험이었다. 또한, 내 경험과 지식을 대중과 함께 나누고 싶은 마음도 분명히 있었다. 만약 유명해지는 데 관심 있었다면, 내 브랜드를 육성하고 새로 생긴 팔로워와의 관계를 구축하기 위해 엄청난 노력을 후속 작업에 투자했을 것이다. 여기서 강조하고 싶은 점은 거대한 잠재 고객을 형성하고 충성도가 높은 실질적인 팬을 형성하기까지는 엄청난 시간과 노력이 필요하다는 것이다.

내가 할 수 있다면 '여러분'도 할 수 있다. 이 책은 그 방법을 알려줄 것이다. 여기 나온 도구들을 사용하면 꿈을 실현하는 데 한 발짝 더 나아갈 수 있다.

최대한 빨리 목표를 이루고 싶다면

최근 나는 로스앤젤레스의 한 배우 지망생과 일하고 있었다. 그녀는 재능이 뛰어났지만, 본질적으로 경력이 거의 없는 무명이었다. 내가 오디션이 어떻게 됐는지 물었더니, 그녀는 할리우드 최고의 캐스팅 감독 중 한 명과 정식으로 면담했는데 포트폴리오가 훌륭하고 연기력도 뛰어나지만, 그녀가 수만 명의 트위터 팔로워를 거느리고 있었다면 본인과 캐스팅 감독 모두에게 금상첨화였다고 말하더라는 것이다. 비록 트위터 팔로잉은 좋은 배우의 자질과는 아무 상관이 없지만, 제작자가 누구를 고용할 것인지 결정해야 할 때 큰 영향을 미치는 요인으로 작용하고 있었다.

강력한 팔로잉의 중요성은 이름 알리기가 급급한 무명인의 경우에만 해당하는 것이 아니다. 높은 위치에 오른 유명인에게도 중요하다. 드라마 〈왕좌의 게임Game of Thrones〉에 출연 중인 배우 소피 터너Sophie Turner는 팔로워가 많다는 이유로 다른 뛰어난 후보 배우들을 제치고 최종 배역에 캐스팅됐다. 그녀는 패션지 〈포터 PORTER〉와의 인터뷰에서 이렇게 밝혔다.

"드라마 배역 오디션을 봤는데, 나보다 연기를 훨씬 잘하는, 정말이지 훨씬 잘하는 후보들과 경쟁해야 했다. 그래도 내게는 팔로워가 있었기 때문에 나는 그 역할을 따낼 수 있었다. 이게 옳은 현상인지는 모르겠지만, 이것이 어찌 보면 영화계의 현주소다."

소셜 미디어에서 팔로워 수는 개인뿐만 아니라 브랜드들도 탐내는 부분이다. 와튼 비즈니스 스쿨의 연구에 따르면, 소셜 미디어에서의 인기는 스타트업이 브랜드를 구축하고 소비자 피드백을 취합하며 특정 고객 그룹을 사로잡을 능력이 있다는 증표가 될 수 있고 본다. 그래서 일부 투자자는 투자 대상을 결정할 때 소셜 미디어 활동도 고려한다.

심지어 많은 팬을 확보하는 것이 타당도의 관점에서 내 인생에 얼마나 큰 변화를 가져왔는지 알게 되었다. 나는 팔로워 수가 크게 증가하면서 소셜 미디어에서의 영향력을 사업에 유용하게 활용할 수 있었다. 그로써 더 많은 고객과 파트너십을 확보하기에도 유리해졌다. 스웨덴에 가서 강연도 하고 이케아IKEA 글로벌 본사에서 워크숍을 열기도 했다. 또한, 앨 고어AI Gore 전 부통령, 일론 머스크Elon Musk, U2의 보노Bono, 버너 보겔스Werner Vogels (아마존 최고 기술 책임자 겸 부사장), 더스틴 모스코비츠Dustin Moskovitz (페이스북 공동 설립자)와 같은 연사를 비롯해 7만 명이 참석한 세계 최대 기술 콘퍼런스인 '웹 서밋Web Summit'에 초대되어 연설할 기회도 얻었다.

소셜 미디어에서 팬의 수는 점점 중요해지고 있으며, 사업에 발을 들여놓거나 중요한 파트너십을 구축할 때 개인의 능력을 입증하는 요소로써 큰 영향을 미친다. 한 가지 다행스러운 점은 성공을 위해 메가톤급 스타가 될 필요는 없다는 것이다. 나를 봐도 그렇다. 나는 〈왕자의 게임〉의 출연 배우도, 뛰어난 가수도 아니다. 기본적으로 소셜 팔로워가 거의, 아니 전혀 없는 상태에서 시작했다. 그래서이 책을 쓰지 않을 수 없었다. 사람들에게 현재 영향력의 유무 정도와 관계없이 최고의 성장 전략을 제공한다. 이 책을 끝까지 읽는다면, 자신이 이루고자 하는 목표에 빠르게 달성하기 위한 뚜렷한 아이디어를 얻게 될 것이다.

영향력을 얻는 일반적인 방법

내가 독자적 시스템을 개발하기 전에도 이미 몇몇 사람들은 영향력을 획득하는 나름의 방법을 알아냈다. 그들도 훌륭하지만, 문제는 그들의 방식에 전략이 없으며 설령 전략이 있더라도 비밀로 유지하는 경향이 있다. 전략이 없는 사람들은 언젠가 인기를 얻고 널리 소문나길 기대하면서 별생각 없이 콘텐츠를 게시할 뿐이며, 행운은 드물게 일부 사람에게만 찾아온다. 그러나 대부분은 완전히 실패한다. 전략이 없는 사람은 우연히 기회가 찾아올 것이라는 희망으로 버틸 뿐이다. 그리고 설령 아무리 운이 좋은 사람이라도 오직 게시물의 유기적 확산에만 의존해서 팔로우 수를 늘리기에는 최소한 몇 년이 걸린다. 솔직히 우리 같은 사람들은 대부분 그렇게 시간이 넉넉하지 않다. 정신없이 돌아가는 세상에서 우리는 최대한 빨리 변화를 따라잡고, 재능의 잠재력을 극대화할 수 있어야 한다.

현대의 세상은 어지러울 정도로 빨리 변화하며 대부분 사람이 당장 결과를 보길 원한다. 그래서 그중 적지 않은 사람이 유료 광고 매체에 의존한다. 그들은 팬과 고객의 관심을 돈으로 쉽게 살 수 있다고 여긴다. 광고 관리자를 활용해 페이스북 및 인스타그램의 최적화된 위치에 광고 게시물을 노출하고 홍보하려 한다.

당부하건대, 이런 방법도 내 전략의 일정 부분을 차지하지만, 확실한 계획이 결여된 전략을 사용한다면, 절대 원하는 만큼 효과를 얻을 수 없다. 결국, 돈만 잔뜩 들이고 결과는 실망스럽다. 실제로 사람들의 정서적인 반응을 끌어내는 것이 아닌, 자기가 보기에 매력적인 것에 집중하는 헛수고를 한다.

함께 작업한 브랜드 중 하나인 '스케쳐스Skechers'는 인쇄 매체와 TV 광고에서 효과가 좋았던 이미지와 비디오 콘텐츠의 형식을 고스란히 소셜 및 디지털 플랫폼에서 재활용하면서 수십만 달러를 지출했다. 안타깝게도 좋은 결과를 기대하기 어려웠다. 스케쳐스와 작업을 시작한 지 불과 2주 만에 나는 스케쳐스가 지난 13년 동안 받은 소셜 동영상 참여도를 다 합친 것을 능가하는 성과를 스케쳐스의 페이스북 페이지에서 보여 주었다. 이렇게 자체 연구 전담팀을 둔 대기업도 방법을 파악하기 쉽지 않은 일이라면, 어떻게 개인이 이 모든 것을 스스로 해결할 수 있겠는가?

그래서 좌절감을 느낀 어떤 전술적인 사람들은 때때로 비용을 들여 가짜 팬을 만들기에 이르기도 한다. 이것은 잘못된 편법으로 권하지 않는다. 얼핏 보면 임시 방편으로 효과를 보는 것 같지만, 지속되지는 않는다. 더욱이 세상에 들키면 당신은 신뢰할 수 없는 사람이 된다. 그리고 역시나, 사람들은 곧 알아차린다. 요즘은 여러 가지 수단으로 비밀을 알아내기 쉽다. 괜히 자신의 이름에 먹칠할 위험을 무릅쓸 필요는 없다. 그러나 무엇보다 더 큰 문제는 자신의 콘텐츠와 메시지의 개선점을 전혀 배우지 못하고, 지속적인 인기와 수명을 유지하는 데 도움이 될 중요한 정보도 얻지 못한다.

수천까지는 아니더라도 수백 달러를 투자해가며 소셜 미디어 '전문가'의 온라인 강의를 수강하는 사람을 보면 안타까운 생각이 든다. 나는 진심으로 그들을 돕고 싶다. 불행히도 이러한 강의 내용은 상당수가 '진실한' 또는 '재미있는' 콘텐츠를 만들라는 시답잖은 충고로 가득하다. 이러한 진부한 표현이 틀린 말이 아닐지도 모르지만, 그들은 정작 그 '방법'을 알려 주지는 않는다. 그래서 사람들은 어떻게 해야 할지 스스로 방법을 터득해야만 하는 상황이다. 그 방법을 이 책을 통해 여러분과 함께 나누고자 한다.

100만 팔로워를 모으기 위한 독자적인 시스템

일대일 연결을 생성하여 팬 기반을 신속하게 구축하고 잠재 고객의 마음을 움직이는 메시지를 고안하는 것 외에 내 방법의 또 다른 기초는 테스트다. 사람들에게 메시지를 공유하도록 유도하는 최상의 전략을 위한 테스트 방법을 이 책에 다루었다. 이 방법으로 몇 년이 아닌 몇 달 만에 많은 팬을 얻을 수 있다.

여기서 제안하는 구체적인 테스트 방법을 따르고, 유료 광고를 지능적으로 활용한다면, 팔로워 수라는 양적 지표와 타당도 검증이라는 질적 지표 양쪽에서 모두 엄청난 성과를 이룰 것이다. 그리고 학습을 통해 무엇이 효과가 있고 없는지 정확하게 이해할 수 있다. 또한, 비즈니스와 브랜드의 개발에 유용한 데이터들도 술술 머릿속에 쌓여 가기 시작한다.

그러나 이런 식의 시스템은 분명히 어느 정도의 수고가 필요하다. 그리고 팔로워를 늘리는 것은 그 자체로 목적이 아닌 수단일 뿐이며, 더 중요한 것은 그들을 평생의 팬이자 브랜드 지지자로서 계속 참여하도록 유지하는 것이다. 시행착오를 거쳐 과정을 수정하고, 특히 무엇보다 실패에 대한 각오가 되어 있어야 한다. 콘텐츠는 한 가지 종류로만 테스트하지 않는다. 수백, 심지어 수천 가지 버전을 테스트할 때도 있다. 무엇이 효과적인지 알아내기 위해 기꺼이 시간을 투자해 가능한 한 많은 변형 버전을 시험하려 한다. 만약 당신이 성공을 원한다면, 이렇게까지 할 준비가 되어 있어야 한다. 게다가 모든 훌륭한 창작물은 이와 같은 과정을 거쳐서 탄생했다.

페이스북이 크게 성공한 원인은 그들(그리고 실리콘 밸리 쪽이 전반적으로)의 기본 사고방식이 '차라리 실패는 혹독하게, 그리고 빨리 겪어라'라는 원칙에 기반을 두기 때문이다. 한술 더 떠서 '실패는 빠를수록 좋다'라는 사람도 있는데, 그게 유일한 학습의 길이기 때문이다. 테스트, 학습, 실패, 실망을 두루 거치고 나면, 결국 성공에 이를 것이다.

많은 사람이 콘텐츠 하나에 지나치게 많은 시간과 돈을 투자하려 한다. 그들은 이미지 하나, 동영상 한 편에 가진 자원을 다 쏟아붓고, 일단 온라인에 올리면 마법처럼 좋은 결과로 이어지리라 기대한다. 불행히도 보통은 그런 일이 일어나지 않는다. 소셜 미디어에서 메시지는 매우 빠르게 움직인다. 이 와중에 낭비할 시간이 없다. 나는 함께 일했던 기업 중에서 단 한 건의 콘텐츠를 홍보하기 위해 수백만 달러를 투자하고도 핵심 잠재 고객을 끌어들이지 못해 완전히 홍보에 실패한 사례를 여러 번 봐 왔다. 이런 경험이 내가 이 시스템을 개발하게 된 중요한 동기가 되었다.

핵심 잠재 고객을 상대로 할 수 있는 만큼 최대한 다양한 콘텐츠를 테스트하고도 메시지의 반응이 별로 좋지 않다면 그 즉시 해당 버전을 수정해야 한다. 이것이 냉정한 현실이다. 나의 친구이자 협업 동료인 프린스 이에이Prince Ea처럼 창의성의 귀재라면 예외적으로 이런 과정이 불필요할지도 모른다. 뮤지션이자, 시인, 활동가, 연사, 연출가, 콘텐츠 크리에이터인 프린스 이에이는 지난 2년 동안 20억 회 이상의 누적 조회 수를 기록했다. 그는 힘들이지 않고 빨리 콘텐츠를 퍼 나르게 할 수 있지만, 세계의 나머지 99.9%인 우리 같이 평범한 사람들은 시간을 내서 테스트해야 한다.

이 책에서는 콘텐츠 가설 수립, A/B 테스트, 콘텐츠 변형, 관심을 끄는 헤드라인, 타깃 그룹, 타깃 그룹의 변형, 테스트 응답, 공유성 전략의 과정을 소개한다. 이 모든 과정과 추가 내용은 심층적인 설명과 함께 다음 장에서 자세히 다루었다. 또한, 과거에 함께 일했던 고객들의 사례 연구와 가장 실력 있는 파트너들이 들려주는 조언에서 지혜를 얻을 수 있다.

사람마다 효과적인 방법은 다르기 마련이다. 디지털 전략과 성장에 있어서 만병통치약 같은 획일적인 모델이 있다고 믿지는 않는다. 그래서 울타리 밖으로 나가 세계 최고의 달인들을 만나 인터뷰했고, 나의 성장 전략뿐만 아니라 참고할 만한 다른 사람들의 전략도 이 책에 소개했다. 이 중에서 자신에게 가장 적합한 전략을 선택하면 된다. 여기 나오는 모든 전략을 이해하고 나면 안정적인 성과를 내는 자신만의 모델을 갖출 수 있다. 이 책을 다 읽은 후, 여러분은 아마도 독보적인 개성을 활용하여 영향력을 행사하고, 목표를 달성하는 최선의 방법을 이해하게 될 것이다.

또한 개인, 브랜드, 기업이 팬과의 관계 형성 방식을 재구성해 줄 최고의 전략과 통찰력도 찾을 수 있다. 그러고 나면 마침내 경력상의 목표와 야망을 달성해 줄 강력한 시스템을 갖추게 된다. 만약 이 책의 범위를 넘어 추가 학습을 원한다면 'www.optin.tv'에서 동영상 시리즈를 참고하거나 'b@optin.tv'로 이메일을 보내 주길 바란다.

추가 학습 과정은 콘텐츠 테스트를 속속들이 이해하는 것부터 시작한다. 이 지식을 습득하고 나면, 다른 사람보다 더 많은 팬을 확보할 수 있고 콘텐츠 노출로 앞서갈 수 있다. 그러면 지금부터 콘텐츠의 잠재된 가능성을 극대화하고, 팬을 신속하게 구축하는 기초적인 방법을 살펴보자.

한 달 만에 달성하는
100만 팔로워 마케팅

01

100만 팔로워를
달성하기까지

말도 안 되는 소리처럼 들릴지 모르겠지만, 소셜 미디어의 팔로워 수를 한 달 안에 엄청나게 올리는 일은 가능하다. 그러나 이 책의 진정한 주제는 단순히 내가 어떻게 100만 명의 팔로워를 기록했는지가 아니다. 솔직히 말하자면, 내가 100만 팔로워를 달성한 데는 그로스 해킹growth hacking이 한몫했다. 그러나 그로스 해킹에 지나치게 의존하는 것은 좋지 않다. 여기서 설명할 그 외의 전략인 사고 방식, 프로세스 등이 없다면 콘텐츠 제작계의 슈퍼스타는 될 수 없다. 눈에 보이는 숫자를 보면 성공한 것처럼 보여도 그것만으로 인기를 꾸준히 유지할 수는 없기 때문이다. 디지털 분야에서 성공한 사람이라면 누구든 잠재 고객 수를 늘리고 그들을 붙잡는 데 중요한 요소는 틀림없이 '콘텐츠'라고 말할 것이다. 내가 어떻게 100만 팔로워를 달성했는지 설명하는 동안 그 점을 염두에 두기 바란다.

팔로잉을 신속하게 늘리기 위한 열쇠는 콘텐츠를 생성하고, 테스트하고, 사람들의 실시간 반응을 살펴서 평가하는 '애자일agile 접근법'이다. 이것은 타당도와 신뢰도를 즉시 확인할 수 있으므로 플랫폼 구축에 3, 4년씩 투자할 여력이 없는 사람들에게 훌륭한 전략이다. 팔로워 수를 늘리기는 사실 꽤 쉽다. 그러나 늘어난 팔로워와 그들의 충성도를 꾸준히 유지하는 것은 어렵다.

짧은 시간에 많은 팬이 생길 수는 있지만, 활발하고 지속적인 소셜 미디어 활동을 이어가기 위해서는 뒷장에서 설명할 테스트, 메시지 전달, 콘텐츠 전략을 이해해야 한다. 이어지는 장에는 잠재 고객을 늘리고 그들의 충성도를 확보하는 방법에 대해 전 세계 최고의 고수들이 들려줄 조언들로 가득하다.

○ 팔로워 확보를 위한 3단계 프로세스

100만 명의 팔로워를 확보하기 위한 기초 방법은 다음 세 단계로 구성된다.

1. 가설을 세워라 HYPOTHESIZE

특정 메시지를 중심으로 잠재 고객을 끌어들일 만한 형식과 이야기, 주제에 관해 잠정적인 기준을 신속히 정해라.

2. 테스트하라 TEST

검증할 콘셉트나 메시지를 저비용으로 시험하고 평가한 후, 생성된 결과를 통해 무엇이 통하고, 무엇이 안 통하는지 최대한 많은 정보를 수집하라.

3. 방향을 전환하라 PIVOT

가설이 옳다고 판명되면 계속 밀고 나가라. 그렇지만 잘못으로 판명되면 재빨리 새로운 형식과 이야기, 주제로 다시 과정을 반복하라.

'가설, 테스트, 방향 전환'은 이제부터 외워야 할 주문과 같다. 모델 자체는 단순하지만, 테스트할 대상과 방향 전환할 시점을 파악하는 것이 어렵다. 사람들의 시선을 강렬하게 사로잡고 붙들 수 있는 요소를 담아 다양하게 변형한 버전으로 테스트해야 한다. 그리고 이 테스트를 토대로 어떤 버전이 최상의 결과를 얻는지 알아내고 해당 결과물에 계속 집중해야 한다. 만약 아무것도 효과가 없다면 방향을 전환해야 한다. 처음으로 돌아가 새로운 가설을 세우고 전 과정을 반복한다.

팔로워 수가 100만 명이 되자, 나는 이 분야에서 선구자적 리더십으로 인정받겠다는 목표가 생겼다. 다른 사람들에게 이야기하고 가르칠 때 진정한 열정을 느끼기 때문이다. 나는 디지털 및 비즈니스 전략가로서 고객에게 무엇이 효과가 있고 없는지 알아내기 위해 되도록 많은 콘텐츠를 테스트하고 있다. 그러나 나 자신의 팔로워를 구축할 때는 선구자적 리더십, 가르침, 감동적인 글 등을 중심으로 나만의 개성을 나타내는 주제에 집중했다.

가장 흥미롭고 성공적인 실험 중 하나는 팟캐스트였다. 먼저 팟캐스트가 개인의 훌륭한 표현 수단이 되리라는 '가설'을 세웠다. 앵커인 케이티 쿠릭Katie Couric 과 작업할 때 팟캐스트에 관해 많이 알게 됐기 때문이다. 여기서 간단히 언급하자면, 나는 페이스북에 올릴 팟캐스트를 기본적으로 '리버스 엔지니어링reverse engineering'처럼 역으로 분해해서 잠재 고객의 수와 참여도를 재빨리 늘릴 수 있다는 걸 발견했다. 그 방법은 몇몇 파트너 및 유명인사와 함께 완성한 팟캐스트 인터뷰에서 오디오 클립을 일부 잘라 스틸 이미지나 슬라이드 쇼 위에 덧입힌다든지, 대화 주제에 맞는 스톡 영상을 구해 그 위에 자른 오디오를 포갠다든지 해서 동영상으로 만드는 것이다. 이 동영상들을 다양하게 테스트하고 난 뒤, 수백만 건의 조회 수가 '며칠' 만에도 가능하다는 것을 알게 되었다(세계적으로 인기 있는 팟캐스트라도 대부분 최소 한 달은 걸린다).

꼼수이긴 하지만, 완전히 새로운 것을 창조하느라 시간 낭비할 필요가 없다. 주위를 둘러보고 다른 성공한 사람들의 아이디어를 빌려보자.

내가 테스트를 해 본 팟캐스트 콘텐츠는 TV 드라마 〈제인 더 버진Jane the Virgin〉의 주연 배우인 저스틴 밸도니Justin Baldoni, 의사소통 처리 모델PCM의 전문가인 제프 킹Jeff King, 방송인 겸 의사인 드류 핀스키Drew Pinsky와의 인터뷰였다. 그리고 인터뷰 오디오 파일을 잘라 다음 세 가지 방식으로 동영상 게시물에 각각 집어넣었다.

첫째, 단일 이미지에 오디오를 재생하는 영상, 둘째, 여러 가지 이미지에 오디오를 재생하는 영상, 셋째, 주제와 어울리는 스톡 푸티지stock footage(외주 업체로부터 유·무료로 제공받아 쓰는 일종의 영상 자료)나 클립을 인터넷에서 찾아 넣고 오디오를 재생하는 영상이었다. 그다음 모든 클립을 서로 비교해가며 테스트하여 어느 것이 가장 공유 가능성이 높고 반응이 뜨거운지 확인했다. 나는 인터뷰마다 3-10개의 오디오 클립을 잘라내고, 각 클립으로 제각기 다른 동영상을 만들었다. 이어서 개별 클립에 다양한 변화를 줘서 적게는 10개, 많게는 100개 정도의 버전을 만들었다(콘텐츠의 변형을 재빨리 조정하는 방법은 뒤에서 설명한다).

단연 성과가 좋았던 콘텐츠는 저스틴 밸도니 인터뷰의 변형 버전 중에서 나왔다. 그가 사람들에게 자신이 원하는 삶을 살기 위해 최선을 다하라고 격려하는 감동적인 동영상이었다. 또한, 그는 더욱 행복하고 성취감 있는 삶을 살기 위한 인생의 선택 방법에 대해서도 이야기한다. 이를 통해 콘텐츠의 메시지, 즉 게시물의 제목이 상당히 중요하며, 적절한 메시지의 선택이 사람들로 하여금 클릭하고 공유하게 하는 데 커다란 영향을 준다는 '학습' 결과를 얻었다. 나는 사람들을 끌어당기는 제목이나 포인트가 항상 내용과 맞아야 한다는 점에서 낚시성 링크에 반대한다. 그래도 시각적인 측면 역시 매우 중요하다는 것을 알게 되었다. 오디오 부분의 내용과 어울리는 스톡 푸티지를 집어넣거나 실제 인터뷰 장면을 담은 동영상이 단일 이미지를 사용한 동영상보다 반응이 좋았던 것이다. 나아가 타깃으로 삼고 내 편으로 끌어올 수 있는 팔로워가 많은 사람을 활용하면, 역시 사람들의 관심을 끄는 데 도움이 된다. 다만 콘텐츠 내용이 알차지 않으면, 그 관심이 '적극적인 참여'로 이어진다는 보장은 없다.

그 외에도 여러 가지 감동적인 글귀를 인용해서 공유하고 테스트해 보았다(250만 명의 팔로워를 거느린 기업, 게리 바이너척Gary Vaynerchuk을 비롯해 다른 사람들이 이런 식으로 게시물을 올려 큰 성공을 거둔 것을 보았다). 테스트 과정에서 쓴 인용문 중에는 나와 가치관이 비슷하고 개인적으로 존경하는 스티븐 스필버그Steven Spielberg와 오프라 윈프리Oprah Winfrey 같은 유명한 사람들의 명언도 있다. 이런 콘텐츠는 초기부터 반응이 좋아서 글귀를 직접 고안하기 시작했는데, 이 글들이 요즘 내 게시글 중 상당 부분을 차지한다. 사람들은 긍정적이고 감동적인 콘텐츠와 시각적, 심리적으로 교감하기를 좋아하기 때문에 이미지 위에 글귀를 삽입하면 효과가 매우 좋다는 것을 알 수 있었다. 정지된 이미지가 동영상보다 좋은 점은 선명한 화질을 구현하기 훨씬 쉽다는 것이다. 훌륭한 동영상을 제작하려면 소리, 완급, 도입부 3초, 캡션, 자막, 길이 등 신경 써야 하는 변수가 아주 많다. 반면, 이미지 파일을 이용할 때는 해당 글귀에 적합한 사진이나 그림을 고르면 그만이다. 성공적인 결과를 내려면 이처럼 변수를 줄여야 유리하다.

테스트 결과를 보고 어느 것이 효과적인지 실시간으로 알아보는 단기적인 전략도 있다. 그 결과를 보면 매주 어떤 콘텐츠를 만들어야 할지 답이 나온다. 그다음 효과가 있는 콘텐츠의 커다란 흐름을 보면 장기적인 콘텐츠 전략을 알 수 있는데, 이 전략이 자기 브랜드의 전반적인 메시지와도 부합하는지 확인해야 한다. 예를 들어, 나는 실험을 위해 고양이와 개의 우스꽝스러운 모습이 담긴 바이럴viral 영상을 테스트 대상으로 삼아봤다. 결과는 아주 좋았지만, 내가 추구하는 브랜드인 선구자적 리더십이라는 주제와 맞지 않아서 '방향 전환'을 하기로 결심했다.

잠재 고객들의 반향을 일으키는 콘텐츠의 형태는 시간이 흐르면서 변할 수 있음을 유의해야 한다. 장단기 콘텐츠 전략을 함께 살피면서, 두 전략이 서로 어떤 영향을 미치는지 파악하여 효과가 있는 쪽으로 나아가야 한다.

⭕ 페이스북을 선택한 이유

몇 년 전, 페이스북 이용자의 개인정보가 유출되는 '케임브리지 애널리카Cambridge Analytica' 사건이 발생했다. 이러한 뉴스는 소셜 미디어에 대한 세간의 우려와 함께 페이스북의 보안 문제를 이슈화 시켰다. 그럼에도 내가 여전히 애용하고 있는 페이스북을 유용한 플랫폼이라고 꼽는 이유를 설명한다.

과학기술 전문가 알렉산드라 사무엘Alexandra Samuel이 IT 뉴스 사이트 〈더 버지 The Verge〉에 케임브리지 애널리카 사태에 관해 기고한 글에서 지적했듯이, 언제나 인터넷의 기본 정신은 사용자 데이터의 무상 공유이다. 기업과 소비자, 규제 당국이 새로운 규범을 채택하기로 결정하지 않는 한, 이것은 변할 수 없는 사실이다.

또한, 사람들을 돕기 위한 데이터의 사용과 단순히 사람들을 이용만 하는 데이터의 사용에는 차이가 있다. 악의적이거나 불순한 의도로 가짜 뉴스를 생성하는 것은 누구에게도 권할 바가 못 되는 무책임한 행위다. 반면, 고객을 이해하고 그들의 욕구를 파악하기 위한 마케팅 용도의 데이터 수집은 잠재 고객에게 가치 있는 서비스를 제공하는 데 도움이 된다.

최근 일어난 상황을 고려하면, 현재의 시스템과 기업들이 돌아가는 방식, 특히 투명성의 수준에 변화가 필요할지도 모른다. 그 결과로 새로운 합의나 규범이 계속해서 만들어질 것이다. 하지만 그렇게 되기 전까지는 페이스북의 데이터를 책임감 있고 윤리적으로 사용하려고 노력해야 한다.

앞서 언급했듯이, 나는 테일러 스위프트 같은 유명 인사들과 함께 작업하면서 대규모 잠재 고객을 확보하기 위한 성공의 열쇠는 자신의 메시지를 사람들이 스스로 공유하게 하는 것임을 알게 되었다. 콘텐츠의 공유 횟수가 많을수록 더 빠르고 효율적으로 잠재 고객을 모을 수 있다. 나는 페이스북이 고객층을 늘리고 넓히기에 가장 쉽고 빠를 뿐만 아니라 사용자끼리 동등한 위치에서 공유하기에도 가장 편리한 플랫폼이라 생각했기 때문에 100만 팔로워 목표의 시험대로 페이스북을 선택했다. 실제로 페이스북은 콘텐츠 공유를 위한 목적으로 이메일이나 다른 어떤 소셜 플랫폼보다 많은 사람이 이용하고 있다. 지금까지의 경험과 실험 그리고 세계 최고의 마케팅 및 소셜 미디어 전문가들과 나눈 대화를 통해 콘텐츠가 뛰어나면 사람들이 페이스북에서 이를 재빨리 공유함으로써 해당 콘텐츠의 인기가 상승할 가능성이 극대화된다는 사실을 확인했다.

페이스북은 공유의 개념을 토대로 구축되었기 때문에 성질상 다른 플랫폼보다 콘텐츠가 훨씬 쉽게 확산된다. 다른 플랫폼에서는 콘텐츠의 확산 정도가 검색엔진 최적화SEO, search engine optimization 순위와 알고리즘에 훨씬 더 의존한다. 물론 페이스북도 작동하는 알고리즘이 있다. 하지만 사람들이 콘텐츠를 공유하면 유튜브, 스냅챗, 인스타그램과 같은 플랫폼에 비해 알고리즘을 훨씬 쉽게 극복할 수 있다. 예를 들어, 영상 제작자이자 연사, 활동가인 프린스 이에이가 공유한 동영상은 첫 주에 3,000만 조회 수를 기록했는데, 이는 다른 플랫폼에서라면 거의 달성하기 불가능한 속도다.

페이스북이 추천하는 또 다른 이유는 세계 최대의 플랫폼이기 때문이다. 즉 20억 명이 넘는(그리고 앞으로 더 늘어날) 사람들의 커뮤니티에 접근할 수 있다. 페이스북의 광고 플랫폼(인스타그램, 왓츠앱, 페이스북 메신저 등 자회사 포함)은 놀라울 정도로 강력한 시장 조사 도구다. 이 도구를 사용하여 모든 종류의 콘텐츠를 효과적으로 테스트하고 서로 다른 배경과 지역의 사람들 사이에서 어떤 반향이 일어나는지 확인할 수 있다. 이 정보를 올바르게 분석하면 브랜드를 향상시키고 시장성을 이해할 수 있는 강력한 힘을 갖게 된다.

○ 팔로잉을 창출하는 세 가지 방법

페이스북에서 팔로잉을 늘리는 세 가지 방법이 있다. 그중 두 가지 방법은 페이스북 광고 플랫폼을 활용하는 방안이다. 첫 번째는 콘텐츠의 노출을 바탕으로 팔로워가 생기기 시작하면, 그 연관 효과로 콘텐츠가 점차 확산되면서 브랜드 인지도가 크게 향상되는 것을 볼 수 있다. 두 번째는 새로운 잠재 팔로워를 타겟팅하기 위해 '페이지 좋아요' 광고('페이지 좋아요'와 팔로워 늘리기를 목표로 하는 광고)를 한다. 이런 유형의 캠페인을 만드는 가장 간단한 방법 중 하나는 페이스북 광고 플랫폼의 광고 관리자 Ads Manager를 이용하여 '페이지 좋아요'를 마케팅 목표로 택하는 것이다. 그러나 이것이 '페이지 좋아요' 광고의 유일한 활용법은 아니다(페이스북 광고 플랫폼의 사소한 차이를 설명하는 데만 책 한 권의 분량이 된다. 페이스북 광고 플랫폼의 사용 방법을 익히는 데 도움이 될 추가 자료를 원한다면 www.optin.tv/fbtutorials에서 확인하자).

이 두 가지 전략은 모두 효과적이며, 실제로 둘을 병행하는 편이 훨씬 좋다. 콘텐츠를 널리 퍼뜨리는 방법을 아는 것은 강력한 장기적인 전략이다. 이미 가지고 있는 콘텐츠를 테스트해 보면서 사람들이 얼마나 많이 공유하는지 확인해 본다. 최선의 방법은 사람들의 흥미를 사로잡을 수 있는 훌륭한 바이럴 콘텐츠로 팔로워를 늘리는 것이다. 스스로 이런 의문이 들 수도 있다.

'공유 가능성이 높거나 빨리 확산될 콘텐츠를 지속적으로 만들려면 어떻게 해야 할까? 어떤 공식이라도 있는 걸까?'

이에 대해 궁금하다면, 이 책의 5장을 집중적으로 살펴보자. 그러나 앞서 언급했듯이 우선은 '페이지 좋아요'를 마케팅 목표로 해서 광고부터 만들고 테스트와 학습을 통해 사람들의 팔로우를 유도하는 방법을 파악하는 것이 중요하다.

팔로워 수가 100만 명이 되더라도 게시된 콘텐츠를 실제로 보는 사람은 페이스북의 알고리즘으로 인해 기껏해야 평균 2-5%에 불과하다. 사람들은 대개 수천까지는 아니더라도 수백 번의 '페이지 좋아요'를 누른다. 사람들이 페이스북의 메인 피드를 볼 때 나타나는 콘텐츠 수는 한계가 있다. 뉴스 피드에 나타나는 것은 전체 게시물에서 인기가 가장 좋은 콘텐츠로 한정된다. 또한, 페이스북은 특별히 친한 친구들의 소식을 놓치지 않게 해 주는 기능이 있다. 사람들의 뉴스 피드가 확실하게 그들의 관심사로 채워지도록 알고리즘이 콘텐츠마다 가중치를 둔다. 별로 반응이 없는 콘텐츠라면 팔로워의 일부에게만 표시된다. 반면에 인기 콘텐츠는 팔로워의 전부는 아니더라도 상당수에게 도달하여 해당 콘텐츠의 공유와 유기적 성장의 가능성을 제공한다.

페이스북의 '페이지 좋아요'를 마케팅 목표로 설정했다면, 이를 명심해야 한다. '페이지 좋아요' 늘리기는 타당도를 넘어 신뢰도까지 충족시키는 훌륭한 도구이기 때문에 내가 팔로워를 쌓는 과정에서 전략의 일부로 삼았다. 또한, 사람들과 실제 인맥을 형성함으로써 새로이 형성된 신뢰를 바탕으로 유기적 성장을 촉진할 수 있는데, 이것이 페이스북에서 팔로워를 확보하는 마지막 세 번째 방법이다. 전략적 제휴를 다룰 6장을 비롯해 이어지는 장에서는 유기적 성장의 달성 방법에 대해 좀 더 자세히 알아본다. 우선은 게시물이 잠재 고객의 단 2-5%에게만 도달하는데 그치지 않도록 처음 설명한 두 가지 방법으로 견고한 콘텐츠 전략을 세우도록 하자.

◯ 팔로워 획득에 따르는 CPA

일부 인플루언서는 매일 콘텐츠를 게시하고 짧지 않은 기간을 거쳐 잠재 고객과 돈독한 관계를 구축함으로써 팬을 확보했다. 팬들은 그들을 잘 알고 그들의 콘텐츠에 수년 동안 참여해 왔다는 점에서 양측은 서로 관계를 형성하고 있다. 이것은 분명 빠른 결과를 원하는 입장에서는 최선의 선택이 아니다. 그래서 여기서는 중요한 고려 사항이 있다. 바로 '팔로워 획득에는 항상 CPA^{Cost Per Acquisition} (고객 행동당 비용)가 따른다'는 사실이다. 팬 층을 형성할 때는 심지어 그 과정이 유기적이라 하더라도 팔로워나 구독자 확보에 대한 대가가 수반된다. 꼬리에 꼬리를 물고 유기적으로 팬을 확보하는 것을 공짜라고 여기는 것은 잘못되었다.

게리 바이너척 같은 최고의 인플루언서들은 대개 풀타임 직원을 두고 있다. 세계 정상급 소셜 미디어 에이전시를 운영하는 그는 지금까지 고객을 위해 수행한 작업에서 얻은 모든 지식을 자신의 개인 브랜드 구축에 활용하기도 하고, 반대로 자신의 브랜드를 구축하면서 얻은 지식을 고객을 위해 사용하기도 한다. 그의 에이전시는 의뢰한 고객뿐만 아니라 게리 바이너척 본인의 콘텐츠 제작, 편집, 마케팅도 지원한다. 그러나 게리 바이너척처럼 직원 급여를 주며 팀을 두고 일하는 사람이 아니라면 촬영, 편집, 게시, 모니터링 등 모든 작업을 직접 해야 하는 만큼 비용 못지않게 귀한 시간을 들여야 한다.

가설 설정, 테스트, 방향 전환의 3단계 방법을 선택한 이유 중 하나는 당신에는 내가 온전한 팀을 갖추고 일하는 상황이 아니었기 때문이다. 나는 최소한의 수단을 갖고 100만 팔로워를 기록했다. 미디어에 돈을 쓰긴 했지만, 어떤 수단을 택하든 시간, 노력, 돈 혹은 이 세 가지를 모두 포함한 대가는 치러야 하기 마련이다.

팔로워를 늘리려면 투자해야 한다. 내가 제시하는 전략은 팔로워를 늘리는 가장 빠른 수단일 뿐만 아니라 최소한의 인력만 필요하다. 물론, 팔로워가 많이 생겼다고 해서 할 일이 사라진다는 뜻은 아니다. 100만 팔로워를 달성했으니, 이제 손 놓아도 괜찮다고 생각해서는 안 된다. 실제로 고객을 붙잡지 않으면 신뢰를 잃게 된다.

○ 팔로워 획득의 투자 비용

나의 친구이자 전 동료이며 팹핏펀FabFitFun (수억 달러의 연매출을 자랑하는 여성용 뷰티 및 생활용품 샘플의 정기 배송 서비스)의 최고 제품 책임자 겸 성장 책임자인 데이비드 오David Oh는 많은 사람이 유료 미디어paid media (기업이 광고비를 지불하고 사용하는 전통적 미디어 채널)가 왠지 자기와 상관없는 것이라고 믿는다. 그는 우리가 유료 미디어의 중요성을 배제하면, 소비자의 중요성을 배제하게 되어 인간성을 고려하지 않는 것과 마찬가지라고 한다. 그는 어떤 형태로든 유료 광고 없이 잠재 고객에게 도달할 방법이 과연 있는지 고개를 갸우뚱한다.

또한, 광고를 유용하게 활용하는 열쇠는 광고에 얼마나 지출하고 그렇게 해서 얼마나 벌어들이게 될지 인식하는 것이라고 귀띔한다. 마케팅과 비즈니스, 광고에 있어서 투자 수익률을 따져 보는 것은 사람들이 흔히 간과하지만 가장 근본적이고 중요한 일이다. 얼마나 많은 돈을 투자했고 그 결과, 얼마나 거둬들였는가? 이것이 유일한 핵심 질문이다. 그러나 그 수익이란 당장 손에 쥐는 돈이 아닐 수도 있다. 대신 높은 팔로워 숫자와 그들의 참여도가 안겨 주는 결과는 종종 신뢰도 상승이나 홍보 효과이기도 하다. 투자 수익률은 TV 캐스팅, 또는 영화 제작, 납품 계약, 음반 계약, 스타트업 투자자 유치 등 다양한 경우에 적용될 수 있지만, 이러한 사람들 간의 연결이 자신에게 어느 정도의 가치를 의미하는지 자문해 봐야 한다. 당신이 추구하는 결과는 무엇인가? 그리고 그 결과를 얻기 위해 돈이나 시간을 얼마나 투자할 의향이 있는가?

할리우드에서 가장 성공한 영화 제작자이자 미디어 투자자 중 한 명인 존 자시니Jon Jashni는 영화 제작사가 캐스팅을 결정할 때 후보 배우의 소셜 미디어 팔로워 수와 그들의 참여도를 참작한다면서 앞에 언급된 소피 터너의 발언과 같은 맥락의 의견을 내놓는다. 출연 배우가 활발한 소셜 미디어 활동을 한다면, 더 많은 사람에게 다가갈 수 있어 영화사 입장에서 홍보비를 절감하는 효과가 있다. 특히,

TV 드라마의 캐스팅이라면 진행 흐름이 빠르고 시끌벅적하게 화제도 일으키며 단시간에 주목을 끌어야 해서 이런 점이 더 들어맞는다. 존 자시니는 "같은 인지도와 연기력을 지닌 배우라면 최종 결정을 좌우하는 것은 소셜 미디어의 활동 반경이다."라고 말했다.

이것은 오늘날 많은 산업 분야에서 통용되는 내용이다. 소셜 미디어에서 팔로워의 수가 의미하는 가치를 생각하고 이를 금전으로 환산해 보자. 물론, 나는 누구와 함께 작업하든 되도록 최소 비용을 지출하여 최대 결과를 얻는 것을 목표로 한다. 케이티 쿠릭과 같은 거물급 고객과 일할 때조차도 비용을 최소화한다. 데이비드 오는 일반적으로 마케팅 담당자가 광고비 지출에서 비롯되는 비용과 편익만 놓고 따지자면 100%의 투자 수익률을 얻도록 노력해야 한다고 덧붙였다(단, 수익을 회수할 기간은 여유 있게 확보해야 한다).

한 달 이내에 수백만 팔로워를 달성하기 위해 지출해야 할 비용은 향후 겨냥할 시장과 진출하려는 지역을 비롯해 각종 변수에 따라 달라진다. 글로벌 기업이나 글로벌 브랜드를 구축하는 경우에는 신흥 시장에서 팔로워를 모으면 비용 효율성이 더 좋다. 미국이나 영국을 타깃으로 집행했을 때는 추가되는 팔로워당 6-7센트 정도까지 비용을 낮춰 봤다. 반면 인도 같은 신흥국에서는 콘텐츠의 질이 평균 이하만 아니라면 종종 1센트, 심지어 그 이하 비용으로도 가능하다.

이 주제는 7장에서 상세히 다룰 것이다. 하지만 나는 신흥 시장에서 팬을 구축하는 이점에 회의적인 사람들 혹은 '인도 팬은 있으나 마나다'라는 말을 믿는 사람들에게 미리 한마디 하고 싶다. 외국 팬들도 엄연히 고객이다. 예컨대 인도는 실제로 13억 명의 사람이 살고 있는 세계 2위의 인구 대국이다. 이케아, 넷플릭스, MTV, 코카콜라, 펩시 등 세계에서 내로라하는 일부 투자자나 기업은 인도 시장에 막대한 투자를 하고 있다. 최근 페이스북은 이용자 수가 가장 많은 나라가 2억 5,100만 명을 기록한 인도라고 발표했으며, 그 외 성장세를 보이고 있는 말레이시아, 터키, 사우디아라비아 등에도 관심을 돌리기 시작했다. 세계 최고의 투자자들이 해외 시장에 관심을 기울이고 있을 때, 그들을 외면하는 일은 정말 어리석은 행위다.

또한, 콘텐츠의 품질을 고려해야 한다. 콘텐츠가 좋을수록 투자 수익률도 높아진다. 훌륭한 콘텐츠를 바탕으로 전 세계 독자를 확보한다는 이점까지 더해지면 7,500-8,000달러라는 저렴한 비용으로 한 달 내에(잘하면 1주일 안에도 가능하다.) 100만 명의 팔로워를 기록할 수 있다.

절충적 접근법을 택해도 괜찮다. 이 장에서 설명한 전략을 사용하여 25만-50만 명의 팔로워를 신속하게 생성한 다음 6장에서 설명할 전략적 제휴와 같이 이 책의 후반부에 나오는 정보를 활용하여 팔로워를 유기적으로 끌어 모아 나머지 수를 채울 수 있다.

어떤 경우든 금전적 투자가 약간은 필요하다. 많은 돈이 필요하다고 생각하기 쉽지만, 누군가 당신에게 "7,500 달러로 당신은 꿈에 한 발짝 더 다가갈 수 있습니다."라고 말한다면 어떨지 상상해 보자. 그만한 가치가 있다고 생각되는가? 영화나 음반, 납품 등의 계약 성사가 자신에게 어느 정도 가치 있는지, 투자할 수 있는 것, 도달하고픈 타깃의 지역, 내게 필요한 것이 무엇인지 생각해 보자. 아마도 더 확실한 결과를 얻기 위해 팔로워 수를 꼬박 100만 명까지 채울 필요는 없을 것이다. 어쩌면 당신은 50만 명 혹은 단 10만 명으로 만족할지도 모른다. 달성하려는 목표가 무엇이든, 여기서 제시한 방식은 분명히 도움이 될 것이다.

공유율이 높은 콘텐츠를 제작하는 기업으로 손꼽히는 디지털 마케팅사 '셰어러빌리티Shareability'의 사장이자 최고 전략 책임자인 에릭 브라운스타인Erick Brownstein은 아무리 양질의 콘텐츠를 갖고 있더라도 유료 미디어를 통해 콘텐츠에 날개를 다는 것이 필수라는 데 동의한다. 그는 단순한 희망은 제대로 된 전략이 아니라고 말한다. 아무리 공유가 잘 되는 콘텐츠라도 유료 전술이 필요하다. 바깥 세상은 그야말로 콘텐츠가 뒤죽박죽 넘쳐나고 있다. 그래서 게시물은 홍보가 필요하고 적극적인 홍보에는 지출이 따른다. 브라운스타인의 팀은 '효율적인 지출은 유기적 성장을 위한 새로운 트렌드'라는 전제 하에 작업에 임한다. 유료 미디어를 제대로 공략하는 것이 중요하다. 다른 사람들이 쓰는 비용의 일부만으로도 팬을 확보할 수 있는 현명한 사람은 크게 성공할 것이다.

⊙ 팔로워 획득 비용 끌어내리기

누구나 페이스북 페이지 같은 광고 플랫폼을 이용할 수 있지만, 팔로워를 확보하는 비용을 가능한 한 줄이는 것이 관건이다. 그러려면 다가가고자 하는 잠재 고객의 취향에 맞춰 그들이 '좋아요' 또는 '공유하기' 버튼을 클릭하게끔 적절한 콘텐츠를 발굴해야 한다. 당신은 널리 퍼져 나갈 만한 콘텐츠를 찾아내어 사람들의 동기 부여를 자극하거나 흥미를 유발해야 한다.

광고 플랫폼을 사용하면 팔로워의 '좋아요'를 돈 주고 사는 것에 불과하다고 오해하는 사람도 있지만, 이는 사실이 아니다. 정확히 말하면 누군가에게 콘텐츠를 보여줄 기회를 페이스북에 지불하는 것이다. 그 사람이 해당 콘텐츠에 '좋아요'를 누르는 건 본인 마음이지 강요한다고 되는 게 아니다. 그러니 신문이나 잡지의 광고란에 돈을 지불하는 것과 같다. 광고비를 지출한다고 해서 사람들이 주문 전화를 걸거나 매장으로 찾아오는 것은 아니기 때문이다.

훌륭한 콘텐츠를 갖추고 있으면, 페이스북의 알고리즘은 사람들이 그 콘텐츠에 반응하고 있다는 사실을 인지한다. 그리고 이는 비용 절감 효과로 이어진다. 페이스북의 광고 시스템은 경매 형식으로 작동한다. 콘텐츠가 정말 좋아서 반응이 좋다면, 광고를 계속 띄우면서도 입찰가를 더 저렴하게 낮출 수 있다. 반면, 콘텐츠의 반응이 시원찮다면, 광고를 계속 게재할 수는 있지만 페이스북 알고리즘이 콘텐츠가 플랫폼의 가치를 떨어뜨린다고 판단해 입찰가가 현저히 올라간다. 이것은 가치 있는 콘텐츠가 살아남아 생태계가 제대로 돌아가게 유도하는 페이스북의 시스템 감시 방식이다.

좋아요, 댓글, 공유 등 사람들의 반응은 더 많은 사람에게 콘텐츠가 노출될 기회로 이어져서 마케팅 비용을 줄이는 효과를 가져온다. 이러한 개념은 디지털 시대 이전의 오프라인 마케팅 원리와도 크게 다를 바 없어서 딱히 획기적이라고 말할 수 없다.

비틀스가 처음 음악을 시작했을 때, 영국과 유럽 곳곳을 다니며 공연했다. 그들은 공연장 대관료를 자비로 부담하기 일쑤였고 초창기 투어 자금도 스스로 마련했다. 실력이 형편없거나 사람들이 좋아하지 않았다면 투자 대비 효과가 좋지 못했을 것이다. 그러나 그들은 확실히 멋진 음악(특히 음악 애호가의 기준으로 보면 위대한 음악)을 들려줬기 때문에 계속 승승장구하게 되었다. 그들의 가치가 올라가고 음악이 입소문을 타고 퍼지면서 점점 더 팬이 늘어났다. 디지털 세계에서도 마찬가지다. 콘텐츠 자체가 좋지 않으면 확산되지 않는다. 반면에 콘텐츠가 좋다면, 사람들에게 반응할 기회를 주는 한 널리 퍼져 나갈 것이다.

그렇다면 반향을 일으킬 만큼 본인의 콘텐츠가 충분히 좋은지 어떻게 알 수 있을까? 지표를 확인하면 된다. 사람들이 콘텐츠를 공유하고 '좋아요'를 누르면 당신은 유리한 고지에 서게 된다. 그리고 우리에게는 친구와도 같은 투자 수익률을 항상 명심해야 한다. 결과가 만족스럽지 않으면 방향을 전환해야 한다. 광고 플랫폼에서 데이터를 분석하고 활용하여 사람들의 팔로우를 유도하기 위해 어떤 조치가 필요한지 파악해야 한다. 사람들은 주로 어떤 콘텐츠를 공유하는지, 그리고 당신의 블로그로 연결되는 링크도 클릭하는지, 사람들의 행동을 티켓 구매나 거래 성사까지 이어지게 하려면 어떻게 해야 할지 등을 고민하며 자신에게 가장 잘 맞는 방식을 찾아보자.

◯ 페이스북 광고를 위한 실전 팁

잠재 고객의 타겟팅, 메시지 선택, 테스트를 통한 메시지 다듬기, 공유가 잘 되는 콘텐츠 제작 등에 대해서는 다음 장에서 자세히 설명한다. 하지만 그에 앞서 사람들이 당신의 웹사이트를 방문하도록 유도할 열쇠가 되어 줄 페이스북 광고 집행에 대한 실용적인 팁을 소개한다.

▸ 페이스북의 적정 입찰가에서 벗어나지 말자

페이스북의 광고 플랫폼에서는 광고 게시를 위한 권장 입찰가를 알려 준다. 광고 유닛에 따라 다르지만, 단가는 보통 11-25달러 사이이다. 나는 대개 그 정도 금액을 고수한다. 그 액수에서 벗어나지 않으며, 벗어나는 때가 있다면 그보다 적게 지불하는 경우뿐이다. '절대 제시된 금액을 넘기지 말자'가 나의 원칙이다. 일일 입찰가가 올라가면 낙찰가도 늘어난다.

광고를 올릴 때 사람들이 흔히 저지르는 실수는 캠페인 도중에 입찰가를 높이는 것이다. 그들은 아마 하루 25달러짜리 광고로 시작하고 재미를 볼 것이다. 그러면 효과가 있다고 생각하고 신이 나서 가속도를 붙인다. 입찰가를 기존의 25달러에서 100달러, 심지어 500달러까지 올린다. 문제는 누군가가 이렇게 하면 페이스북이 경매 가격을 재설정한다는 점이다. 아마 그때까지 페이스북은 광고비로 '좋아요' 당 1센트를 받았겠지만, 광고주들이 광고비를 25달러에서 100달러로 올리는 순간, 페이스북은 경매를 재설정하고 비용을 훌쩍 올린다.

만약 광고 세트가 실제로 좋은 성과를 보이고 있다면, 복제해서 한 세트를 더 만들어라. 원래의 25달러를 유지하되 추가로 광고를 만들고 새로운 콘텐츠를 적용하거나 다른 관심사를 타겟팅하여 광고의 도달 범위를 넓히도록 한다. 이렇게 변수를 바꿔서 변형된 새 콘텐츠를 만들 수 있다.

▸ 관심사 별로 광고를 나눈다

광고를 생성할 때는 각 '관심사'를 따로 나누는 것이 중요하다. 모든 관심사 키워드를 아우르는 하나의 광고를 만들지 않아야 한다. 예를 들어, 동기 부여 관련 강연자라면 '행복', '우울', '자기계발', '동기 부여', '감동적' 등의 키워드를 같은 광고 세트에 넣지 말아야 한다. 관심사별로 광고를 각각 만들어야 한다. 이렇게 해야 하는 이유는 두 가지가 있다.

첫째, 관심사 키워드를 전부 섞어 버리면 학습이 되지 않는다. 모든 관심사를 같은 광고에 집어넣으면 좋은 광고 실적을 주도한 요인이 그중 어느 키워드인지 알 길이 없다. 둘째, 관심사를 분리해야 광고 도달률을 극대화할 수 있다. 10가지 관심사가 광고 하나에 다 들어가면 광고를 여러 개로 복제할 수 없다. 그러나 처음에 일단 광고를 하나 제작하고, 다시 10가지 관심사 별로 나누어 변형하면 단가 25달러짜리 10개, 즉 총 250달러로 광고를 실행할 수 있다. 이렇게 해서 광고의 도달 범위를 더욱 확대한다.

▸ 어떤 콘텐츠를 만들 것인가?

나는 팔로워를 모으는 과정에서 명언을 삽입한 사진을 많이 사용했다. 빠르고 효과적으로 콘텐츠를 만들 수 있기 때문이다. 브랜드 또는 메시지와 어울리는 인용문을 찾거나 고안하는 일은 어렵지 않다. 한편, 고화질 동영상의 제작은 훨씬 어렵지만, 고화질로 만들 수만 있다면 확실히 효과가 더 좋다.

어떤 이미지와 글귀가 가장 효과가 좋은지 알아내려면 떠오르는 대로 모든 변수를 테스트해야 한다. 한 가지 이미지를 골라 그 위에 다섯 가지 다른 인용문을 집어넣는 테스트를 하고, 그 다음에는 반대로 인용문 한 개당 다섯 가지 다양한 이미지를 테스트해 본다.

잠재 고객이 소극적으로 구경만 하고 지나가지 않게끔 최적의 메시지 표현 방법을 찾아야 한다. 사람들이 봤을 때 '좋아요를 눌러야겠다.', '공유하고 싶다.' 혹은 '이 브랜드가 표현하는 것이 마음에 든다. 팔로우해야겠다.'라는 생각이 드는 콘텐츠를 만들어야 한다. 콘텐츠 제작의 달인이 되는 방법은 5장에서 좀 더 자세히 알아보자.

▸ 타겟팅 및 다크 포스트의 위력

페이스북에서 광고를 실행할 때 자신의 타임라인이나 유기적으로 팔로워의 피드에 광고가 나타나지 않는 형태인 '다크 포스트dark post (비 게시물형 광고)'를 고려할 수 있다.

다크 포스트는 게시자가 성별, 관심 분야, 연령 및 기타 특성을 기반으로 선별한 구독자에게 노출된다. 그래서 상대방에게 광고 폭격을 퍼붓지 않고도 콘텐츠를 테스트할 수 있다는 점에서 유용하다. 다시 말해, 팬들을 괴롭히지 않고도 효과 여부를 알아낼 수 있다. 하나의 콘텐츠를 바탕으로 50가지의 변형 버전을 만들고 나서 이 기록들이 메인 피드를 도배해 버린다면 스팸 같아서 썩 보기 좋지 않을 것이다.

그러나 다크 포스트는 팔로워를 전부 자동으로 배제하지 않는다. 최근 나는 스포츠용품, 신발, 캐주얼 의류 제조업체인 '언더 아머Under Armour'의 캘리포니아 주립대UCLA 후원에 대한 광고 테스트를 마쳤다. 우리는 '스포츠 센터SportsCenter', '폭스 스포츠Fox Sports', 'UCLA', 'UCLA 풋볼'의 팬을 타깃으로 소셜 콘텐츠를 테스트했다. 누군가 언더 아머를 팔로우하는 동시에 '스포츠 센터'도 팔로우했다면, 다크 포스트를 볼 가능성이 높다. 이것을 원치 않는다면, 언더 아머 페이지 또는 그 외 특정 브랜드 페이지의 팔로워를 제외시키도록 설정할 수도 있다.

페이스북은 이용자에게 통제권을 일임한다. 그것이 페이스북 플랫폼의 힘이다. 많은 사람은 자신의 팔로워를 향한 게시물 홍보에만 열심이다. 하지만 이렇게 하면 배우는 게 없다. 페이스북을 시장 조사 도구로 활용하라. 그래야 많은 가치를 얻을 뿐만 아니라 팔로우와 참여에 필요한 것이 무엇인지 배울 수 있다.

또한, 가능한 한 타깃 연령대와 국가의 범위를 넓게 잡아서 페이스북 플랫폼이 집계해 주는 분석 정보를 활용하자. 통계 결과를 확인하면 어느 타깃이 가장 좋은 성과를 내는지 찾아낼 수 있다. 그리고 후속 테스트를 통해 효과적인 방향으로 타깃을 구체화하면 된다. 테스트를 시작할 때는 범위를 넓게 잡고 정답을 향해 차츰 좁혀 나가자.

▶ 한밤중에 개시하기

콘텐츠를 테스트할 때는 24시간의 새로운 시작점인 자정에 광고를 올린다. 경매 시스템이 완벽한 게 아니기 때문에 그 이후의 시간에 광고를 개시하면 페이스북이 인벤토리를 너무 빨리 소진하여 경제성이 떨어진다. 그래서 광고 생성은 아무 때나 해도 되지만, 실제 띄우는 시각은 자정에 맞추는 것이 좋다.

"내 잠재 고객들은 어쩌라고? 그때 다들 자고 있지 않나?" 이런 생각이 들 수도 있다. 하지만 페이스북 플랫폼은 20억 명이 넘는 사용자가 있기 때문에 항상 누군가는 깨어 있고 페이스북을 하고 있다. 혹시나 아무도 당신의 광고를 보지 않는다 해도, 페이스북은 사람들이 실제로 로그인할 때 비로소 당신의 콘텐츠를 제공할 것이다. 누군가가 광고를 볼 때까지는 비용에서 광고 실적으로 차감되지 않는다.

자정에 광고를 올려놓고 보통의 수면 시간 동안 취침한다고 보면 7-8시간 광고를 띄울 수 있다. 나는 개인적으로 야행성 인간이 아니어서 아침에 결과를 확인하지만, 밤새 지켜보고자 한다면 처음 몇 시간 내에 확인하고 캠페인을 최적화할 수 있다.

나는 한 시간 후 광고에 의한 성과 향상률이(사용한 목표가 '페이지 좋아요', 혹은 동영상 조회, 웹 트래픽 유도든 상관없이) 30%를 넘기는 경우를 본 적이 없다. 그 말은 '페이지 좋아요' 당 50센트를 지불하는 사람이라면, 어느 날 갑자기 1센트, 아니 10센트로 줄이기도 어렵다는 얘기다. 50센트에서 30센트로 줄일 수 있다면 그나마 양호하다. 내 경험에 따르면 콘텐츠가 당장 반응을 일으키지 못하면 시간이 지나도 마찬가지라고 봐야 한다. 그럴 때는 미련 없이 버리고 다른 버전의 테스트로 넘어가는 것이 좋다. 그렇지만 전자 상거래 전문가들은 CPL^{Cost-Per-Lead} (잠재 고객당 비용), CPA, LTV^{Load-To-Value} (투입 대비 가치)를 목표로 할 때 광고 하나를 올리고 며칠 동안 놔두어 좋은 효과를 보았다고 말하기도 한다. 시도하기 전까지는 어느 것이 가장 효과적인지 절대 알 수 없으므로 이것저것 테스트해 보고 최상의 결과가 나오는 지점을 찾도록 하자.

▸ 통계를 분석하라

'페이지 좋아요' 광고를 집행할 때 타깃을 미국 국내로 설정하면 '좋아요' 한 건당 10센트 이하(내가 기록한 최저가는 5센트), 전 세계로 설정하면 1센트 이하(내가 기록한 최저가는 0.4센트)로 지불하자는 게 내가 정한 규칙이었다. 하지만 이건 어디까지나 내 목표에 맞춘 개인적인 기준이다. 그러니 각자 자신만의 한계점을 정하는 것이 좋다. 콘텐츠의 품질에 따라 이 기준으로 원하는 성과를 거두지 못하는 사람들도 있을 것이다. 그러니 각자 테스트해 보고 무엇이 효과적인지 찾아야 한다.

콘텐츠의 활발한 확산을 목표로 전략을 세웠을 때 CPS^{Cost Per Share} (공유 당 비용) 청구 가격이 50센트라면 내 기준에서 괜찮다. 그 가격이 넘어가면 해당 콘텐츠가 핵심 타깃에게 미치는 영향이 미미하다는 증거다. CPS가 30센트 이하라면 콘텐츠가 훌륭하다는 뜻이며, CPS가 10센트이면 스타덤의 반열에 올랐다고 봐도 좋다. 페이스북 광고 관리자에서 내게 맞는 CPS를 찾아 설정할 수 있다.

자신이 성과를 어느 정도까지 향상시킬 수 있는지 항상 지켜봐야 한다. 내가 자주 목격하는 사람들의 실수 중 하나는 "공유 한 건당 30센트를 벌고 있으니까 그만큼 지불하면 되겠네."라고 생각하는 것이다. 그 가격에 안주하는 대신, 가능한 한 비용을 낮추면서 성과를 향상시켜야 한다.

느슨해지지 말고, 한계를 넘어서 보자.

▸ 테스트 및 학습

이 시스템의 핵심은 '학습'이다. 어떤 콘텐츠는 반응이 좋고, 어떤 콘텐츠는 반응이 없는지 그 이유를 이해해야 한다. 그러지 않으면 발전이 없다. 이런 고민 없이는 수천 개의 버전으로 실컷 테스트하고도 원하는 결과를 얻지 못할 수도 있다. 그렇다면 시간 낭비다. 데이터를 분석하고 학습해야 한다. 이 모든 테스트와 학습은 콘텐츠의 장단기 전략을 수립할 때 상당히 중요하며, 나아가 유기적 성장의 원동력이 될 것이다.

그렇게 한다면 반드시 보상을 받을 것이다. 테스트에서 얻은 정보를 제대로 활용하기 시작하면 콘텐츠의 공유 수가 증가하면서 실질적인 성장세에 엄청난 탄력을 받는다. 1년 3개월 동안 1,500만 명이 넘는 팔로워를 모은 마술사 겸 소셜 미디어 기업가인 줄리어스 데인Julius Dein의 사례는 이 사실을 잘 입증한다. 그의 말을 들어보자.

"한 단계씩 차근차근 올라가야 한다. 2단계 그리고 3단계로 나아가는 데 시간이 걸리긴 하지만 그 이후에는 가속도가 붙는다. 내가 '좋아요' 100만 개를 돌파했을 때, 속으로 이런 생각이 들었다. '나 참, 100만 개 모으는 데 더럽게도 오래 걸리네.' 그리고 몇 주 만에 200만을 돌파했다. 인스타그램에서도 같은 일이 일어났다. 두 달 전에 처음으로 100만을 기록했고, 이제는 어느덧 거의 300만에 육박하고 있다. 400만, 나아가 500만, 600만에 도달하는 속도는 더 빨라질 게 틀림없다."

팔로워 구축에는 시간과 노력, 비용이 들지만, 이 모든 투자로 발생할 수익을 생각해 보자. 이 과정에서 딸려 오는 타당도와 신뢰도 향상은 덤이다. 콘텐츠를 만들고 광고 세트를 복제할 때마다 이 점을 기억한다면, 고객을 확대하고 자신의 꿈을 이루는 데 한걸음 더 가까워질 것이다.

- 온라인에서 팔로워의 확장과 그들의 참여를 원한다면 가장 중요한 요소는 콘텐츠다.

- 가능한 한 짧은 시간 안에 잠재 고객을 대규모로 확장하기 위한 핵심은 콘텐츠 제작, 테스트, 실시간 반응 측정으로 이어지는 애자일 방식이다.

- 가설을 세우고, 테스트하고, 결과에 따라 방향을 전환하라.

- 완전히 새로운 것을 창조하느라 시간 낭비할 필요는 없다. 주위를 둘러보고 효과적인 다른 사람들의 아이디어를 빌려보자.

- 페이스북은 공유 개념을 바탕으로 하기 때문에 100만 명의 팬을 확보하기에 가장 쉬운 플랫폼이다.

- 페이스북 광고 플랫폼을 사용하여 팔로우를 생성하는 방법은 다음과 같이 두 가지가 있다. 첫째, 바이럴 콘텐츠를 만들어 불특정 다수의 주목을 받는다. 둘째, '페이지 좋아요' 광고를 이용해 팔로우 받고 싶은 집단을 타깃팅한다.

- 구독자를 구축하려면 시간이든 돈이든 투자가 필요하다.

- 이 시스템은 팔로워를 매수하자는 게 아니다. 페이스북에 광고비를 지불하고 사람들에게 자신의 콘텐츠를 널리 알릴 기회를 얻는 것이다.

- 비용을 아끼려면 페이스북의 권장 입찰가를 계속 유지하는 것이 좋다. 추가 지출은 다른 관심사 또는 광고 유닛으로 복제해서 광고를 늘리는 방법으로 족하다.

- 항상 투자 수익률을 생각하고 결과물을 되돌아봐라. 광고가 목표 달성에 도움이 되지 않으면 중지하자.

한 달 만에 달성하는
100만 팔로워 마케팅

02

고객 타겟팅

타겟팅은 비즈니스의 성패를 좌우할 수 있다. 잠재 고객에게 널리 도달할 능력이 있는 제품과 브랜드는 많지만, 제품이나 브랜드에 실제로 참여하는 집단은 누구인지까지 세심하게 파악해야 진정한 의미에서 견고한 팔로우와 고객 기반을 창출하는 데 도움이 된다. 앞서 논의했듯이 신속한 성과를 원한다면 메시지를 공유해 퍼뜨리는 것을 넘어 실제 제품 구매로 전환할 잠재 고객들을 찾아야 한다. 특정 목표에 대한 타겟팅 전략과 기술은 다양하다. 또한, 적절한 잠재 고객층에게 도달하면 시간, 비용, 노력을 절감할 수 있다.

여성용 요가 바지를 판매한다고 가정해 보자. 요가 바지를 원하지도 쓰지도 않는 남성을 겨냥한다면, 명절 시즌에 선물용으로 판촉을 벌이는 경우가 아닌 이상아무런 효과가 없다. 아니면 필라델피아 이글스Philadelphia Eagles 팀의 NFL 슈퍼볼우승 기념 티셔츠를 판매한다고 가정해 보자. 2018년 슈퍼볼에서 그들에게 패한뉴잉글랜드 패트리어츠New England Patriots의 팬을 슈퍼볼 종료 직후 타겟팅하는 회사가 설마 있겠는가? 그것은 자원 낭비일 뿐이다. 또는, 거주자가 전부 채식주의자인 도시에 살고 있다고 상상해 보자. 어차피 살아남지 못할 스테이크 하우스를 개업할 이유가 없다.

적절한 사람들을 타깃으로 삼으면 사업을 번창시킬 수 있다. 자신의 타깃 고객이 누구인지 정확히 안다면 오늘날은 인터넷, 그중 특히 소셜 미디어 덕분에 과거 어느 때보다 소비자 피드백을 듣기가 쉬워졌다. '자라Zara' 같은 의류 회사는 디자인을 수정할 때 구매자의 의견을 전적으로 반영한다. 본사에서 수천 건에 달하는 구매자의 의견을 읽고, 그 피드백을 바탕으로 다음 의류 라인의 디자인을 결정한다. 그들은 이처럼 사용자 생성 접근 방식을 패스트 패션fast fashion에 적용한 것이 성공의 열쇠 중 하나라고 주장한다. 이는 또한 자라가 패션 시장을 장악하고 있는 이유 중 하나이기도 하다. 다른 브랜드라면 타깃 시장의 피드백에 대해 그 정도까지 지속해서 신경을 쓰기 어려울 것이다.

○ 세분화된 타깃

우리는 정보화 시대에 살고 있다. 그 어느 때보다 세분화된 타깃팅이 더욱 중요해지고 있는 시점이다. 제품, 메시지, 콘텐츠는 무수히 많아졌고, 사람들에게 엄청난 수의 선택권이 주어진 상황에서 경쟁은 아주 치열하다. 소비자와 팬들의 관심사가 과거보다 훨씬 더 구체적으로 바뀌었으며, 다양한 틈새시장에 잠재 고객이 있다. 이러한 현실을 유리하게 활용해야 한다.

타임머신을 타고 1970년대로 돌아간다고 상상해 보자. 지나가는 사람을 아무나 10명 붙잡고 좋아하는 노래 10곡을 물어본다면, 대부분 꼽은 노래 중 5-6곡 정도는 겹칠 것이다. 그 당시에는 발표되는 음반 수가 적었고, 음악이 소개되는 출처도 겨우 라디오와 TV 등으로 제한적이었기 때문에 사람들에게 음악 선택의 폭이 넓지 않았다.

오늘날 똑같은 설문 조사를 한다면, 겹치는 대답이 거의 없을 것이다. 접할 수 있는 노래가 아주 많고, 페이스북, 아이튠스, 스포티파이 등 자체적인 음악 유통 플랫폼을 비롯한 음악 공급원이 더 많아졌으며, 예전과 달리 아티스트와 직접 접촉할 수 있는 길도 열려 있다. 또한, 시장에 나와 있는 콘텐츠, 정보, 작품의 수준이 상당히 높아져서, 사람들의 관심사가 세부적인 틈새 영역으로까지 나뉘었다.

이런 현실은 수많은 산업 분야에도 똑같이 적용된다. 넷플릭스, 아마존 프라임, 훌루 등과 같은 스트리밍 서비스가 생긴 이래 TV에 어떤 일이 발생했는지 생각해 보라. 그 어느 때보다 프로그램의 선택 사항과 스타일이 다양해졌다. 거의 모든 장르마다 잠재 고객이 있으니, 그들을 발견하는 방법만 알면 된다.

페이스북이나 기타 온라인 광고를 잘 활용하면, 자신의 브랜드에 대해 매우 구체적으로 잠재 고객을 타겟팅할 수 있다. 예를 들면, '일리노이주 시카고에 거주하고, 연봉이 7만 5,000달러이며, 개를 좋아하는 기혼의 대졸자'라는 식으로 구체적인 집단을 겨냥할 수 있다. 인터넷이 대중화되기 전에는 그런 엄청난 수의 특정 그룹 사람들에게 다가가기가 훨씬 더 어려웠다. 페이스북의 타겟팅 기능을 사용하면, 누가 제품을 구매할 것인지 정확히 파악하여 자신의 요구에 맞게 콘텐츠와 전략을 구체적으로 설계할 수 있으므로 비용 효율성과 수익성을 높일 수 있다.

나는 개인적으로 이 책의 제목과 표지를 정하는 과정에서 페이스북의 광고 플랫폼을 이용해 잠재 고객을 타겟팅하여 효과를 봤다. 우리 팀은 다양한 잠재 고객을 상대로 책표지 디자인을 테스트해서, 어떤 표지 디자인이(심지어 색깔까지) 가장 반응이 좋은지는 물론 어느 고객층에게 가장 공감을 얻는지도 알 수 있었다. 우리는 '기업인'과 '중소 자영업자', '테크크런치TechCrunch, 와이어드Wired, 패스트 컴퍼니Fast Company 등 온오프라인 간행물의 독자들'과 같이 그룹을 분류하고 이들을 대상으로 이 책의 표지를 테스트했다. 여기서 얻은 정보는 누가 이 책에 가장 관심을 보이고 어떤 마케팅 메시지가 그들에게 가장 매력적일지 파악하는 데 많은 도움이 되었다.

○ 타겟팅 체크리스트

이것은 매우 광범위한 체크리스트이므로 특정 타겟팅 목표를 전부 포함할 정도까지는 아니어도, 처음부터 시작하는 초심자에게 타깃 고객을 세분화하는 데 제법 도움이 될 것이다. 적절한 사람들에게 다가가기 위해서는 그 적절한 고객의 유형을 머릿속에 그려봐야 한다.

우선 본인의 제품 또는 브랜드에 대해 알고 있는 정보를 모두 적어 보자. 그리고 그 제품과 브랜드가 누구에게 가장 편리하거나 유용할지를 생각해 본다. 목록으로 나열하거나 짤막한 메모로 적어둔 정보를 취합한 후에는 자신에게 다음과 같이 질문하라.

1. 타깃 고객의 성별 : 남성, 여성 또는 둘 다 목표로 삼고 있는가?

2. 타깃 고객의 연령대 : 어린이, 청소년, 성인, 30대 또는 그 밖의 연령대를 겨냥하는가?

3. 원하는 마케팅의 목표 : 자신이 잠재 고객에게 기대하는 행동은 다음 중 무엇인가?
    1) 브랜드 인지도 향상
    2) 특정 제품 판매
    3) 사람들의 이메일 주소 등록
    4) 게시물 참여의 고취
    5) 블로그나 웹사이트로 트래픽 유도
    6) 그 밖의 다른 마케팅 목표

4. 잠재 고객의 위치 : 국내 혹은 해외 고객 중 누구를 타깃으로 삼는가?
    혹시 지역 기반 사업을 하고 있어서 특정 우편번호, 도시에 속하는 주민을 타겟팅하고 싶은가? 잠재 고객의 거주지는 마케팅 목표나 달성하려는 목표와 큰 상관관계가 있다. 특정 지역의 사람들에게 제품을 직접 판매하고 싶은 것인지 또는 브랜드 인지도와 신뢰를 쌓고 싶은 것인지 명확해야 한다. 만약 엔터테인먼트 쪽에 종사하거나 글로벌 브랜드를 구축하려 한다면, 전 세계적으로 인지도를 쌓는 편이 아주 도움이 된다(이 아이디어에 대한 자세한 내용은 7장에서 글로벌 잠재 고객 타겟팅이 어떻게 브랜드의 타당도와 신뢰도 향상에 도움이 되는지를 설명하며 다룰 예정이다).

5. 고객의 관심 분야 : 당신의 제품이나 브랜드를 구입하는 사람들은 어떤 분야에 '관심'이 있는가?

    1) 즐겨 듣는 음악

    2) 즐기는 스포츠

    3) 즐겨 입는 패션 브랜드

    4) 단골 상점

    5) 하루 일과의 패턴

    6) 자주 가는 행사

    7) 가치관

    8) 취미

    9) 애용하는 제품 명

    10) 보유한 자동차

    11) 시청하는 TV 프로그램

    12) 좋아하는 영화

    13) 팔로우 하는 유명인

    14) 그 밖의 다른 관심사

6. 잠재 고객의 '생활 방식'에 대해 알고 있는 추가 정보로는 어떤 것이 있는가?

    1) 결혼 여부(기혼, 미혼, 이혼)

    2) 최종 학력

    3) 직업

    4) 연소득

    5) 욕구

    6) 내 제품이나 브랜드가 소비자의 삶을 보다 편리하게 해 주는 방법

7. 가장 강력한 '경쟁자'는 누구이며, 그들의 팬에게 위의 질문들을 대입하면 어떤 답이 나올까?

이 질문에 대답하면 초기 테스트를 위해 목표한 사람들을 이해할 수 있을 뿐만 아니라 궁극적으로 새로운 고객 확보에도 도움이 된다. 자신의 제품에 관심을 보일 만하다고 생각되는 사람들의 유형을 많이 이해할수록 좋다.

위 질문의 답을 토대로 변수 테스트에 돌입하면, 이제 공상 과학물에 나올 법한 광기 어린 과학자가 되어 보자. 최대한 여러 가지 버전으로 닥치는 대로 많은 조합을 시도해야 한다. 그리고 다양한 변수로 세분화하여 제각각 따로 테스트한다. 예를 들어, 여성용 요가 바지를 판매한다면 다음과 같이 시도할 수 있다.

- 테스트 1 : 룰루레몬 브랜드를 좋아하는 18 – 35세 사이의 고객
- 테스트 2 : 룰루레몬 브랜드를 좋아하는 36 – 50세 사이의 고객
- 테스트 3 : 룰루레몬 브랜드를 좋아하는 18 – 35세 사이의 대졸 고객
- 테스트 4 : 룰루레몬 브랜드를 좋아하는 36 – 50세 사이의 대졸 고객
- 테스트 5 : 요가를 좋아하는 18 – 50세 사이의 고객
- 테스트 6 : 명상을 좋아하는 18 – 50세 사이의 고객
- 테스트 7 : 요가를 좋아하는 18 – 50세 사이의 시카고 거주 고객
- 테스트 8 : 명상을 좋아하는 18 – 50세 사이의 시카고 거주 고객

위 내용은 한 가지 예를 들었을 뿐이지만, 이를 통해 테스트 변수의 종류를 매우 빠르게 확장할 수 있음을 알 수 있다. 원하는 답을 찾을 때까지 최대한 많은 변수로 테스트해 보길 바란다. 더 좋은 결과를 위해 항상 테스트를 멈추면 안 된다.

또한, 처음에 세운 가정이 올바른지 확인해야 한다. 팹핏편의 데이비드 오는 기

존의 팬층이 형성되어 있지 않은 상태에서 정상 궤도에 진입하려면, 오프라인 세계로 가서 잠정적 고객과 직접 대화를 나눌 것을 제안한다. 소비자층이 18－30세 사이 여성으로 구성된다고 생각한다면, 현장으로 나가서 해당 인구 집단의 사람들과 이야기를 나눠야 한다. 자신의 메시지, 아이디어, 콘텐츠에 대해 그들이 어떻게 생각하는지 직접 확인해야 한다. 시장 조사의 예행 연습을 한다고 생각하고 친구, 가족, 지인을 동원해 보자.

콘텐츠에 참여하고 제품이나 서비스를 구매하는 팬층이 이미 존재한다면, 시장 조사를 수행할 추가 방법이 있다. 페이스북 인사이트(www.facebook.com/Insightnews.page) 같은 소셜 플랫폼에서 통계를 분석하거나 구글 애널리틱스(marketingplatform.google.com)에서 수집한 통계를 사용하여 웹사이트 방문자의 정보를 파악할 수 있다. 또한, 기존 팬 기반과 고객을 상대로 설문 조사를 수행하거나 그들의 과거 주문 내역을 분석할 수도 있다. 잠재 고객에 대한 분석이나 데이터를 바탕으로 콘텐츠와 제품, 브랜드에 대해 가장 마음이 움직일 듯한 대상을 결정할 수 있다.

예를 들어, 데이비드 오는 팹핏펀의 정기 배송 서비스를 이용하는 핵심 고객 집단을 더 잘 이해하기 위해 웹사이트에서 데이터를 수집해 분석한다. 이 정보로 고객의 연령대, 성별, 뷰티 및 패션 상품 관심사, 좋아하는 브랜드 등을 알 수 있다. 데이비드 오는 고객이 지난번의 구독 상자에서 마음에 들었던 제품과 앞으로 받아보고 싶어 하는 제품도 조사한다. 그런 다음 해당 정보를 활용하여 더욱 효과적인 마케팅 캠페인을 제작하였고, 그 결과 회사 규모를 확장할 수 있었다.

이러한 전략을 적용한 또 다른 예는 영화 산업에서 찾아볼 수 있다. 보통 영화가 완성되면 초벌 편집 버전을 시장 조사 차원에서 테스트 상영한다. 이 상영의 목적은 영화 개봉 전에 미리 이상적인 타깃 관객을 실제 상영 시 극장으로 가도록 유도하기 위해서다. 제작자와 스튜디오는 목표 관객을 극장으로 불러 영화를 보여준 다음, 스코어 카드를 주고 영화에 대한 소감, 느낌, 의견을 기록하게 한다. 그 다음 영화 제작자와 마케팅 담당자는 그 정보를 활용해 영화에 공감하는 집단을 제대로 알려고 한다. 이처럼 테스트 상영에서 얻은 데이터는 마케팅 전략 및 포지셔닝의 방향을 정하고 영화를 개선할 목적으로 쓰인다.

| 사례 연구 | **영화 〈플로렌스〉의 핵심 메시지를 찾아라**

언젠가 나와 우리 팀은 영화사 '파라마운트 픽처스Paramount Pictures'의 의뢰를 받아, 메릴 스트립Meryl Streep과 휴 그랜트Hugh Grant 주연의 2016년 영화 〈플로렌스Florence Foster Jenkins〉에 대해 시장 조사 테스트를 수행한 적이 있다. 파라마운트 픽처스는 이 영화를 타깃 고객에게 포지셔닝하는 방법을 테스트하기를 원했다.

영화를 보지 못했을 독자를 위해 설명하자면, 메릴 스트립이 연기한 동명의 주인공은 죽을 때까지 전문 오페라 가수를 꿈꿨던 캐릭터였다. 파라마운트 픽처스는 영화의 강렬한 홍보 슬로건을 찾기 위해 고심하고 있었다. 그들은 "늦은 나이란 없다.", "꿈을 크게 가져라.", "모든 목소리가 중요하다." 등을 포함해 5가지로 후보를 추려냈다. 그러나 그들은 마케팅에 사용할 핵심 메시지에 대해 최선의 결정을 내리기 위해 도움이 될 만한 데이터와 분석 자료가 필요했다.

우리 팀은 이 영화를 볼 가능성이 가장 높아 보이는 집단으로, '음악 영화', '전기 영화', '메릴 스트립' 등의 키워드에 관심 있는 미국인 56만 1,756명(여성 53%, 남성 47%)을 상대로 영화 홍보 문구에 다양한 변화를 가미해 테스트했다. 전통적인 시장 조사 방법으로 이런 대규모의 잠재 고객에게 도달하거나, TV를 통해 이 같은 테스트를 실행한다면, 몇 주의 시간과 상당한 예산이 소요될 수 있다. 대신 우리는 페이스북 광고 플랫폼을 시장 조사 도구로 활용하여 이 모든 테스트를 분할하고 실시간으로 데이터를 수집했기 때문에 48시간 이내에, 그것도 적은 비용으로 테스트를 완료했다. 일단 테스트가 완료되자, 우리는 신속하게 데이터를 취합해 가능한 한 철두철미하게 분석한 후 장장 41쪽에 달하는 심도 있는 보고서를 작성해 제출하였고, 이를 토대로 파라마운트 픽처스는 캠페인과 관련해 객관적 정보에 입각한 결정을 내릴 수 있었다.

파라마운트 픽처스 경영진은 최종 보고서를 건네받고 그토록 단기간에 우리가 섬세한 결과물을 내놓자 다소 놀라워했다. 그들은 앞으로 수백만 달러의 비용을 투입할 홍보 메시지를 결정하는 문제에서 판단에 도움이 될 빠르고 효율적인 데이터소스를 새로 확보했다고 생각했다. 그리고 이 모든 것은 적절한 타깃 고객을 대상으로 한 우리만의 임기응변 스타일을 통해 시장 조사를 실시하고 테스트했기 때문에 가능했다.

○ 공유할 사람들에게 접근하라

타깃 집단을 정밀하게 잡는 것은 클릭, 구매, 회원 가입 등과 같이 잠재 고객의 특정한 행동 유도CTA, call to action가 유일한 목표일 때 매우 훌륭한 전략이다. 그러나 내가 즐겨 사용하는 또 다른 타깃팅 전략은 자신의 콘텐츠와 브랜드를 공유할 지지자를 찾는 것이다. 만약 여성용 구두를 판매한다고 가정해 보자. 타깃층이 18-35세이고 원하는 CTA가 특정 신발의 구매라면, 이때 타깃팅 전략의 답은 눈에 보이는 그대로다. 그러나 훌륭한 콘텐츠를 제작할 수 있다면, 두 번째 방법인 자신의 콘텐츠와 브랜드를 공유할 지지자를 찾는 것이 더 효과적이다. 그러면 사람들이 메시지를 빠르게 공유할 수 있으므로, 자연스러운 입소문 홍보 효과 덕에 주요 성과 지표 달성 비용을 절감할 수 있다. 이를 위해서는 자기 제품을 구매하거나 브랜드를 좋아하는 사람뿐만 아니라 콘텐츠의 적극적인 공유에 나설 가능성이 높은 사람까지(새삼스러운 얘기는 아니지만, 타깃 대상과 항상 일치하지는 않는다.) 공략하는 테스트를 해 봐야 한다.

이런 타겟팅 전략은 이 장의 앞부분에서 간략히 설명한 것과 정반대에 가깝다. 여러 가지 효과적인 접근법과 전략이 있는데, 그중 일부는 서로 상충되는 것처럼 보인다. 그러나 확실한 사실은 어떤 사람이나 브랜드에 효과가 있는 것이 다른 사람이나 브랜드에는 효과가 없을 수 있다는 점이다. 내 목표는 당신에게 가장 효과적인 선택권을 제공하여 각자 자신의 목표에 어느 방법이 제일 적합한지 테스트하고 선택할 수 있도록 하는 것이다.

공유 가능성이 높은 콘텐츠를 제작하는 데 어려움을 겪고 있다면, 먼저 첫 번째 방법을 사용하여 타겟팅을 구체적으로 설정하자. 그리고 공유성이 뛰어난 콘텐츠를 만들 수 있다면, 일차적 타깃 시장을 넘어서 도달 범위를 더 넓힌 다음, 사람들의 반응이 어떤지 확인하도록 한다. 때로는 접근하고자 하는 대상에 다른 경로로 우회하면 오히려 더 효과적으로 도달하는 경우도 있다. 어쩌면 원래 목표한 타깃 시장에는 속해 있지 않으면서도, 나의 타깃 시장에 메시지를 전달해 줄 훌륭한 전령사가 어딘가에 있을지도 모른다.

| 사례 연구 | **브랜드 지지자를 찾은 챗북스**

핵심 타깃 시장의 바깥에서 훌륭한 메시지 전달자를 발견한 좋은 사례는 100만 명이 넘는 가입자를 확보한 세계 1위 온라인 사진첩 사이트이자, 내가 함께 작업하기도 했던 챗북스Chatbooks의 프로젝트다. 챗북스는 '어머니의 날'을 소재로 한 인지도 캠페인의 일환으로 어린 아이들의 시선에서 본 어머니에 관한 감성적인 동영상을 만들어 내게 연락했다. 이 영상에서 4-8세의 아이들은 저마다 자기 엄마가 슈퍼히어로인 이유에 대해 이야기한다. 이 작품은 네이트 몰리

*Nate Morley*가 제작한 멋진 영상이었다. 몰리에 대해서는 이 책 뒷부분에서 다시 언급할 것이다.

챗북스 측은 '45세 이상의 엄마들을 목표로 삼고 싶다'고 내게 말했다. 훌륭한 동영상을 보고 감탄한 나는 어떤 집단이 그것을 빠른 속도로 공유할 가능성이 높을지 직감했고, 챗북스 측에 이 동영상을 통해 브랜드 지지자를 찾을 수 있도록 콘텐츠 테스트를 하게 해 달라고 요청했다.

테스트를 시작하면서 나는 폭넓은 인구 통계학적 스펙트럼을 사용했지만, 제품과 관련된 관심사 키워드만큼은 특정 영역으로 한정했다(예 : 스크랩북, 사진, 모성애, 육아 등). 캠페인 목표가 인지도와 참여인 경우, 나는 *18-65세* 사이의 남녀 모두에게(이 장 서두에서 언급했듯이 특정 성별을 겨냥한 제품을 판매하지 않는 한) 메시지를 타겟팅하고 캠페인 개시 몇 시간 후 페이스북의 알고리즘이 콘텐츠를 푸시하는 결과를 살펴본다. 페이스북 알고리즘은 계속 진화를 거듭해 가장 참여도가 높은 잠재 고객을 발견하고 중요한 정보를 제공해 줄 수 있기 때문에 아주 유용하다. 테스트 결과, 목표로 한 인구 통계 집단이나 관심사 집단의 반응을 이끌어내지 못한다고 판명되면 콘텐츠를 수정해 다시 테스트를 실시해야 한다. 이렇게 수정과 테스트를 반복한다. 원하는 답을 찾을 때까지 테스트를 멈추지 말아야 한다. 또한, 콘텐츠의 노출과 잠재 고객의 참여 기회를 더 많이 유도하여 전반적으로 경매 가격을 낮출 수 있도록, 인지도 캠페인에서 타깃 잠재 고객을 폭넓게 유지하는 것이 좋다.

테스트를 진행하는 동안 동영상을 공유하는 사람들이 *18-25세* 사이의 여성이란 사실을 알게 되었다. 상품의 최종 소비자는 아닐 수도 있지만, 그들은 바로 콘텐츠를 사람들 사이로 연결하는 일등공신이었다. 나는 추가 분석을 통해, 그 여성들이 동영상을 자기 어머니와 공유하고, 태그를 달고, 어머니와 콘텐츠에 대해 대화하기 시작한다는 점을 발견했다.

더 낮은 연령대의 여성들까지 도달 범위를 확장하면 훨씬 더 강력하게 핵심 인구층에 다다를 수 있다. 챗북스는 모녀 사이의 감정적인 교감을 겨냥했다. 그 결과 챗북스는 새로운 잠재 고객에게도 제품을 노출할 수 있었다.

이 부분에서 나는 공유의 위력을 보고 타깃을 넓게 잡는다. 메시지와 콘텐츠에 대한 인지도를 높이고, 브랜드 지지자 찾기에 도움을 줄 수 있으며, 가장 중요하게는 친구에게 다른 친구나 소중한 지인과 공유하도록 유도하여 영향력을 확대하는 방식으로 핵심 잠재 고객에게 다가갈 수 있기 때문이다. 본질적으로 마케팅에서 가장 달성하기 어려운 것 중 하나인 입소문을 통한 공유라는 관문을 뚫을 수 있다.

창의력을 발휘해서 제품 구매자와 메시지 공유자의 연결에 직접 발 벗고 나서야 한다. 제품이나 브랜드의 새로운 마케팅 방법을 발견할 뿐만 아니라, 새로운 팬을 확보하고, 소셜 미디어 구독자의 수와 판매 실적도 동시에 높일 수 있다.

○ 지레짐작은 금물

파라마운트 픽처스의 전 디지털 마케팅 담당 부사장인 래섬 아네슨Latham Arneson은 누구를 타깃으로 삼을지 스스로 안다고 생각하는 사람이 의외로 많다고 말한다. 비록 그들의 말이 맞을 때도 적지 않지만, 그렇지 않은 경우가 태반이다. 그는 영화 마케팅에서 예컨대 '젊은 여성'처럼 처음에는 조건을 매우 광범위하게 설정하여 시작한다고 설명한다. 사실 '젊은 여성'은 상당히 막연한 그룹이며, 그 안에 속한 사람은 제각기 다양한 관심사를 가지고 있을 것이다. 해당 인구 집단에서 누가 가장 적극적으로 공유할 것인지 밝혀내는 것이 관건이다.

영화 마케팅을 중심으로 얘기하고 있지만, 아네슨의 경험과 전문성은 브랜드를 구축하거나 성장 동력을 창출하려는 사람들에게 마찬가지로 적용될 수 있다.

마케팅 담당자는 이미 잘 알려진 시리즈물 영화가 아닌 이상 거의 불가능에 가까운, 6개월 이내에 브랜드를 구축해야 한다는 임무를 짊어진다.

아네슨은 테스트가 핵심이라고 지적한다. 그는 많은 사람이 그럴듯한 추측을 하고 있다고 생각하지만, 실제 그 추측의 옳고 그름을 증명하는 것은 테스트라고 말한다. 그제야 내가 만든 콘텐츠에 대한 반응을 토대로 어느 집단이 정말 관심을 보이는지 알게 된다. 결국, 가장 중요한 것은 세상에 뭔가를 실제로 내놓고 사람들의 반응을 확인하기 전까지는 100% 확실한 것은 없다는 점이다.

구체적으로 동영상 조회 수를 목표로 삼는다고 가정하면, 아네슨은 동영상을 끝까지 보는 사람들의 비율이나 동영상 조회율을 보고, 그 후에는 시청자가 동영상을 보고 나서 상관관계가 있는 어떤 행동을 취했는지 여부도 살펴볼 것을 제안한다. 시청자가 동영상의 전체 혹은 적어도 4분의 3 정도까지 보는 것도 좋지만, 영상의 상당한 분량을 시청한 후 해당 콘텐츠를 공유하는 등 특정 행동으로 이어지기까지 한다면 금상첨화다. 동영상, 이미지, 링크 등에서 공유나 클릭과 같은 행동으로 전환하는 사람들을 가장 적합한 타깃 잠재 고객으로 삼아라.

○ 캠페인 목표를 위한 타겟팅

타겟팅이란 어떻게 보면 캠페인 목표에 도달할 광고 유형을 선택하는 것이다. 동영상 조회, 웹사이트 트래픽, 잠재 고객 확보, 게시물 참여, 이벤트 응답 등으로 캠페인 목표를 정할 수 있다. 경험에 비추어 볼 때, 페이스북 경매에서는 각 목표의 중요성에 가중치가 다르게 나타난다.

예컨대 홍보하고 싶은 동영상이 있지만, 캠페인 목표를 잠재 고객 확보로 선택한다고 가정해 보자. 그러면 페이스북은 조회 수를 기준으로 광고비를 책정하도록 세팅되어 있지 않은 상태이기 때문에 비용이 크게 증가할 것이다. 가능한 한 많은 잠재 고객을 이끌어 내도록 작동하기 때문이다. 그래서 어떤 형태이건 간에 동영상 광고라면, 목표가 잠재 고객 확보든 트래픽 늘리기든 상관없이 대개 조회 수 올리기를 목표로 시작하는 것이 좋다. 이렇게 하면 낮은 비용으로 최대의 시청 자에게 도달할 수 있어 조회 당 단가를 낮출 수 있다. 더 많은 사람에게 도달할수 록 메시지가 공유될 기회도 늘어난다. 공유가 늘어난다는 것은 곧 자연적인 홍보 효과를 의미하므로 잠재 고객 당 비용도 전반적으로 절감된다. 그리고 브랜드 인 지도와 소셜 미디어의 팬 수를 늘리고자 하는 사람들에게도 당연히 좋다. 그러나 사람들의 공유가 저조하면서 직접적인 목표가 제품 판매라면, 잠재 고객 확보 또 는 전환이 가장 적합한 목표일 수 있다.

굳이 서열을 매긴다면, 양질의 콘텐츠가 있을 때는 게시물 참여 또는 동영상 조 회 목표를 최우선 순위로 둔다. 반면, 제품 판매를 주된 목표로 하고 콘텐츠의 질 이 평균 이상으로 우수한 정도가 아니라면, 잠재 고객 확보 또는 전환 목표가 적 절하다. 앞서 언급했듯이 테스트와 학습이야말로 자신의 브랜드에 가장 적합한 것이 무엇인지 알아낼 수 있는 유일한 방법이다.

⭕ 리타겟팅과 유사 타깃

테스트와 학습을 마친 후에는 핵심 잠재 고객의 인구 통계적 특성과 관심사를 알게 되고 메시지를 공유할 가능성이 높은 사람들의 유형을 관찰하기 시작할 것 이다. 그 데이터를 일단 수집했다면, 자신의 브랜드에 '참여'하는 사람들을 리타겟 팅해야 한다.

셰어러빌리티의 에릭 브라운스타인과 그의 팀은 항상 콘텐츠에 최초로 참여한 사람들을 상대로 새로운 콘텐츠를 보여 주기 위한 리타겟팅을 한다고 말한다. 그 는 일단 참여할 의향이 있던 사람이라면, 다음에도 참여할 가능성이 높다고 지적했다. 그래서 '엄청나게 많은 수의 다양한 타깃 그룹'을 대상으로 테스트한 다음, 구매 전환이나 원하는 행동으로 이어지는 고객을 기반으로 유사 타깃을 구축하여 그들을 대상으로 또다시 테스트한다.

세계서핑연맹World Surf League의 최고 책임자인 팀 그린버그Tim Greenberg도 유사 타깃을 찾는 것이 현명하다고 말한다. 먼저 광고 효과의 측정을 돕는 분석 도구인 페이스북 픽셀Facebook Pixel을 사용하여 방문자를 추적하고 그들의 정보를 파악한 다(픽셀은 사람들이 웹사이트에서 취하는 행동을 조사하고 이해하는 데 용이하다). 다음 으로 그린버그는 세계서핑연맹의 소식을 메일로 구독하는 사람들을 확인한다. 그 러고는 연맹의 플랫폼을 방문한 사람들, 그리고 콘텐츠를 적극적으로 보러 오는 핵심 이용자이자 열혈 팬이라고 볼 수 있는 실시간 스트리밍 시청자들을 분석한 다. 그러면 이제 그린버그 팀은 이 사람들에게 그 콘텐츠가 준비되어 있음을 환기 시키는 메시지를 알리기만 하면 된다.

이 절차가 완료되면 '원래의 팬과 매우 흡사한 면을 보이는 유사 타깃'까지 아 우르는 두 번째 유형의 시청자 집단에 집중한다. 이들 잠재 고객은 인구 통계학적 특성, 관심사 및 그 외 요소들이 비슷한 사람들로 구성된다. 아직은 서핑 팬이 아 니거나 웹사이트를 방문한 적이 없었을지라도, 앞으로는 아마 그렇게 될 가능성 이 있다. 그린버그의 팀은 이 사람들을 또 다른 타깃으로 분류하고 핵심 캠페인의 연장선에 해당하는 유사 캠페인을 그들에게 전달한다.

그린버그 팀은 핵심 타깃과 핵심 플러스알파 타깃(핵심 타깃에 속하지는 않지만, 그들과 관심사나 특성이 비슷한 잠재 고객)에게서 더 멀어질수록, 설령 서핑 대회 콘 텐츠에 '좋아요'를 누른 사람이라도 실제로 해당 영상을 시청할 가능성이 줄어든 다는 사실을 발견했다. 그래서 그의 팀은 매우 신중을 기했다. 그들은 핵심 고객 혹은 그와 유사한 잠재 고객이 타깃으로 삼기 가장 좋은 집단임을 발견했다. '좋아 요'가 많을수록 좋아 보이지만, 실제로 잠재 고객이 특정 행동으로 전환하는 것에 중점을 둔다면 데이터를 통해 발굴한 잠재 고객을 굳건히 지키는 것이 중요하다.

페이스북 플랫폼은 세계서핑연맹에 많은 신규 팬을 유입시켰다. 페이스북의 엄청난 규모 덕분에 연맹은 예전 같았으면 도달하지 못했을 잠재 고객까지 차츰 모아 나갔다. 데이터를 수집하고 새로운 잠재 고객에게 제품과 콘텐츠를 테스트하여 연맹의 공식 홈페이지에 새로운 팬들을 유입할 수 있었다. 그린버그 팀은 새로운 팬을 확보하고, 그들에게 제품 판매 메시지나 동영상 조회 메시지, 앱 설치 메시지 등 어떤 목표로든 리타겟팅을 할 수 있는 엔진을 구축했다. 이것은 연맹에 정말 큰 도움이 되었다.

● 똑똑한 사람들도 속이는 하이퍼 타겟팅

타겟팅에 대해 제법 능숙해졌다면 거의 모든 페이스북 이용자에게 도달할 수 있다. 한번은 팹핏펀의 데이비드 오가 제트 추진 연구소JPL, Jet Propulsion Laboratory의 연구원을 대상으로 어떤 트릭을 써 봤다는 일화를 들려 주었다. 제트 추진 연구소는 캘리포니아주의 라카냐다플린트리지La Cañada Flintridge에 있으며, 우편번호 상으로는 패서디나Pasadena에 있기도 한 연방 정부 산하의 연구개발센터이자 나사NASA 현지 조사센터이다. 그는 페이스북의 디지털 마케팅과 하이퍼 타겟팅 hypertargeting (매우 특정한 범위의 사람들을 대상으로 한정해 메시지를 전달하는 세부적인 타겟팅) 기법에 관해 강연하기 위해 연구소를 방문했다. 참고로 하이퍼 타겟팅은 연령, 성별, 위치, 언어, 교육 수준, 관심사, 직장과 같은 인구 통계학적 요소에 초점을 맞추는 기법이다.

데이비드 오는 강연에 앞서 간단한 실험을 했다. 그는 페이스북에 가짜 광고를 만든 후, 제트 추진 연구소의 직원을 포함해 연구소 반경 약 30km 이내에서 근무하는 모든 직장인을 타깃으로 삼았다. 광고 하나에는 '화성에 생명체가 있을까?'라는 주제를 담았다. 여기에는 물음표가 새겨진 월면이동차의 이미지가 들어갔다. 다른 광고에는 '무산된 차기 화성 탐사 프로젝트에 자금 지원을?'이라고 썼다. 데이비드 오는 이런 식으로 다양한 헤드라인과 이미지를 넣어 변형한 가짜 광고 10가지 버전을 만들었다. 그는 또한 친구에게서 연구소 직원들이 내부에서 '땅콩peanut (하찮은 인간, 박봉에 시달리는 사람)'이라고 불린다는 얘기를 들었다. 그래서 광고를 클릭했을 때 연결되는 페이지 첫 화면에 '땅콩 커뮤니티 소식Peanut Community News'이란 제목을 띄우고 옆에는 강연 시작 전까지 남은 시간을 카운트 다운하는 조그만 타이머를 세팅해 놓았다.

그가 이 작업에 투입한 자원은 단돈 약 2달러에, 클릭 10번이 전부다. 실제로 연구원 4명은 데이비드 오가 만든 접수 명단에 자기 이메일 주소를 입력해 넣기까지 했다. 데이비드 오는 자신이 한 일을 강의 중에 솔직히 털어 놓았다(당사자가 창피하지 않게끔 실명은 모자이크 처리했다). 그러나 연구소의 IT 전문가 두 명이 일어서서 말했다.

"여러분 중에는 저런 사람이 없으리라 믿습니다."

요점은 페이스북 광고 플랫폼의 하이퍼 타겟팅 기능을 활용하면 똑똑한 과학자들도 감쪽같이 속일 수 있다는 것이다. 그러니 잠재 고객을 정확히 알고 있으면 페이스북, 또는 이처럼 개별화된 서비스를 제공하는 다른 플랫폼에서도 좋은 성과를 거둘 수 있다.

- 타겟팅에는 두 가지 전략이 있다.

  1) 정확한 인구 통계학적 집단을 타겟팅하는 것은 특정 CTA(클릭, 구매, 회원 가입 등)의 유도
  가 유일한 목표일 때 훌륭한 전략이 된다.

  2) 공유 가능성이 매우 높은 콘텐츠를 제작할 수 있다면 테스트 전략을 활용하여 콘텐츠와 브
  랜드를 대신 공유해 줄 지지자를 찾는다.

- 공유성이 뛰어난 콘텐츠를 만드는 데 어려우며, 직접 반응을 얻고 관계를 구축해 나가는
  다이렉트 리스폰스 마케팅 캠페인(즉, 특정 제품이나 서비스 판매)에 집중한다면, 타겟팅 체
  크리스트를 사용하여 대상을 좁혀 가는 방식을 취하는 것이 좋다. 성별, 연령, 위치, 관심
  사, 라이프 스타일, 유도하려는 행동을 포함하여 잠재 고객이 지닌 특성을 머릿속에 그려
  본다.

- 캠페인 대상을 폭넓게 잡아 대중을 상대로 인지도를 높이려 한다면, 타겟팅 대상을 넓게
  지정해서 시작하고 페이스북의 알고리즘이 표출하는 결과를 확인하자. 광고 타깃을 넓게
  유지하면 대체로 경매 가격이 줄어든다.

- 구글 애너리틱스와 페이스북 인사이트 같은 소셜 미디어 데이터를 이용해 타깃 고객에 대
  한 데이터 마이닝(data mining, 대용량의 데이터 속에서 일정한 정보를 찾아내어 분석하는 과
  정)을 할 수 있다.

- 기존 팬의 과거 주문 내역을 분석하고 설문 조사를 실시하면 콘텐츠, 제품, 브랜드에 가장
  좋은 반응을 보일만 한 대상을 결정하는 데 도움이 된다.

- 양질의 콘텐츠를 갖고 있다면 캠페인 목표의 우선순위를 게시물 참여나 동영상 조회로 선택하고, 제품 판매가 목적이면서 평균 이하 수준의 콘텐츠를 갖고 있다면 전환 광고를 선택한다.

- 무수히 많은 다양한 집단을 타깃으로 테스트한다.

- 잠재 고객이 누구인지 안다고 자신만만해 하지 마라. 새로운 타깃 그룹을 발견하려는 노력을 게을리해서는 안 된다.

- 오리지널 콘텐츠에 참여하는 누구에게든 콘텐츠를 리타겟팅하라.

- 클릭과 공유 등 원하는 행동을 취하거나 구매 전환으로 이어지는 사람들로 유사 타깃을 구축한다.

- 콘텐츠를 세상에 공개하고 누가 반응하는지 보기 전까지는 잠재 고객이 누구인지 100% 확신할 수 없다.

한 달 만에 달성하는
100만 팔로워 마케팅

한눈에 마음을 사로잡는 메시지 선택

팔로워를 구축하고 주된 잠재 고객이 누구인지 파악한 다음에 할 일은 그들의 참여를 계속 유지하는 것이다. 팔로워가 후속 콘텐츠를 원하고 관심을 보이며, 최대한 빠른 속도로 브랜드를 공유하게 할만 한 콘텐츠를 만들어야 한다. 이는 잠재 고객의 소셜 피드에 확실한 메시지가 꾸준히 나타나도록 하는 가장 좋은 방법이다. 적극적인 참여를 하지 않는 팔로워라면 아무리 많이 쌓아도 소용없다. 사람들의 관심을 끌고 그들이 소셜 미디어 친구나 지인과 공유하고 싶게 하는 콘텐츠를 제작하는 것이 핵심이다.

메시지의 구성 방법을 알고 모르고의 차이가 성과를 판가름한다. 전달하고자 하는 바가 잠재 고객의 주의를 끌거나 콘텐츠에 대한 참여를 유도하지 못한다면, 고객층을 구축하기 위한 그간의 노력은 헛수고에 불과하다. 팬의 확보만으로는 충분하지 않다. 끊임없이 그들의 마음을 사로잡아야 한다. 그래야만 잠재 고객과 소셜 미디어 팔로워를 지속적으로 확장할 수 있다.

사람마다 목적과 타깃 시장에 따라 메시지가 다르기 때문에 각자의 브랜드에 가장 적합한 메시지를 구체적으로 지정해 줄 수는 없지만, 자신에게 최적의 메시지를 선택하는 방법을 찾도록 도움을 줄 수는 있다. 다음의 간단한 지침을 따르면 수많은 잡동사니 가운데 당장 눈에 띌 방법을 알게 될 것이다.

◯ 후크 포인트를 찾아라

공유를 부르는 매력적인 콘텐츠를 만들려면 독특한 후크 포인트hook point가 있어야 한다. 후크 포인트는 당신을 두드러져 보이게 하고, 잠재 고객의 관심을 사로잡아 그들의 추가적인 궁금증을 유발하는 것을 말한다. 이는 전달하는 메시지에 어떤 가치가 담겨 있는지 이해하기 위한 필수 요소다.

탄탄한 후크 포인트의 가장 좋은 예는 팀 페리스Tim Ferriss의 저서 《나는 4시간만 일한다》에서 찾을 수 있다. 팀 페리스에게는 세상에 제안하고자 하는 가치의 유형에 대한 콘셉트와 아이디어가 있었지만, 사람들이 메시지에 귀를 기울일 법한 인상적인 후크가 필요했다. 그가 의미심장하면서도 간결한 메시지를 찾지 못했다면, 그의 책은 베스트셀러가 되지 못했을 것이다. 일주일에 4시간 근무라는 참신한 발상은 사람들의 관심을 끌었다. 이 책 자체의 콘셉트가 획기적이거나 새롭다고 볼 순 없었지만, 일주일에 4시간만 일해도 된다는 콘셉트로 잘 포장함으로써 사람들의 관심을 불러일으켰다. 주 4시간 근무라는 구체적인 라이프 스타일의 이미지는 분명 사람들이 원하기는 하지만 그 방법을 몰랐던 유형이었다. 귀가 솔깃해지는 이 제안은 사람들의 궁금증을 유발하는 매력 포인트였다.

만약 페리스가 《팀 페리스가 제안하는 근무시간 줄이기》라는 식으로 제목을 지었다면 매력이 반감되었을 것이다. 대신 그는 자신이 타깃으로 삼은 독자들이 공감하는 요소가 무엇이며, 그들을 끌어당기려면 어떤 단어를 선택해야 하는지 생각했다. 그리고 홍보에만 골몰하지 않고 예상 독자들이 무엇을 원하는지 파악하려 했다. 주제를 재치 있게 풀어내는 방법을 생각해 낸 그는 선택 가능한 라이프 스타일의 한 유형을 만들어 사람들의 관심을 끌었다.

　단순히 자신을 표현하고 자신이 하는 일을 설명하는 것만으로는 충분하지 않다. 어차피 사람들의 기술 역량은 거기서 거기다. 자신이 가진 제품이나 정보가 어떤 점에서 차별화되고, 다른 사람들의 삶과 어떻게 연관되는지 알아야 한다.

　자신이 하는 일이 어떤 점에서 남들과 다른가? 그리고 어떻게 그 점을 다른 사람들에게 중요하다고 인식시킬 것인가? 메시지를 제대로 전달하려면 간결하고 주의를 집중시키는 표현 방법을 찾아야 한다. 그리고 사람들과의 연관성도 있어야한다. 그들의 니즈를 충족시키는 흥미롭고 시의적절한 주제에 자신의 연결 고리를 찾아야 한다. 후크 포인트에는 사람들이 하던 일을 멈추고 주의를 기울이게 할 만한 힘이 있어야 한다.

◯ 헤드라인을 찾아라

　고객 의뢰를 받았을 때 그들의 후크 포인트를 발견하기 위해 즐겨 쓰던 방법 중 하나를 소개한다. 유명 잡지나 신문에 자기 자신 혹은 자신의 비즈니스를 다루는 특집 커버스토리가 실린다고 가정하자. 그리고 어느 잠재 고객이 거리를 걷다가 잡지 가판대 옆을 지나가고 있다고 상상해 보라. 어떤 머리기사가 그들의 시선을 사로잡아 가던 길을 멈추고 신문이나 잡지를 사서 읽게 할 것인가? 반드시 고객의 입장이 되어 봐야 한다. 사람들이 하던 일을 멈출 정도로 메시지에 관심을 보일만 한 것이 무엇인지 정말 냉정하게 생각해야 한다. 우리는 매일 600억 건 이상의 메시지가 발송되고 있는 현실을 잊지 말아야 한다. 당신을 '돋보이게' 할만한 후크 포인트가 필요하다.

모든 산업 분야에서 헤드라인은 중요하다. 1999년 영화 〈블레어 위치The Blair Witch Project〉는 마케팅 담당자들이 헤드라인을 선택하는 요령을 잘 알고 있었기 때문에 큰 성공을 거두었다. 그들의 캠페인은 사람들로 하여금 영화가 실화라고 믿게 하는 데 중점을 두었고, 그 결과 사람들의 주의를 끌고 궁금증을 자아낼 수 있었다. 최종으로 정해진 헤드라인은 다음과 같았다.

"1994년 10월 어느 날 영화학도 세 명이 메릴랜드주 버키츠빌 근처의 숲에서 다큐멘터리를 찍던 중 실종되었다……. 1년 후 그들의 모습이 담긴 영상이 발견되었다."

"당신이 들은 모든 것은 사실이다."

"실화를 바탕으로 한 역대 가장 무서운 영화다."

이 헤드라인(영화 용어를 쓰자면 태그라인)들은 사람들의 상상력을 자극하고 무슨 일이 일어났는지 궁금하게 만들었다. 많은 사람은 정말 영화가 실화인지 호기심을 안고 극장으로 향했다. 또한, 영화 제작자들이 실종되었다는 아이디어는 사람들에게 두려움과 궁금증을 동시에 불러일으켜 마음을 움직이고 이야기에 몰입하게 하는 요소였다.

또 다른 영화를 예로 들자면, 2007년 작 〈파라노말 액티비티Paranormal Activity〉는 "당신이 자는 동안 무슨 일이?"라는 태그라인이 돋보였다. 이것은 대부분 사람이 궁금해 하고 스스로 생각해 볼 법한 질문이란 점에서 관심을 끄는 콘셉트다. 잠재 고객이 이미 한번쯤 궁금해 하던 질문을 던지는 헤드라인에는 강력한 흡인력이 있다.

좋은 헤드라인은 눈에 띄는 법이다. 훌륭한 뉴스 헤드라인의 예로 '진실은 고통스럽다:100만 달러짜리 비디오 게임 경진 대회'가 있다. '진실은 고통스럽다.'는 구체적이고 간결하며 감정적 반응을 불러일으키는 헤드라인 때문에 주목을 끄는 표현이다. 그리고 대부분 사람은 100만 달러의 상금이 걸린 비디오 게임 경연 대회라는 걸 생전 들어본 적이 없다. 그래서 '100만 달러짜리 비디오 게임 경진 대회'라는 부제를 붙인 것은 기발한 생각이었다. 이런 헤드라인이라면 많은 사람이 동영상을 최소한 5초 이상 보거나 기사를 더 많이 읽도록 유인할 수 있다. 사람들의 삶에 결부되고 그들의 필요, 욕구, 갈망을 건드리기 때문이다.

강력한 뉴스 헤드라인의 또 다른 예로 '버킹엄 궁전 속보:근처 흉기 들고 출몰한 괴한을 제압하던 경찰 부상'을 보자. 누군가가 칼을 들고 나타나 사람들을 공격하는 것은 평소에 보기 드문 사건이기 때문에 이 헤드라인은 주의를 끈다. 예사롭지 않은 사건, 왕족이나 유명 인사를 다룬 소재, 미지에 대한 공포심 자극, 대중의 관심사 촉발, 주의를 끄는 힘 등 많은 요소가 이 안에 다 들어 있다.

이제 효과적인 헤드라인에 대해 알아보았으니, 비효과적인 헤드라인의 예를 살펴보자. '공격 받는 트럼프 대통령 Trump Under Fire'이라는 헤드라인은 너무 모호해서 실제로 클릭하고 싶은 마음이 들지 않는다(당신이 트럼프 대통령의 일거수일투족을 알아야 한다는 강박 관념에 사로잡히지 않은 이상). 이것을 '트럼프 대통령이 내년에 탄핵될 수밖에 없는 5가지 이유', '뮐러 특검 조사에서 새로 밝혀진 사실이 트럼프의 최종 탄핵으로 이어질 수도', '뮐러의 조사로 트럼프의 국제 비즈니스 거래에 대한 충격적인 사실이 밝혀지다.'와 같이 간단하게 손보면 한결 사람들의 흥미를 유도할 수 있다.

○ 헤드라인의 A/B 테스트

전달하려는 주제를 확실히 정했다면, A/B 테스트를 통해 메시지를 가장 효과적으로 표현할 방법을 찾아본다. 어쩌면 당신은 전달할 주제도 정하고, 그 주제의 가치도 확실히 알고 있을지 모르지만, 메시지를 사람들의 머리에 쏙 박히게 하는 최선의 방법에 대해서는 여전히 확신하지 못할 수도 있다. 그럴 때는 이 책에서 제시하는 시스템이 유용하게 쓰일 것이다. 핵심 메시지들을 서로 비교해가며 테스트하고 어떤 메시지가 가장 효과적인지 실시간으로 판단할 수 있다.

확실히 눈길을 끄는 헤드라인을 만들려면, 서로 다른 변형된 버전을 가지고 페이스북에서 테스트해야 한다. 변형 버전으로 A와 B가 있다고 가정하자. 앞서 언급한 《나는 4시간만 일한다》의 사례로 돌아가서 이것을 헤드라인 테스트에 적용하는 방법을 알아보자.

팀 페리스는 구글 애드워즈를 사용하여 책의 제목과 표지를 테스트했는데, 이는 매우 스마트한 방법이자 그의 책이 베스트셀러가 된 이유 중 하나였다. 하지만 그때는 지금처럼 페이스북이 정교하고 세부적인 타겟팅 옵션을 개발하기 전이었다. 팀 페리스가 오늘날 이 방법을 차용했다면, 당시 그의 성과는 '기가 막힐' 정도로 더 좋았을 것이다.

먼저 영어를 모국어로 쓰고, 북미나 유럽에 거주하며, 기업가 정신에 관심이 있는 18-25세 사이의 남성을 타깃 시장으로 선택한다. 그리고 《나는 4시간만 일한다》라는 제목을 A 버전, 이것을 복제한 《팀 페리스가 제안하는 근무시간 줄이기》를 B 버전으로 변수를 세팅해 본다. 이 두 제목을 서로 실시간으로 테스트하면 어떤 메시지가 더 사람들의 관심을 잘 끄는지에 대한 흥미로운 정보를 많이 수집할 수 있다.

페이스북 플랫폼은 테스트할 데이터와 타깃 잠재 고객을 매우 구체적으로 지정할 수 있기 때문에 이런 테스트에 안성맞춤이다. 특정 메시지를 통해 다양한 성별, 연령, 관심사(영화, 책, 예술, 자동차 등), 디지털 플랫폼 유형, 연간 수입, 순자산, 구매 행동에 따라 어떤 영향을 미치는지 확인할 수 있다. 이렇게 수집한 매우 구체적인 데이터는 메시지, 캠페인, 심지어 현재 판매 중인 제품을 변경하는 데도 유용하다.

그러면 자신의 메시지가 누구에게 반향을 일으키는지 확실히 알게 된다. 훌륭한 결과를 얻기 위해 많은 돈을 쓸 필요가 없다. 고작 10달러만 투자해도 가장 효과적인 메시지 전달법을 찾는 데 도움이 되는 정보를 풍부하게 얻을 수 있다.

○ 커뮤니케이션의 심리학

어떤 콘텐츠가 공유될 때, 콘텐츠 자체는 그것이 공유된 배경에 비해 덜 중요한 경우가 많다. 콘텐츠의 가치를 십분 활용하려면 훌륭한 커뮤니케이션 능력이 뒷받침되어야 한다. 소셜 미디어는 쌍방향 소통 체계로 설계되었다. 의사소통의 목적은 항상 상대방에게 도달하는 것이다. 제프 킹 Jeff King은 보다 효과적인 의사소통을 위한 행동 관찰 도구인 '의사소통 처리 모델 PCM'의 전문가로서 나를 포함해 전 세계 많은 대기업의 콘텐츠 제작과 타인과의 의사소통 방식에 큰 영향을 끼쳤다. PCM은 1970년대 심리학자 타이비 칼러 Taibi Kahler에 의해 정립되었으며, 빌 클린턴 Bill Clinton 전 대통령부터 나사의 우주 비행사 선발관, 픽사 애니메이션 스튜디오의 제작자에 이르기까지 사회적으로 크게 성공하고 권위 있는 사람들이 사용해 왔다.

제프 킹은 PCM에 대해 강연할 때 항상 커뮤니케이션이란(본인을 가리키며) '자기'를 위한 것이 아니라(청중 속 한 명을 가리키며) '상대방'을 위한 것이라는 말로 강연을 시작한다고 한다. 커뮤니케이션의 진정한 목적은 도달하고자 하는 사람들에게 정보를 제공하는 것이다. 그리고 효과적인 도달을 위해서는 상대방이 이해하는 언어로 말할 필요가 있다. PCM은 상대방의 의사소통 스타일을 판단하는 데 도움이 되므로 상당히 유용하게 쓸 수 있다. 다시 말해, 메시지를 상대방에게 더욱 적합하게 조정할 수 있으므로 수신자가 메시지를 쉽고 명확하게 받아들일 수 있다. 제프 킹은 그간의 경험상 우리가 종종 의사소통하는 방식이 매우 이기적이라는 것을 깨달았다. 다시 말해, 대개 우리는 듣는 사람의 입장보다 말하는 자기 입장을 더 많이 생각하지만, 이것은 잘못된 태도다. 다른 사람들이 우리의 말을 분명히 들어주기 원한다면(그래서 우리의 메시지가 더 공유되게 하려면), 우리는 아집에서 벗어나 다른 사람과 진정으로 연결되어야 한다. PCM은 이를 가능하게 해 주는 도구이다.

사람들이 가장 많이 하는 실수이자 고객과 함께 일할 때 바로잡아야 할 마인드 중 하나는, 그들이 콘텐츠를 제작할 때 사물을 자기 방식대로 보느라 다른 사람의 관점을 이해하지 못한다는 점이다. 그러니 그들의 메시지가 명확하게 전달될 리가 없다. 잠재 고객을 위한 콘텐츠를 개발하면서 자기만족을 우선시하고 있는 건 아닌지 유의해야 한다. 자신이 만든 콘텐츠를 잠재 고객의 관점에서 볼 필요가 있다. 그들이 콘텐츠나 메시지를 어떻게 받아들일지 충분한 시간을 갖고 고민하라. 여기서 PCM을 잘 활용하면 많은 도움이 된다.

제프 킹은 공유에 앞서 사람들을 서로 연결해 줄 수 있는 콘텐츠를 만들어야 한다고 설명한다. 다양한 사람들은 다양한 방식으로 연결된다. 감정적으로 세상을 바라보는 사람들은 자기 마음에 드는 콘텐츠를 공유하는 반면, 논리적으로 바라보는 다른 사람들은 이치에 맞다고 생각하는 콘텐츠에 긍정적으로 반응할 수 있다. 가장 좋은 반응을 이끌어내는 콘텐츠라면 무엇이 됐든 사람들이 적극 공유할 것이다.

PCM에서는 사람의 성격을 이성 형 Thinkers, 끈기 형 Persisters, 반응 형 Harmonizers, 몽상 형 Imaginers, 반항 형 Rebels, 선동 형 Promoters의 6가지 유형으로 나눈다. 각 성격 유형마다 세상을 경험하는 방식에 차이가 있다. 이성 형은 사고를 통해 세계를 인식하고, '논리'를 중시한다. 끈기 형은 의견으로 세계를 인식하고, '가치'를 중시한다. 반응 형은 감정으로 세계를 인식하고, '연민'을 중시한다. 몽상 형은 가만히 앉아 세계를 인식하고, '상상력'을 중시한다. 반항 형은 반응으로 세계를 인식하고, '유머'를 중시한다. 그리고 여기서 순서는 마지막이지만 때로는 매우 강력한 존재가 된다는 점에서 앞의 유형 못지않게 중요한 선동 형은 행동으로 세계를 인식하고, '매력'을 중시한다. 이 모든 유형이 우리 내면을 조금씩이나마 차지하고 있지만, 우리에게는 천성적으로 밑바탕에 깔린 기본 성격 유형이 있으며, 이것은 살면서 변하지 않는다.

자동차 광고에 쓰일 카피를 작성한다고 생각해 보자. 제프 킹은 PCM을 이용하여 자동차에 대해 가장 명확한 메시지를 확실히 전달할 수 있게끔 콘텐츠를 구성하고, 이를 각 성격 유형에 적합한 형태로 포장하는 방법을 설명한다. 그는 다음과 같이 제안한다.

"자동차 한 대를 생각해 보자. 이 모델은 연비가 리터당 20km다. 동급의 다른 모델에 비해 높은 수준이다. 우리는 이 차가 당신이 지불하려는 값 이상으로 더 많은 가치를 제공한다고 믿는다. 한마디로, 시중에 나와 있는 자동차 중 최고다. 기분을 좋게 해 주고, 외관도 멋지며, 편안한 승차감도 제공할 것이다. 이 차는 끝내 주기 때문에 '드디어' 친구들은 하나같이 당신과 어울리고 싶어 할 것이다."

이제 이 내용을 나눠서 각 문장을 알맞은 성격 유형에 맞게 대응시켜 보자.

· 논리를 사용한 이성 형 : 자동차 한 대를 생각해보자. 이 모델은 연비가 리터당 20km다. 동급의 다른 모델에 비해 가장 높은 수준이다.
· 가치를 사용한 끈기 형 : 우리는 이 차가 당신이 지불하려는 값 이상으로 더 많은 가치를 제공한다고 믿는다.
· 매력을 사용한 선동 형 : 한마디로, 시중에 나와 있는 자동차 중 최고다.
· 감정과 연민을 사용한 반응 형 : 기분을 좋게 해 주고, 외관도 멋지며, 편안한 승차감도 제공할 것이다.

· 유머를 사용한 반항 형 : 이 차는 끝내주기 때문에 '드디어' 친구들은 하나같이 당신과 어울리고 싶어 할 것이다.

이 광고는 모든 성격 유형(이 광고문에서 공감할 부분을 찾기 어려운 몽상 형은 제외)을 향해 메시지를 전달하도록 작성되었다. 이런 방법으로 생각하면 매우 많은 잠재 고객에게 도달할 수 있고, 모든 성격 유형의 사람들에게 말을 건넬 수 있다. 콘텐츠가 공유되려면 일단 누군가에게 연결되어야 한다는 전제가 필요하다. 감정을 통해 세상을 인식하는 사람들은 자신의 기분을 좋게 하는 콘텐츠를 공유한다. 유머로 세계를 인식하는 사람들은 자기 친구들도 웃음 짓게 하길 원한다. 사람들에게 직접 말을 거는 느낌을 주는 콘텐츠가 가장 활발히 공유된다.

잠재 고객이 세상을 인식하는 방식을 이해하고 이를 커뮤니케이션 스타일에 적용하면, 매우 효과적으로 콘텐츠를 개발할 수 있다. 제프 킹은 대다수 사람들에게 접근하려면, 북미 인구에서 30%를 차지하는 반응 형을 위한 '감정과 연민', 25%를 차지하는 이성 형을 위한 '논리', 20%를 차지하는 반항 형을 위한 '유머'에 우선적으로 초점을 맞추는 것이 유리하다고 말한다. 그리고 이 세 가지 성격 유형을 집중 공략해서 매우 광범위한 잠재 고객의 특성을 포용하는 콘텐츠를 제작하라고 권한다. 그렇게 하면 북미 인구 대부분이 실제로 메시지를 접하고 이해하고 메시지에 관심을 보이게 하는 콘텐츠를 만들 수 있다.

PCM은 워낙 강력하고 효과적이어서 고위 정치인들이 즐겨 쓰기도 한다. 예컨대, 1996년 대통령 선거에서 중대한 전환점 중 하나는 한 중요한 후보 토론회에서 클린턴 후보가 조지 부시George Bush 후보를 상대로 승리를 거둔 사건이었다. 제프 킹은 당시를 회상하며 토론 중 한 여성이 자신을 포함한 빈곤층을 각 정당이 어떻게 도울 것인지 질문했던 일화를 설명했다. 부시 후보는 이 문제에 대해 가치관과 의견뿐만 아니라 생각과 논리를 동원해 질문에 답했다. 그러나 질문한 여성은 느낌과 감정으로 세상을 인식하는 유형이었으므로 부시 후보의 대답은 그녀에게 와 닿지 않았다. 반면에 질문한 여성의 의사소통 방식을 바로 눈치 챈 클린턴 후보는 대답하기 전에 "얼마나 힘드신지 이해합니다."라며 말문을 열었다. 그는 질문한 여성에게 깊이 공감했다. 클린턴 후보는 그녀가 북미 인구의 30%에 해당하는 감정 중심의 인물임을 알았다. 그리고 여성에게 적합한 어휘를 선택하여 답변함으로써 즉시 반응 형 그룹의 신뢰를 얻었고, 그 여성(그리고 같은 성격 유형의 사람들)의 말을 충분히 듣고 이해했다는 인상을 남겼다.

클린턴 전 대통령은 PCM 기술을 숙달한 것으로 잘 알려져 있다. 제프 킹은 클린턴 후보가 연설에서 감정, 논리, 유머를 모두 포함하도록 노력했기 때문에 미국 대통령이 될 수 있었다고 설명한다. 모든 사람이 클린턴 전 대통령의 이념에 동의하지 않을지도 모르지만, 그가 의사소통에 뛰어나고 사람들과 직접 이야기한다는 인상을 준다는 게 대부분 공통적으로 느끼는 생각이었다. 그는 PCM 기법을 깊이 연구했으며, 덕분에 각 인물의 성격 유형을 매우 빨리 식별하는 법을 알았다. 또한, 그는 광범위한 청중 앞에서 이야기할 때 반드시 여섯 가지 성격 유형의 모든 특성을 아우르는 화법을 택하려 했다.

콘텐츠 자체보다는 그 시점에서 콘텐츠를 둘러싼 맥락이 더 중요할 때도 많다는 사실을 잊지 말아야 한다. 세상을 인식하는 방법이 저마다 다른 사람들과 모두 연결되도록 메시지를 구성해야 한다. 같은 메시지라도 각자 다른 스타일로 전달하라. 이를 통해 콘텐츠의 도달 범위를 극대화할 수 있으며, 사람들의 관심도 더 많이 얻을 수 있다.

○ 연관성이 있는 헤드라인의 중요성

헤드라인을 구성하는 방법과 공유할 메시지의 선택을 고려할 때 따를 만한 몇 가지 추세가 있다. 사람들이 콘텐츠에 관심이 없다면, 당신의 헤드라인은 아무 성과도 내지 못한다. 전달하려는 메시지에 이미 인기가 입증된 주제를 연결시켜서 접근성을 높이는 방법을 찾아야 한다. 자주 공유되는 인기 콘텐츠는 다음의 다섯 가지 카테고리로 나눌 수 있다.

1. 영감, 동기 부여, 야망
2. 정치/뉴스
3. 엔터테인먼트
4. 코미디
5. 반려동물

위의 다섯 가지를 주제로 한 콘텐츠는 내 브랜드와 직접적인 관련이 있든 없든 요긴하게 써먹을 수 있다. 이미 인기 있는 소재에 자신의 메시지를 연관 짓는 방법을 찾음으로써 조회 수와 공유 수를 늘릴 수 있다. 핵심 메시지와 후크 포인트를 분석한 후, 자신이 정한 메시지에 관련성이 있는 인기 트렌드를 찾아 연결해야 한다.

나는 팬 기반을 구축할 때 야망과 영감을 주제로 한 콘텐츠에 상당히 집중했다. 특히, 소셜 미디어를 더 효과적으로 활용해 팔로워를 늘리자는 메시지와 꿈을 추구하는 사람들에게 도움을 주겠다는 취지를 묶어 연결시켰다. 내 메시지를 사람들의 꿈에 결부시킴으로써 단순히 "이것이 소셜 미디어를 사용하는 가장 좋은 방법입니다."라고 말하는 것보다 더 효과적으로 사람들의 관심을 끌 수 있었다. 팔로워 수가 100만 명에 이르자 나는 후크 포인트를 "한 달 만에 팔로워 수를 제로에서 100만으로 늘리기"라고 바꿨다. 이 후크 포인트를 사용하며 페이스북에 동영상 캠페인을 만들어 올렸더니 두 달 사이에 내 시스템에 대해 더 자세히 알고 싶다며 5,000명이 넘는 사람들에게서 함께 작업하자는 러브콜을 받았다.

나는 PCM을 주제로 한 팟캐스트에서 정치 관련 콘텐츠도 어느 정도 사용했다. 내 메시지는 정치적이지 않고 내가 정치에 관여하는 것도 아니지만, 제프 킹과 PCM에 관한 팟캐스트 인터뷰를 하다가 정치적 관점을 집어넣으면 콘텐츠에 강력한 후크 포인트로 작용할 것이라 판단했다. 우리는 당시 많은 사람의 이야깃거리였고 열띤 대화 주제였던 힐러리 클린턴과 도널드 트럼프 두 후보 사이의 선거전을 PCM이란 주제에 녹여낼 수 있었다. PCM, 제프 킹 그리고 사람들의 삶과 긴밀한 시사적인 이슈를 서로 연결함으로써 우리는 콘텐츠의 접근 가능성을 더욱 높였다.

만약, "의사소통 처리 모델은 사람들이 더욱 효과적으로 의사소통하도록 도움을 주는 행동 심리학의 한 영역입니다."라는 표현으로 이 정보를 홍보했다면 정말 따분하게 들렸을 것이다. 너무 막연하고 아무도 주의를 기울이지 않을 법한 문구다. 대신 나는 이 메시지를 사람들의 관심을 불러일으킬 수 있는 다른 대중문화를 언급하며 관련지었다. 제프 킹과 인터뷰할 때는 정상급 연예인이나 저명인사의 성격 유형에 대해서 물어보는 것도 잊지 않았다. 그 후 "톰 크루즈, 레오나르도 디카프리오, 도널드 트럼프가 모두 같은 성격 유형으로 분류되는 이유를 공개합니다."라는 헤드라인을 사용했다. 이런 종류의 헤드라인은 단순히 PCM이 유용한 의사소통 방법이라고 말하는 것보다 사람들의 관심을 끌기에 훨씬 좋다.

거의 모든 메시지를 현 시점의 화젯거리에 연결할 수 있으며, 이는 자신의 주제가 앞에서 언급한 다섯 가지 인기 카테고리 중 하나에 속하더라도 꼭 필요한 부분이다. 코미디언이자 떠오르는 인스타그램 인플루언서인 스테파니 바클리Stephanie Barkley라는 친구가 있다. 그녀는 코미디언의 자질을 발휘해 멜라니아 트럼프Melania Trump 여사를 풍자하는 메시지로 자기 홍보 효과를 톡톡히 누렸다. 스테파니는 아직도 팬 층을 늘리고 있는 중이므로 자신의 작품을 모르는 사람들의 관심도 끌 수 있도록 매력적이고 유쾌한 콘텐츠를 계속 만들어야 한다. 그녀가 "스테파니 바클리가 창작한 기막힌 코미디 콩트" 같은 헤드라인을 사용했다면, 대부분 사람의 삶과 무관하고 너무 동떨어진 메시지라는 느낌이 들었을 것이다. 게다가 골수팬들만 관심을 보일 뿐, 그녀의 팔로워 구축에 도움이 되지 않았을 것이다. 그러나 "멜라니아 트럼프가 도널드 트럼프와 살면서 실제로 하는 생각"이라는 제목은 광범위한 시청자의 관심을 끌 수 있다.

매일 600억 개의 메시지가 난무하는 디지털 플랫폼 속에서 남들의 눈에 띄어야 한다는 점은 두말하면 잔소리다. 그러나 다행스럽게도 600억 메시지 중 대부분은 연관성도 흥미성도 떨어진다. 그래서 이 사실은 우리에게 희망을 준다. 이 현실을 이용해 정보의 연관성을 높이도록 하자. 잠재 고객이 관심을 기울일 메시지를 만들어라.

○ 감성적인 접근법

콘텐츠를 만들 때 항상 자신에게 되물어야 할 또 다른 질문은 '이 콘텐츠가 시청자에게 감정적 반응을 일으킬 것인가?'이다. 콘텐츠를 보는 사람들에게서 정서적인 반응을 이끌어낼 수 있다면 그 콘텐츠는 가치가 있다. 콘텐츠를 제작하고 메시지를 정할 때 본인이 생각해도 그것이 누군가에게 희로애락, 동기부여, 강한 찬반 의견 등을 유발하는지 생각해야 한다. 감성적인 메시지와 콘텐츠는 사람들의 공유를 유도할 수 있다. 콘텐츠가 잠재 고객의 내면을 움직인다면, 이를 다른 사람들과 공유하는 외면적 행동으로 이어질 가능성이 커진다.

또한, 이런 아이디어와 관련된 것으로 소셜 화폐social currency라는 개념이 있다. 조나 버거Jonah Berger는 2013년 저서 《컨테이저스 전략적 입소문Contagious》에서 우리 행동에 영향을 미치는 것을 심리학적으로 설명하고, 사람들의 메시지 공유를 유도하는 방법을 논하며, 소셜 화폐의 아이디어를 소개한다. 소셜 화폐란 남들에게 잘 보이고 싶은 마음에 공유하는 콘텐츠를 말한다. 우리는 그것을 공유함으로써 자신이 더 스마트하게 보이며 마치 다른 사람에게 도움이 되고 있다고 느낀다.

온라인 매체 '버즈피드BuzzFeed'는 페이스북 페이지에서 소셜 화폐 전략을 적절히 사용한 덕에 요리 채널 '테이스티Tasty'로 엄청난 성공을 거두었다. 2017년 9월 테이스티의 페이스북 페이지는 페이스북에서 세 손가락 안에 드는 동영상 계정으로 약 17억 건의 조회 수를 기록했다. 테이스티는 사람들에게 맛있는 음식을 간단하게 만드는 방법을 알려 주는 레시피 동영상을 시각적인 형식으로 제공한다. 팬들은 이 동영상을 친구들과 공유함으로써 그들에게 가족이나 지인을 기쁘게 해줄 요리의 레시피를 알려 주는 데 일조하고 있다고 생각한다. 또한, 많은 사람에게 가치 있는 정보를 공유하면서 자신이 중요한 일을 했다고 느낀다.(맛있는 음식을 싫어할 사람은 거의 없다.) 사람들은 어떤 콘텐츠가 소셜 화폐를 제공한다고 생각하면 급속도로 공유한다.

배우 빌 팩스톤Bill Paxton의 사망 관련 기사의 공유도 이 전술의 효과를 보여 준다. 그의 죽음에 관한 기사를 본 사람들은 감정적으로 강렬한 반응을 나타냈고, 이 소식을 공유했다. 감정이 동요되어 공유한 사람도 있었고, 반면 빌 팩스톤의 사망을 세상에 가장 먼저 알린 사람으로서 뭔가 중요한 일을 한 느낌, 즉 소셜 화폐 때문에 그것을 공유한 사람도 있었다.

언젠가 나는 약물 및 알코올 중독 치료에 도움이 될 해결책을 주제로 한 웹사이트를 만든 적이 있다. 이것은 썩 매혹적인 주제는 아니다. 사람들은 중독이라는 주제를 대개 당혹스러워하거나 입에 담기 꺼린다. 그래서 이 주제의 콘텐츠는 사람들의 '좋아요'나 공유를 이끌어내기가 대체로 어려운 편이다. 하지만 나는 대중이 더 쉽게 접근하고 공유하게 할 방법을 찾았다.

중독으로 고생하고 있거나 약물 및 알코올 남용의 결과로 죽음을 맞는 유명 연예인의 이야기를 집어넣어, 이 중요하고 유용한 정보의 공유 가능성을 높였다. 나는 문제 해결 방안을 록 스타 크리스 코넬Chris Cornell의 죽음과 카다시안Kardashian 패밀리 중 마약과 알코올 남용으로 어려움을 겪고 있는 모 구성원에 관한 이야기에 연결했다.

이처럼 사람들의 관심을 끌고 웹사이트 방문을 유도하기 위해 유명 연예인의 요소를 섞었다. 사람들은 단순히 셀러브리티 가십을 읽으려고 사이트를 방문했겠지만, 그 글의 내용에는 실질적인 메시지가 있었다. 가족 혹은 본인이 중독으로 고생하고 있다면 어떻게 대처해야 할지에 대한 정보가 담겨 있었다. 사람들은 재미를 위해 콘텐츠를 즐겼고, 그 이상의 가치는 포착하지 못한 사람이 상당수였을 것이 분명하다. 그러나 마약과 알코올 남용에 대한 유용한 조언을 얻어 가는 사람도 제법 많았다. 유용한 정보를 집어넣어서 이 문제를 한 번 더 심각하게 고민하는 계기를 마련했고, 가족 구성원, 친구 또는 심지어 본인 등 중독 문제로 어려움을 겪고 있는 사람에게 도움이 되었을 것이다.

약물과 알코올 남용에 대한 정보는 풍부하다. 신선한 주제는 아니지만 정보가 돋보이도록 메시지 전략을 수립하고 독특한 후크 포인트를 사용하면, 사람들의 관심을 끌 수 있다. 그리고 그 메시지는 많은 사람에게 더 친숙한 주제가 된다.

> 페이스북을 보면 어떤 주제가 인기가 있는지 알 수 있고, 그 메시지에는 배울 점이 있다. 독자들에게 관심 뉴스를 보여 주는 '트렌딩 토픽(Trending Topic)'를 참고하면, 특정한 날에 공유할 콘텐츠를 선택하는 데 도움이 되며 관심을 불러일으키는 헤드라인의 예도 확인할 수 있다. 이처럼 이미 많은 관심을 일으키고 있는 주제에 자신의 콘텐츠를 연결해 보자.

언젠가 케이티 쿠릭이 고민이 있다며 내게 만나자고 했다. 당시 그녀는 TV 방송을 중심으로 성공적인 경력을 쌓아온 터였다. 그녀는 성별의 장벽을 뛰어넘어 저녁 뉴스를 단독으로 진행한 첫 여성 앵커가 되었으며, 〈투데이 쇼〉, 〈NBC 나이틀리 뉴스〉, 〈CBS 이브닝 뉴스〉, 〈ABC 뉴스〉 등 유명 프로그램에서 20년 이상 TV 경력을 쌓아 미국에서 가장 중요한 언론인으로 자리매김했다. 그녀와 연결된 사람은 매일 수백만 명에 이르렀으며, 팬들은 케이티 쿠릭의 콘텐츠를 소비하기 위해 항상 같은 시간에 채널을 맞추는 게 습관이 되었다. 그들은 매일 아침 그녀를 보면서 하루를 시작하는 것이 무의식적으로 당연하게 여겼다. 그녀는 그들의 일상에서 한 부분을 차지했다.

그러다가 2013년 케이티 쿠릭은 야후와 파트너십을 맺으며 대대적인 변화를 꾀했다. 그녀는 〈투데이 쇼〉를 진행할 당시부터 이미 디지털 선구자였고 일찌감치 소셜 미디어를 받아들였지만, 디지털 중심 전략에 더더욱 박차를 가하여 팬들과 기존의 관계를 완전히 바꿔 놓았다. 하지만 그 때문에 팬들은 끊임없이 케이티 쿠릭의 콘텐츠를 찾기가 힘들다고 그녀에게 호소했다. 더 이상 그녀의 콘텐츠가 소비될 수 있는 정해진 시간이 없었기에 그녀의 팬은 케이티 쿠릭과 관계를 맺고 확립하기 위해 고심하고 있었다.

첫 만남에서부터 케이티 쿠릭은 내게 단도직입적으로 이 문제를 해결하기 위해 수행할 수 있는 작업이 무엇인지 물었다. 그녀는 당장 해결책이 필요했다. 내가 다음 인터뷰 일정이 언제냐고 묻자, 그녀는 "바로 2시간 후에 있어요."라고 대답했다. 그래서 나는 말했다. "아주 좋네요! 그 정도 시간이면 새로운 전략을 짜내기에 충분합니다."

쿠릭은 배우 엘리자베스 뱅크스*Elizabeth Banks*를 인터뷰할 예정이었다. 나는 몇 분 생각한 후에, 특정 잠재 고객을 겨냥해 강한 정서적 반응을 불러일으킬 주제를 찾아야 사람들이 그녀의 콘텐츠를 빠르게 지인들과 공유할 것이라고 설명했다.

엘리자베스 뱅크스는 〈헝거 게임Hunger Games〉과 〈피치 퍼펙트Pitch Perfect〉 시리즈에 출연했으며, 적극적인 페미니스트의 대표주자이기도 하므로, 이 점들을 위주로 인터뷰 질문을 구성했다. 우리는 그 주제에 관심 있는 팬들의 강한 공감을 불러일으킬 가능성이 가장 높은 질문들을 마련했다. 그다음에 각 인터뷰를 30-90초 분량의 여러 클립으로 잘라내고, 각 클립마다 50-100가지의 변형 버전을 만들었다. 그리고 A/B 테스트를 통해 페이스북에서 서로 번갈아 비교하며 어떤 집단이 어떤 버전의 클립을 가장 빠른 속도로 친구와 공유했는지 확인했다. 우리는 〈헝거 게임〉 관련 특정 콘텐츠를 만들고, 〈헝거 게임〉 팬들을 상대로 푸시했다. 우리는 〈피치 퍼펙트〉 팬들과 페미니스트 지지자들을 위한 특정 콘텐츠도 만들었다. 이렇게 하자 케이티 쿠릭의 팬이 아닌 사람도 꽤 관심을 보여서 그녀의 브랜드를 기꺼이 공유했다.

일단 공유가 어느 정도 활발해진 후에는 "자, 보세요. 엘리자베스 뱅크스가 〈헝거 게임〉에 대해 이야기하는 이 클립이 마음에 들면 여기 야후에 방문해서 전체 영상을 보시면 어떨까요?"라는 메시지를 전할 수 있게 됐다. 인터뷰 전체를 시청하도록 유도하는 전략은 특정 주제, 유명 인사 및 뉴스 기사에 관심 있는 골수팬을 공략하여 케이티 쿠릭의 핵심 팬 층에 도달할 뿐만 아니라, 그들의 공유로 새로운 잠재 고객에게도 그녀의 콘텐츠를 노출시킬 수 있도록 했다. 그렇게 해서 케이티 쿠릭과 야후 브랜드는 어마어마한 노출 효과가 발생했다.

이 같은 공식은 1년 4개월 간 케이티 쿠릭의 모든 인터뷰에 사용되었다. 이로 인해 1억 5,000만 건이 넘는 조회 수를 기록했고, 소셜 미디어에서 공유 횟수가 200% 증가했으며, 수천만 달러에 달하는 야후 트래픽 유입 비용을 절감했다. 그녀의 평소 TV 인터뷰는 수십만 명의 시청자에게 도달했던 반면, 이 새로운 전략을 통해 인터뷰 당 평균 100만 회가 넘는 조회 수를 기록하게 되었다.

우리가 꼽는 최고 인터뷰는 '휴먼스 오브 뉴욕Humans of New York'이라는 사진 블로그 운영자인 브랜든 스탠턴Brandon Stanton과의 인터뷰였다. 이 인터뷰 하나만으로 3,000만 회 이상의 조회 수를 기록했으며, 30만 회 이상 공유되었다. 그 외 성공적이었던 인터뷰에는 DJ 칼리드DJ Khaled, 조 바이든Joe Biden, 갤 가돗Gal Gadot, 브라이언 크랜스톤Bryan Cranston, 디팩 초프라Deepak Chopra, 찬스 더 래퍼 Chance the Rapper, 에드워드 스노든Edward Snowden, 스크릴렉스Skrillex, 제시카 차스테인Jessica Chastain과 같은 유명 연예인이나 공인들이 있다.

우리는 매달 케이티 쿠릭의 인터뷰를 시청하려는 수백만 명의 사람들을 야후로 끌어들였다. 그녀는 밖에서 만나는 사람마다 그녀의 콘텐츠를 '다시보기'하고 있다는 말을 들었다.

이 방법이 성공한 이유는 무엇일까? 우리는 1년 4개월 동안 200개에 걸친 인터뷰 단편에서 6만 개 이상의 변형 콘텐츠를 만들어 각각 테스트했다. 나는 케이티 쿠릭에게 특정 인터뷰를 편애해서는 안 된다고 주기적으로 당부했다. 대신 성과가 좋지 않았던 인터뷰가 있으면 데이터를 보며 그 이유를 분석하고 다음 인터뷰에 개선할 사항을 반영하도록 했다. 이렇게 임기응변식의 애자일 접근법으로, 우리는 케이티 쿠릭의 콘텐츠와 브랜드 판권을 최고 조건으로 판매하기에 앞서 어느 콘텐츠가 효과가 있고 없는지 매우 빨리 파악할 수 있었다. 인터뷰 하나하나마다 학습 효과를 얻었고, 케이티 쿠릭의 콘텐츠와 메시지 전달 전략의 내실을 다져 나갈 수 있었다. 어느 정도 시간이 지나자 우리는 인터뷰 대상, 화제와 주제, 나아가 물어볼 구체적인 질문까지 정확히 파악할 수 있는 경지에 이르렀다. 또한, 우리의 콘텐츠 전략을 통해 그녀의 콘텐츠는 기존 TV 중심 소비 행위에서 디지털 중심 소비 행위로 신속하게 옮겨갈 수 있었다.

자, 이제 당신 차례이다. 자신의 고객층에 대한 정보를 얻고 이를 다음에 만들 콘텐츠에 활용해 보자. 만들어진 콘텐츠에 사람들이 관심을 갖도록, 이미 인기 있는 화제를 자신의 메시지에 연결하는 방법을 찾는다면, 생각하는 것보다 훨씬 빠른 시간 안에 목표에 도달할 수 있다.

TIP & POINT

- 나만의 독특한 개성을 드러낼 수 있는 후크 포인트를 정하라.

- 특정성과 연관성을 살려 멋진 헤드라인을 선택하라.

- 잠재 고객이 이미 관심을 가지고 있는 분야에 콘텐츠를 적용하라.

- A/B 테스트를 통해 여러 헤드라인을 서로 비교하여 가장 연관성이 높고 유용한 것을 찾아라.

- 심리학과 인간 행동을 적용하여 다양한 유형의 잠재 고객에게 명확한 메시지를 전달하라. 상대방이 이해할 수 있는 방식으로 말하는 것이 중요하다. PCM에 따르면 논리, 유머, 감정에 중점을 둔다면 대다수의 사람에게 어필할 수 있다.

- 잠재 고객이 이미 마음속에 품고 있으면서 답을 찾지 못한 질문을 담아 메시지를 구성하라.

- 영감, 정치, 코미디, 엔터테인먼트, 반려동물 및 소셜 화폐가 자신의 콘텐츠에 관심을 끌기 위해 활용될 수 있는지 판단하라.

- 사람들의 감정을 움직이는 콘텐츠와 메시지를 만들어라.

- 페이스북과 온라인에서 어떤 주제가 인기 있는지 파악하라.

한 달 만에 달성하는
100만 팔로워 마케팅

04

소셜 테스트를 통한 세심한 조정

지금까지 알려준 시스템에 있어서 테스트의 중요성은 충분히 살펴보았다. 이번 장은 그 중요성의 연장선이자 최고의 디지털 마인드를 갖춘 전문가들이 테스트에서 사용하는 전략과 철학을 다룬다. 잠재 고객에게 적합한 것이 무엇인지 알아내려면 테스트하고 실행하고 결과를 발견할 수 있는 여지를 확보해야 한다. 콘텐츠의 반응이 좋지 않으면, 좋은 반응이 나타날 때까지 계속 테스트하고 조정하자. 케이티 쿠릭은 "브렌단에게서 배운 가장 중요한 것 중 하나는 민첩성이다."라고 말했다. 생각대로 되지 않더라도 괜찮다. 그것을 교훈으로 삼고 바로 방향 전환 단계로 나아가면 된다.

잠재 고객의 반응을 관찰하고 그들이 콘텐츠에 참여하는 방식을 실시간으로 파악하여 꾸준히 테스트하는 습관을 기르자. 결과를 분석하면 본인의 콘텐츠 전략이 얼마나 효과적인지 이해하는 데 도움이 된다. 그리고 즉각적인 피드백 루프 feedback loop가 생긴다. 분석 정보와 데이터를 획득하는 것은 이를 통해 실제로 배우는 것과 별개다. 현실을 분명히 직시하고 자신에게 솔직해져야 한다. 결과물이 효과가 없어도 좌절감에 휩쓸리면 안 된다. 객관적으로 판단하고 '이건 왜 효과가 없는 걸까? 이 콘텐츠는 1,000번 이상 공유되는데 저 콘텐츠는 왜 겨우 한 번 공유되는 걸까?'라고 자신에게 물어보자. 효과가 있는 콘텐츠와 없는 콘텐츠를 둘 다 분석해야 한다.

그다음 할 일은 장단기 콘텐츠 전략에 대한 가설 수립이다. 어떤 콘텐츠가 사람들의 참여, 팔로우, 콘텐츠 공유, 제품 구매 등을 유도하는지 관찰한다. 1장에서 설명했듯이 페이스북 광고 플랫폼(인스타그램, 왓츠앱, 페이스북 메신저 등 자회사 포함)을 시장 조사 도구로 사용한다면, 누군가의 특정 행동을 이끌어내기 위해 필요한 조치가 무엇인지 알아낼 수 있다.

⭕ 테스트는 중요하다

테스트는 새로운 개념이 아니다. 과학자에서 경영인까지 모두 테스트를 활용한다. 잘 짜인 실험은 토머스 에디슨Thomas Edison이 전구를 발명했을 때도 성공의 열쇠였으며, 오늘날에는 페이스북의 비밀 병기이기도 하다. 실제로 온라인 출판 플랫폼인 '미디엄(Medium.com)'의 한 기사에 따르면 페이스북은 사용자를 위한 최상의 결과를 얻기 위해 보통 1만 가지 이상의 다양한 버전을 테스트하고 있다고 한다. 설립자 마크 저커버그Mark Zuckerberg도 테스트가 페이스북의 성공에 결정적인 전략이었다고 말한다.

테스트의 기본 원칙은 과학 분야에서 사용하는 '학설, 예측, 실험, 관찰theory, prediction, experimentation, observation'의 네 단계에서 비롯되었다. 비즈니스에서 이 모델은 '계획, 실행, 확인, 조치plan, do, check, act'로 나뉜다. 나의 시스템에서는 '가설, 테스트, 방향 전환'이라고 부른다. 본질적으로는 다 비슷하다. 무엇이든 창조하려는 경우라면, 이러한 과정은 매우 유용하다.

팹핏펀의 데이비드 오는 성장을 원한다면 테스트를 해야 한다고 말한다. 그는 각 기업들이 시스템을 시작하고 과정을 평가하여 관찰된 결과를 토대로 과감하게 실행하는 과정을 최대한 여러 번 반복해야 한다고 주장한다. 팹핏펀은 자사 웹사이트 및 소셜 미디어 플랫폼의 모든 요소를 시험대에 올린다. 광고 및 랜딩 페이지의 이미지와 색상, 버튼 스타일, 캐치프레이즈, 사용자가 입력해야 하는 양식 수와 같이 아무리 사소해 보이는 고려 사항조차도 테스트의 대상이 된다.

자신을 학생이라고 생각하자. 성공한 사람들은 기꺼이 실패를 통해 배우려고 한다. 그게 인생의 기본 원리이기도 하다. 100만 명의 팔로워가 생긴다는 것은 추상적 관념이지만, 데이비드 오는 이것이 걸음마를 배우는 과정과 비슷하다고 말한다. 우리는 처음 걸음마를 배울 때 계속 넘어진다. 팔로워 100만 명 모으기, 고객 1억 명 모으기, 매출 1억 달러 올리기 등 어떤 목표든 그 과정에서 달성 방법을 터득하기까지 거듭된 실패는 불가피하다. 이 과정을 엄격히 통제된 조건에서 반복하고 또 반복해야 한다. 분야를 막론하고 성공한 사람들은 다 그런 과정을 거쳤다. 그들은 테스트와 학습을 통해 배운 것을 성장을 위한 연료로 삼았다.

데이비드 오는 과정 자체가 중요하다고 믿는다. 유연한 태도가 중요하며, 먼저 아이디어가 나오면 시도한 후에 결과에 따라 조정해야 한다. 실수에서 배우는 게 있으면 한 발짝 전진하게 되고, 그 후 비로소 큰 성과를 맛본다. 그 다음에 다양한 버전을 만들어야 한다. 이 과정을 계속 반복한다. 전형적으로 인내심이 요구되는 과정이다.

현재 모든 채널과 수직 플랫폼을 통틀어 조회 수 30억에 팔로워 수 8,000만 이상을 자랑하는 기업 주킨 미디어Jukin Media의 창립자이자 CEO인 조나단 스코모Jonathan Skogmo도 이에 동의한다. 그의 팀은 항상 테스트를 멈추지 않으며, 무엇이 효과가 있고 없는지 관찰한다. 그들은 서로 다른 콘텐츠와 섬네일 그리고 하루 중 게시할 타이밍을 테스트한다. 테스트는 주킨 미디어의 기업 문화 중 상당 부분을 차지한다.

세계서핑연맹의 팀 그린버그 팀도 마찬가지다. 그들은 자신들의 보물과도 같은 동영상을 모든 캠페인마다 여럿 게시한다. 여러 서핑 대회의 인지도 캠페인을 진행하면서 그들은 다양한 홍보 문구나 형식에 따라 변형한 여러 버전을 선보인다. 그런 다음 동일한 타깃을 대상으로 테스트한다. 그리고 최종적으로는 가장 성공적인 것, 즉 테스트 단계에서 살아남은 것들을 채택하고 밀고 나간다.

⚪ 테스트는 계속되어야 한다

프린스 이에이는 20억 조회 수를 기록하더라도 테스트와 학습을 멈추지 말라고 당부한다. 끊임없이 새로운 시도를 해야 하기 때문에 프로세스 3단계를 결코 멈춰선 안 된다.

가장 중요한 것은 실제로 결과를 통해 배우는 것이다. 나는 초심을 잃고 게을러지는 사람을 자주 목격했다. 그들은 5-10가지의 변형 버전을 테스트하려 하며, 안타깝게도 이 중 95%는 최적의 결과를 내지 못한다. 이 정도로는 최대한 폭넓은 잠재 고객층의 반응을 이끌어낼 수 없다. 그러니 마음은 괴롭겠지만 테스트를 계속해야 한다. 곧바로 성공을 맛보는 사람은 별로 없다. 처음에는 팔로워 당 비용이 그다지 낮지 않을 것이고, 콘텐츠도 빨리 퍼져 나가지 않을 것이다. 물론 예외도 있지만, 그렇다 하더라도 이 책을 읽는 독자의 1%에도 해당하지 않을 것이다. 나역시 지금도 끊임없이 테스트하고 학습하고 플랫폼의 경계를 허물고 있다. 게다가 테스트에서 수집한 정보가 많을수록 좋은 콘텐츠를 만드는 데 더 유리하다. 주요 핵심 성과 지표가 무엇이든 간에 조급해 하지 말고 공유 당 비용을 현저히 떨어뜨리는 방법을 찾아야 한다.

어린이 전문 엔터테인먼트 기업 '포켓 워치pocket watch'의 창립자 겸 CEO이자, 메이커 스튜디오Maker Studios의 최고 고객 책임자이면서 디즈니 온라인 오리지널스Disney Online Originals(월트 디즈니 산하의 단편 콘텐츠 제작 사업부)를 출범시키기도 했던 크리스 윌리엄스Chris Williams는 마치 엔지니어가 소프트웨어를 살펴보는 심정으로 깐깐하게 자신의 콘텐츠를 바라봐야 한다고 충고한다.

일단 콘텐츠를 올리고 무슨 일이 일어나는지 반응을 살핀다. 이것을 반복, 또 반복해야 한다. 디지털 플랫폼의 장점은 과정의 특성상 시간이 제법 걸리는 TV나 잡지와 달리 콘텐츠를 빨리 제작하고 반복해서 올리기 훨씬 쉽다는 것이다. 그리고 소셜 미디어의 장점은 누가 요즘 인기가 있는지 바로 알 수 있으며, 이미 바깥 세상에서 화제를 일으키고 있는 주제에 대한 아이디어를 얻을 수 있다는 것이다. 현실로 뛰어들어 콘텐츠를 테스트하고 반응을 측정한 후 신속히 과정을 반복해야 한다.

⭘ 테스트의 하루 적정량은 얼마일까?

끊임없이 노력하며 브랜드 테스트를 계속해야 하지만, 하루에 테스트할 광고 콘텐츠의 수는 자신의 브랜드와 관련 있는 관심사의 수에 따라 달라진다. 끌어모으고자 하는 잠재 고객층이 흥미로워 할 관심사 키워드는 얼마나 찾을 수 있는가? 만약 자신의 브랜드와 연관된 관심사가 10가지 밖에 없다면, 더 많은 테스트 버전을 만들어야 한다. 브랜드 범위가 더 넓다면 잠재적으로 200개의 광고 세트를 만들 수 있다.

예를 들어, 배우라면 연출이나 제작 관련 종사자뿐만 아니라 그들의 브랜드가 반영된 모든 영화의 팬도 타깃으로 삼을 수 있다(그리고 잠재적으로 관련 영화는 무수히 많다). 반면, 스포츠와 관련이 있는 브랜드는 광고 세트로 적용될 수 있는 관련 관심사가 20개에 불과하며, 모두 주제에 따라 다르다.

　문구와 그에 어울리는 사진을 함께 사용하는 형식은 쉽게 따라할 수 있어서 초보자들에게 강력히 추천하는 방법이다. 한번은 해양 보호 비영리 단체를 위한 작업을 맡았는데 2주 만에 100만 명의 팔로워를 만들어 준 적이 있었다. 우리는 약 20가지 다른 관심사를 타깃으로 정했다. 그리고 콘텐츠는 문구 한 줄과 그에 어울리는 바다 이미지로 구성하였다. 여기서 10가지 이미지와 10가지 문구를 재료로 사용했다. 각 이미지마다 문구를 한 줄씩 삽입했으며, 그 다음 변형 버전은 10-20가지 관심사 타깃으로 테스트했다. 우리는 1,000여 가지 종류의 콘텐츠를 테스트했다. 가장 성공적인 세 가지 변형은 다음과 같았다.

1. 아름다운 파도 속에서 패들보드를 타는 여성의 사진과 함께 해양생물 보호 및 환경 운동가인 폴 왓슨의 다음 인용문을 넣는다.
   "바다는 지구상에서 마지막으로 남은 자유의 공간입니다."

2. 어미 고래와 새끼 고래 옆에서 패들보드를 타는 내 친구의 동영상과 함께 해양학자 실비아 얼의 다음 인용문을 넣는다.
   "물이 없다면 생명도 없습니다. 바다의 푸르름이 없다면 자연의 녹색도 없습니다."

3. 바다 위로 꼬리를 내밀고 있는 잠수 직전의 고래 사진과 함께 다음 헤드라인을 넣는다.
   "우리의 바다를 보호해야 할 여러 아름다운 이유 중 하나입니다."

　이처럼 1,000가지 정도의 변형을 시도해 봐야 학습이 된다. 단어나 배경색을 조금만 변경해도 세상의 온갖 다양한 버전을 만들 수 있다. 지루하게 들릴 수도 있지만, 광고 세트를 복제하는 방법을 통해 한 시간 내에 1,000개의 변형 콘텐츠를 만들 수 있다. 광고 세트 하나를 만든 다음, 다른 관심사로 복제하고 다시 테스트하

자. 완전히 새로운 문구를 고안할 필요는 없다. 변수를 일부만 간단히 바꿔서 복제하면 된다.

어떤 광고를 계속 놔둘 것인지 결정하려면 목표를 다시 생각해 봐야 한다. 팔로워 한 명 당 1센트 지출이 목표이고, 실제로 전체 광고의 결과가 그렇다면 대부분 사람들은 그대로 둔다. 그리고 항상 "나는 팔로워를 100만 명 달성하는 게 목표이고, 그렇게 할 수 있다면 1만 달러를 지출할 용의가 있어."라는 공식으로 되돌아간다. 이것이 목표라면 실제로 팔로워 한 명당 1센트로 수치를 맞춰야 한다. 그리고 광고가 그에 걸맞은 성과를 내지 못하면, 그냥 포기하고 원하는 결과를 낼 수 있는 새 콘텐츠를 시도해야 한다. 최대한 많은 유형의 콘텐츠를 테스트하고 평가하여 잠재 고객의 반응을 잘 이끌어낼 수 있는 방법을 찾아내자.

한 달간 100만 명의 팔로워 구축에 한창 열심일 때, 실시간으로 사람들이 콘텐츠를 본 후 나를 팔로우하는 응답률^{response rate}을 측정했다. 최상의 결과를 얻는 방법을 알아내기 위해 수백 가지, 경우에 따라 수천 가지에 이르는 변형 버전을 테스트하곤 했다. 매일 밤 자정까지 수백 개의 콘텐츠를 테스트하며 아침에 일어났을 때 결과를 평가하고 다음날 밤에 새 테스트를 설정했다. 그렇게 한 달 동안 5,000가지가 넘는 변형 콘텐츠를 테스트했다.

○ 잠재 고객의 말에 귀를 기울여라

할리우드에서 가장 성공한 영화 제작자 중 한 명이자 미디어 투자자 및 임원인 존 자쉬니^{Jon Jashni}는 소비자의 말에 귀 기울이는 것이 중요하다는 점을 인정한다. 그는 이 과정에서 소비자를 '자신의 파트너'로 간주해야 한다는 것을 강조한다.

아무리 소소한 작품이라도 꾸준히 사람들에게 선사한다면, 그것으로 이미 하나의 관계를 형성하는 셈이다. 사람들은 우리가 보여 주는 콘텐츠를 보고 즉각적인 피드백을 줄 수 있다. 이를 테면 콘텐츠가 마음에 든다고 있는 그대로 말해 줄 수 있다.

소셜 미디어 네트워크에서 합당하고 현실적인 유용한 방식으로 피드백을 받는 것은 중요하다. 그래서 피드백에 감사의 의미로 신속하게 답글을 달아야 한다. 그러지 않고 만약 팬들의 성의를 당연하게 받아들인다면, 그들은 더 많은 관심을 보여줄 다른 플랫폼을 찾아 떠날 것이다.

○ 의견 청취, 테스트, 학습에 도움이 되는 검색 도구

파라마운트 픽처스의 전 디지털 마케팅 담당 부사장 래섬 아네슨은 사람들이 검색하고 있는 키워드를 명확히 알려 주는 도구로 '구글 애드워즈'를 꼽았다. 구글 애드워즈는 자신의 타깃 키워드를 이해하는 데 도움이 된다. 이것은 소셜 플랫폼을 통해 사람들에게 콘텐츠를 보여 주는 것과는 다르다. 소셜 미디어와 검색 활동의 가장 큰 차이점은 소셜 미디어는 공급자 중심의 푸시push 모델인 반면, 검색은 수요자 중심의 풀pull 모델이라는 것이다. 페이스북 뉴스 피드에서 콘텐츠를 보는 행위는 특정 주제를 찾는 구글 검색보다 TV 광고와 더 비슷하다고 볼 수 있다. 사람들은 여전히 페이스북 콘텐츠에 댓글을 달기도 하지만, 이는 훨씬 더 적극적인 관심의 표출 행위인 구글 검색과는 차이가 있다.

검색 기반 도구를 사용하면 메시지 전달을 테스트하고 사람들이 다양한 주제에 대해 이야기하는 방식을 관찰할 수 있다. 자신의 브랜드 또는 제품과 관련된 키워드에 대해 검색이 이뤄지고 있는지, 다시 말해 사람들이 적극적으로 더 많은 것을 알고 싶어 하는지 확인할 수 있다. 검색 활동은 자신의 메시지 성과를 진단하기에 좋은 지표다.

예를 들어, 아네슨 팀이 2008년 영화 〈클로버필드Cloverfield〉의 마케팅 작업을 할 때 그들은 제작자의 이름인 'J. J. 에이브럼스^{JJ Abrams}'와 영화 개봉일(영화 제목을 아직 발표하기 전이었기 때문에 처음에는 개봉일을 후크 포인트로 사용했다.)과 같은 연관 키워드가 자주 검색됐다는 사실을 알게 되었다. 그리고 가장 자주 검색된 키워드를 관찰함으로서 나중에 마케팅에서 어떤 면을 부각시키면 좋을지 판단할 근거 자료인 피드백 루프^{feedback loop}가 생성되었다.

구글 애드워즈는 자신의 콘텐츠가 다른 유사한 브랜드 및 제품과 비교해 얼마나 검색이 이루어지고 있는지 파악하는 데 도움이 된다. 래섬 아네슨은 상대적 검색 수준에 관한 정보를 제공하는 '구글 트렌드^{Google Trends}'라는 공개 도구를 사용하면 내 브랜드와 타 브랜드의 검색 빈도를 비교할 수 있다고 덧붙인다. 이러한 도구는 매우 강력하다. 다른 곳에서 얻을 수 없는 경쟁사의 상황을 훤히 들여다볼 수 있기 때문이다. 사람들이 경쟁사보다 내 브랜드를 더 자주 검색하고 있다면, 그것은 나의 제품이나 브랜드가 좀 더 팔릴 수 있다는 강력한 신호다.

만약 자신의 이름이나 제품이 검색되지 않을 정도로 아직 인지도가 낮은 수준에 머물러 있다면, 앞서 설명한 도구들로 잠재 고객의 반응을 분석해 그들에게 가장 가치 있는 콘텐츠 주제를 결정하는 일에 활용할 수 있다. 예를 들어, 요가 브랜드를 출시한다고 가정하면, 요가와 관련하여 사람들이 무엇을 검색하는지 파악하고 이를 통해 콘텐츠 마케팅의 방향을 정할 수 있다고 말한다. 사람들이 요가 매트나 수건에 더 관심이 있는지, 아니면 세간에 떠도는 요가와 관련된 농담이나 새로운 화젯거리가 있는지도 알 수 있다. 이러한 정보를 알고 나면, 어디에 노력을 집중적으로 투입할 것인지 더욱 명확해진다. 또한, 사업을 진행하는 데 있어 여러 의사 결정에도 도움이 된다. 요즘 무엇이 잘나가고 어떤 제품을 밀어야 할지 알 수 있기 때문이다.

이러한 도구는 시장 규모를 결정할 때도 도움이 된다. 제품이나 콘텐츠 개발을 시작하기 전에 사람들의 관심이 어느 정도인지 감을 잡게 해 주기 때문이다. 페이스북도 1,000만 명이 요가 콘텐츠에 '좋아요'를 눌렀다는 사실을 알려줌으로써 사람들의 관심사에 대한 정보를 넌지시 던져 주지만, 검색 도구는 실제로 얼마나 많은 사람이 특정 제품이나 용어를 검색하고 있는지를 보여 준다. 사람들의 검색은 더 적극적이고 실용적인 행위다.

⭕ 디지털 대화를 듣는 소셜 리스닝

소셜 리스닝social listening은 디지털 세계에서 오가는 대화를 모니터링하여 온라인에서 고객이 특정 브랜드, 인물, 업체에 대해 무슨 이야기를 하는지 이해하는 과정이다. 이 과정은 브랜드나 제품, 서비스의 차별화에 도움이 될 피드백을 수면 위로 끌어올리는 데 사용된다.

파라마운트 픽처스의 아네슨 팀은 영화의 어떤 측면이 사람들에게 가장 공감을 일으키는지 알아보기 위해 소셜 리스닝 방법을 사용했다. 그의 팀은 크게 성공한 영화를 관찰하고, 그 영화에 대한 사람들의 평가에 주의를 기울이곤 했다. 사람들의 관심을 사로잡은 것이 영화의 내용이었는지, 혹은 캐릭터였는지 등은 현재 그리고 앞으로 영화의 마케팅 방향을 결정하는데 도움이 되는 귀중한 정보다. 사람들이 영화에 열광한 요인이 무엇인지 알고자 할 때도 도움이 된다. 하지만 이 과정에는 많은 시간과 데이터 분석이 필요하다.

래섬 아네슨은 사람들이 언급하는 평가 글의 피상적인 부분만 봐 서는 안 된다고 강조한다. 내용을 더 자세히 살펴보고 사람들이 어떤 이야기를 무슨 이유로 하고 있는지 알아야 한다. 메시지의 속뜻을 해석하여 새로운 콘텐츠를 제작하거나 현재 콘텐츠를 수정할 때 최선의 판단을 위한 참고 자료로 활용하고, 추후 사람들의 반응을 지켜본다. 그런 다음 소셜 리스닝과 수정을 반복한다.

여기서 명확한 정답이란 없기 때문에 지속적인 관찰과 테스트 프로세스의 반복이 필요하다. 사람들이 불쑥 나타나서 "나는 이 영상을 보면 기분이 정말 좋아져서 마음에 든다."라고 말해 주는 일은 없기 때문이다. 그 정도로 직접적인 피드백은 절대 없다.

래섬 아네슨은 시간에 따른 추세를 관찰하는 것이 중요하다고 조언한다. 사람들이 맨 처음에 콘텐츠나 제품에 어떻게 반응하는지 관찰하고, 시간이 지남에 따라 반응이 어떻게 변하는지 확인해야 한다. 그렇게 하면 어떤 유형의 콘텐츠와 메시지를 내보내는 것이 중요한지 판단할 근거가 생긴다. 시간이 지나면서 사람들의 의견을 현재 진행 중인 작업에 반영하고, 그들의 욕구에 맞게 주제를 수정하는 능력도 생긴다.

판단 근거가 있으면 무시해도 될 만한 댓글인지 아닌지를 결정할 때도 도움이 된다. 아마도 콘텐츠에 불평 댓글을 다는 사람도 있을 것이다. 그러나 돌이켜보면 예전에 어떤 사람들은 비슷한 게시물을 좋아했다는 것을 알 수도 있다. 데이터를 갖추고 있다면, 관점을 일정하게 유지하고 문제 발생 시 그 문제가 대응할 가치가 있는지 판단하기 위한 비교의 기준점이 생긴다. 시간이 지남에 따라 기록을 차곡차곡 쌓으면, 사람들이 어떻게 그리고 왜 참여하고 있는지 더 명확하게 이해할 수 있고 시야도 넓어진다.

만약 자신이 대형 브랜드이고 갖고 있는 정보량도 어마어마하다면, 소셜 리스닝의 대행을 외주 업체에 맡길 수도 있다. 그러나 대부분 사람은 아마 스스로 관리해도 충분할 것이다. 게시물의 댓글을 읽고 기록하고 소셜 플랫폼에서 제공하는 검색 도구로 콘텐츠의 연관 키워드를 찾아보자. 또한, 경쟁업체의 소셜 페이지를 방문해서 반응이 좋거나 저조한 콘텐츠 유형에 대한 댓글을 살펴보고 정보를 모을 수도 있다. 무엇보다 배운 것을 반드시 기록으로 남기고, 매주 혹은 매달 이를 정기적으로 되짚어 보며 비교 분석을 하는 것이 중요하다.

○ 소비자에게 질문하고 그들의 관점에서 생각하라

래섬 아네슨은 테스트 중인 메시지를 완벽히 구별하는 것이 중요하다고 덧붙인다. 단순히 단어를 바꾸는 걸로는 충분하지 않으며, 근본적으로 서로 다른 메시지를 테스트하라고 말한다. 그렇게 하면 사람들이 무엇을 선호하는지 잘 알게 될 것이다. 선택할 수 있는 다양한 메시지로 소비자에게 질문해야 한다. 차이가 뚜렷한 네 가지 메시지로 테스트한다고 가정하면 잠재 고객이 압도적으로 몰리는 것이 하나쯤 있기 마련이다. 이를 통해 소비자가 무엇에 관심 있는지 확실히 알게 된다.

아무래도 그는 영화계 종사자인 만큼, 특정 고객에 대한 접근 방법을 이해하기 위해 서로 다른 메시지를 테스트하는 것을 중요하게 여길 수밖에 없다. 그의 의견에 동의하지만, 약간의 변화만으로도 어떤 식으로든 성과를 극적으로 향상시킬 수 있는지 확인하기 위해 단어를 약간씩만 수정하는 것도 좋다고 본다. 항상 효과가 있는 것은 아니지만, 때로는 놀라운 결과를 안겨주기도 한다.

소비자의 관점에서 생각하도록 노력하자. 잠재 고객들이 당신의 콘텐츠를 볼 때 어떤 경험을 하게 될까? 혹시 그들이 당신이 홍보하려는 브랜드에 대해 이미 알고 있는 것이 있다면 그건 무엇일까? 그들이 과거에 당신의 브랜드를 접한 경험이 어떤 형태로든 있다면, 그것을 기억할 것이라고 보는가? 소비자가 어떤 유형의 집단이고 그들이 내 콘텐츠와 브랜드에 대한 인식이 어느 정도 수준과 위치에 있는지 이해해야 한다.

특정 소비자에 대한 소셜 리스닝과 테스트가 중요한 또 다른 이유는 가장 흥미롭고 강력한 목소리를 찾기 위해서다. 종종 우리는 다른 브랜드에서 효과가 있어 보였던 콘텐츠 전략이 우리 브랜드에도 당연히 잘 적용될 것이라고 생각한다. 그러나 항상 그렇지는 않다. 다른 제품이나 콘텐츠가 특정 형식을 이용하여 인기를 얻었다고 해서 그 형식이 반드시 '당신의' 브랜드나 메시지에도 가장 좋은 방법이 되는 것은 아니다.

면도기 정기 배송 스타트업인 '달러 셰이브 클럽Dollar Shave Club'은 콘텐츠 마케팅의 독자적인 방식을 찾아낸 브랜드이다. 그들이 지금처럼 성공하기 전에 면도기의 광고 원천은 대부분 TV 광고였으며, '질레트'라는 브랜드가 시장을 지배했다. 후발 주자로 시장에 진입한 달러 셰이브 클럽은 새로운 브랜드를 대표할 재미있고 우스꽝스러운 온라인 동영상을 발표해 400만 회 이상의 조회 수를 기록했다. 당시 달러 셰이브 클럽은 생긴 지 얼마 안 된 스타트업이었기에 질레트와 견주기에 역부족이었으나 소셜 미디어의 이해, 잠재 고객의 의견 경청, 색다른 접근, 테스트 등을 통해 이토록 경쟁이 치열한 시장에 진입하는 데 성공했다.

달러 셰이브 클럽은 이 같은 캠페인을 통해 트렌드를 선도했으며, 그 이후로 경쟁업체들은 계속해서 그들을 따라했다. 그러나 달러 셰이브 클럽을 따라한 이들이 항상 원하는 결과를 얻은 것은 아니었다. 각 브랜드는 자신만의 고유한 정체성과 특정 잠재 고객의 관심사를 파악해야 한다. 우리가 해야 할 일도 마찬가지다.

○ 결정을 위해 커뮤니티를 활용하라

온라인 유머 플랫폼인 '나인개그9GAG'의 CEO이자 공동 설립자인 레이 찬Ray Chan은 페이스북에 3,900만 건의 '페이지 좋아요', 인스타그램에 4,450만 명의 팔로워, 트위터에 1,500만 명의 팔로워를 기록했다. 전 세계적으로 가장 큰 미디어 엔터테인먼트 브랜드 중 하나이며, 인스타그램에서 팔로우 수 상위 30위권에 드는 페이지 중 하나다. 유명 연예인들을 제외하면 6위에 해당하는 순위다.

레이 찬은 자신의 커뮤니티에서 확인한 피드백을 통해 가장 품질이 좋고 바이럴 효과가 기대되는 콘텐츠를 확인한다. 그리고 잠재 고객의 반응을 관찰하며 얻은 피드백을 토대로 소셜 채널에 게시할 콘텐츠를 결정한다. 특출한 성과를 보이는 것이 있으면, 결정은 일사천리로 이루어진다. 레이 찬의 팀은 커뮤니티 내에서 많은 콘텐츠를 테스트한 후, 여기서의 성공작을 토대로 다음 게시물 작업에 들어간다.

나인개그의 콘텐츠는 대체적으로 재미있고 웃기기 때문에 많은 사람이 가벼운 마음으로 즐길 수 있다. 나인개그는 홍콩에 본사를 두고 있지만, 콘텐츠 사용자층은 전 세계에 걸쳐 있다. 팔로워는 홍콩뿐만 아니라 미국, 독일, 네덜란드, 인도네시아, 필리핀, 그 외 세계 곳곳에 있다. 그가 알짜 콘텐츠를 고안하기 위해 자기 팀원들에게만 의지했다면, 어느 정도 치우침이 있었을 것이다. 무엇이 효과가 있는지에 대한 판단을 오롯이 사내 편집 팀에 맡기는 대신, 수백만 명의 사람들로 구성된 커뮤니티가 제2의 편집 팀 역할을 하도록 했다.

학습을 계속하고 시장의 향방을 지켜보는 것은 아주 중요하다. 커뮤니티에 귀를 기울이면 자신의 회사와 브랜드가 어디에 집중해야 할지 방향이 보인다. 나인개그는 앱도 있지만, 정작 주류 미디어에서 말하는 것과 사용자의 행동 사이에는 큰 격차가 있다고 레이 찬은 지적한다. 예를 들어, 정보기술 온라인 매체인 〈테크크런치〉를 보면 기사에 수많은 앱이 등장하기 때문에 그 앱들이 매우 인기가 있다고 생각할 수 있다. 그러나 나인개그의 사용자 대부분은 더 젊은 인구 집단에 속하며 〈테크크런치〉를 읽지도 않기 때문에 이런 유형의 간접 조사는 회사 입장에서 별 도움이 되지 않는다. 대신 레이 찬은 사용자들과 소통함으로써 그들이 좋아하는 것과 행동을 알아내는 직접적인 조사 방식을 제안한다. 그는 지속적으로 학습하고 자신의 전체적인 콘텐츠 전략을 향상시키기 위해 커뮤니티와 잠재 고객의 의견을 꾸준히 듣고 있다.

○ 급할수록 돌아가라

주킨 미디어의 조나단 스코모도 끊임없는 테스트의 중요성을 강조한다. 그는 주킨 미디어의 콘텐츠가 마법처럼 저절로 퍼져 나가는 것은 아니라고 말한다. 가장 성공할 콘텐츠를 가늠할 능력을 키우기 위해 지속적인 테스트와 데이터 및 분석 결과의 활용을 밑바탕으로 깔고 있다.

주킨 미디어에는 페이스북, 유튜브, 인스타그램을 활용하는 네 개의 하위 브랜드가 있으며, 그들은 각 플랫폼마다 다른 잠재 고객이 있다는 것을 잘 알고 있다. 그래서 각 플랫폼마다 맞춤형 콘텐츠를 제작한다. 같은 동영상이라도 페이스북에 올릴 때는 유튜브나 인스타그램과 달리 길이, 제목, 시작점이 다를 수 있다. 각 플랫폼에는 콘텐츠에 살짝 변화를 준 버전이 게시된다.

조나단 스코모는 경청, 테스트, 발견의 과정에서 서두르지 말라고 조언한다. 이 과정은 단거리 경주가 아니라 마라톤과 같다. 그는 "로켓에 올라타지 못했다고 해서 꼭 성장하지 않는다는 법은 없다.(구글 전 CEO 에릭 슈미트는 로켓에 올라탈 기회가 생기면 일단 타야 한다는 어록을 남긴 바 있다. 나중에 회사가 로켓처럼 성장할 때 같이 급속도로 성장한다는 뜻이다.)"라고 말한다. 그리고 당장 로켓에 올라탔다고 해도 그것이 영원히 지속될 것이라고 생각해서는 안 된다. 어느 시점에 이르러 연료는 바닥날 것이다.

콘텐츠를 세상에 공개하고, 테스트하고, 학습하고, 반복하라. 결국 많은 시간과 노력이 드는 일이다. 지름길을 찾지 말고 장기전에 돌입하라. 잠재 고객의 행동을 관찰하고 콘텐츠가 그들의 시야에서 떠나지 않게 하라.

- 테스트하고 학습하라. 그리고 학습 결과를 연료로 삼아라.

- 테스트는 의학에서 비즈니스, 과학에 이르기까지 창조와 관련된 모든 활동에 적용된다. 그 것은 학습의 기초다.

- 20억 조회 수를 기록하더라도 테스트와 학습을 멈추지 마라.

- 데이터와 분석 결과의 기록은 이를 통한 학습 과정과는 별개다. 사람들이 콘텐츠에 참여하 는 방법과 이유를 관찰하라.

- 테스트에서 수집한 정보가 많을수록 사람들이 공감하는 콘텐츠를 제작하기 쉬워진다. 이 렇게 하면 핵심 성과 지표의 달성 비용을 크게 줄일 수 있다.

- 명확하고 차이가 뚜렷한 메시지로 구성된 선택지를 소비자에게 제시하여 의견을 수렴하라.

- 소비자의 관점에서 생각하라.

- 현재에 안주하지 말고 플랫폼의 경계를 허물어라.

- 커뮤니티의 의견을 수렴하여 가장 효과적인 콘텐츠 결정에 도움이 되는 정보를 얻어라.

- 구글 트렌드와 애드워즈를 활용해 시장 규모를 결정한다.

- 구글 트렌드와 애드워즈를 이용하면 잠재 고객이 가장 관심을 가지고 있는 콘텐츠를 맞춤 제작할 수 있으며, 시간 경과에 따른 반응의 변화를 관찰할 수 있다.

- 게시물과 콘텐츠에 대한 커뮤니티의 댓글을 보며 소셜 리스닝을 실천해야 한다. 또한, 경쟁 업체 페이지를 방문하여 그들의 콘텐츠 실적을 체크하도록 한다.

- 판단 근거를 만들어 무시해도 될 댓글인지 아닌지를 결정한다.

- 각 플랫폼 별로 콘텐츠를 조정하고 테스트하라.

- 다른 브랜드에서 효과가 좋았던 방법이라도 자신의 브랜드에 적용했을 때 아무런 효과가 없을 수도 있다.

- 테스트 과정은 단거리 경주가 아니라 마라톤이다.

한 달 만에 달성하는
100만 팔로워 마케팅

공유될 만한 콘텐츠 만들기

페이스북으로 빠른 성장을 추구할 때는 공유 가능성이 가장 중요한 지표가 된다. 그것은 잠재 고객이 자신의 콘텐츠에 반응하고 있다는 확실한 증표다. 사람들의 공유를 유도하는 것은 유기적으로 메시지를 전파하고 콘텐츠의 홍수에서 눈에 띄는 가장 좋은 방법이기도 하다. 사람들이 꾸준히 공유할 만큼 양질의 콘텐츠를 보유하면 자신의 페이지가 인기를 얻고 널리 전파될 가능성이 높아진다.

거대한 팔로워 층을 모으고 꾸준한 성장을 유지하려면 사람들이 공유할 만한 콘텐츠를 만드는 데 집중해야 한다. 막무가내로 올린 콘텐츠에 사람들의 관심이 오랫동안 이어지길 기대할 수 없다. 그들이 후속 콘텐츠에 대한 기대심을 품고 다시 돌아오게 하는 가장 좋은 방법은 팔로워들을 끌어들이고 참여시키는 전략을 마련하는 것이다. 이것이 페이스북에서 세력을 빠르게 확장할 수 있는 방법이다.

○ 공유는 성공의 지름길

누군가에게 콘텐츠에 '좋아요'를 누르게 하거나 영상을 시청하도록 유도하기는 쉽지만, 결국 그 자체로는 아무 의미가 없다. 숫자의 증가로 기분은 우쭐해지겠지만, 성과에는 도움이 되지 않는다. 실제로 그 성과를 이끄는 실행의 주체는 콘텐츠를 공유하는 다른 사람들이다. 다시 말해, 당신의 콘텐츠에 반응하는 피드백이다. 래섬 아네슨도 "사람들이 행동을 취하는 것이 필수적이다. 어느 시점에는 고객이나 소비자가 제품 구매든 소셜 미디어 참여든 뭔가를 해야 한다."라고 말한다. 페이지에 '좋아요'만 누르고 소극적으로 가만히 앉아 있는 팔로워들은 그다지 도움이 되지 않는다.

주요 소셜 미디어의 인플루언서들은 공유의 중요성을 일찌감치 깨닫고 공유에 많은 신경을 쓰고 있다. 1년 3개월 만에 1,500만 명 이상의 팔로워를 모은 마술사 겸 소셜 미디어 기업가 줄리어스 데인은 자신의 중요한 목표는 가능한 한 많은 사람이 자신의 콘텐츠를 공유하게 하는 것이라고 말한다.

"내가 페이스북에 공유한 동영상에서 중점적으로 보는 것은 조회 수가 아니다. 동영상 조회 수가 200만 건이 되어도 크게 상관하지 않는다. 그보다는 얼마나 공유되었는지에 관심이 있다. 공유 수가 많다는 것은 어마어마한 결과로 이어지기 때문이다."

사람들이 콘텐츠를 공유하면 그들은 브랜드의 성장에 든든한 후원군이 된다. 그들은 적극적으로 메시지를 전하고 메시지에 강력한 힘을 실어 준다. 세계서핑연맹의 팀 그린버그는 페이스북에서 공유가 게시물 성공의 척도라고 강조한다. 공유 행위는 사람들이 그 콘텐츠를 마치 자기 것처럼 지지하며, 메시지를 믿고 옹호한다는 것을 증명한다.

팀 그린버그는 또한 사람들이 자신의 게시물을 공유하게 되면 그 콘텐츠를 페이스북 플랫폼의 더 많은 사용자에게 보여줄 기회가 생긴다는 점을 강조한다. 페이스북 알고리즘은 공유 수가 많은 콘텐츠가 더 많은 사람의 피드에 나타나도록 설계되었다. 게시물의 전반적인 성적표는 콘텐츠 공유의 빈도와 밀접한 관련이 있다. 페이스북 알고리즘에서는 공유 수가 중요하기 때문에 공유를 적극 활용하면 큰 이익이 된다. 다음은 존 자쉬니의 설명이다.

당신의 잠재 고객이 탁월하고 가치 있고 다시 겪고 싶은 사용자 경험을 했다면, 소셜 미디어 네트워크를 활용해 당신의 홍보대사이자 신봉자를 자처하게 된다. 그리고 요즘은 아무에게나 쉽게 지지 의사를 표명하지 않는다. 마음에 들지 않으면 가차 없이 공격하고, 배척하며, 비난한다.

누구든지 유명인이나 셀러브리티 못지않게 존재감을 과시할 수 있게 되면서, 이제 사람들에게는 은근한 자부심도 있다.

"내가 특정한 식당에 가거나 영화를 보거나 방송을 보거나 음식을 먹으라고 권한다면, 나는 전문가와 다름없다는 얘기다. 나는 내 이름을 걸고 추천하는 것이기 때문이다."

잠재 고객이 콘텐츠가 가치 있다고 생각하면, 그들은 메시지를 널리 알릴 수 있는 크고 힘 있는 세력이 된다. 또한, 사람들은 본질적으로 다른 누구보다 자신이 신뢰하는 사람이나 친구의 추천을 더 흔쾌히 받아들인다. 그들은 자신이 판매 대상으로 여겨진다는 느낌이 들지 않을 때 더 기꺼이 콘텐츠를 받아들인다.

○ 고객에게 가치를 제공하라

아이러니하게도 무엇을 팔려는 노력을 덜 할수록 더 많이 팔게 된다. 고객을 확보하려 하기 보다 사람들을 위한 '가치' 창출에 주력한다면, 판매나 직접적인 행동으로 원활하게 이어질 수 있다. '셰어러빌리티'의 에릭 브라운스타인도 공유 가치가 있는 콘텐츠를 만드는 것이 필수라는 데 동의한다. 그의 팀은 공유성 높은 콘텐츠 제작의 대가들이다. 광고 전문지 〈애드에이지 AdAge〉에서 발표한 상위 200개 바이럴 동영상 캠페인이 페이스북 및 유튜브에서 총 640만 건의 공유 수를 기록했음에 비해, 2017년 셰어러빌리티의 작품 중 상위 20개 동영상은 총 1,050만 건의 공유 수를 기록하였다. 〈애드에이지〉의 목록에는 애플, 구글, 페이스북, 삼성, 버드와이저 및 기타 100여 개 이상 브랜드의 최고 인기 동영상이 포함되어 있었다. 전체적으로 셰어러빌리티는 세계 최대 브랜드들의 작업을 맡아 35억 회 이상의 조회 수와 4,000만 건의 공유 수를 창출했다.

셰어러빌리티는 아이젠버그 그룹의 '평가 미디어 가치 지수 Ayzenberg's earned media value index'를 사용해 평가 미디어의 가치를 계산하는데, 이는 '좋아요', 댓글, 공유, 유기적 조회 수당 1달러 가치를 부여하는 것을 의미한다. 브라운스타인은 아이젠버그에서 집계한 2017년 3분기 지수에 따르면 통신사 크리켓 와이어리스 Cricket Wireless의 "존 시나는 인터넷을 좋아해 John Cena Loves the Internet"라는 광고 캠페인이 1억 2,200만 달러의 미디어 가치로 평가되었다고 밝혔다. 또한, 하얏트 캠페인과의 합작으로 쇼티 어워즈 Shorty Awards 수상 경력에 빛나는 뮤지션 두아 리파 Dua Lipa의 2017년 뮤직 비디오 〈New Rules〉는 이 책을 쓰고 있는 현재 기준으로 무려 200만 달러가 넘는 평가 미디어 가치를 얻었다(유기적으로 누적된 조회 수가 수천 만 건이며 계속 늘어나고 있다). 하얏트 캠페인은 평가 미디어 면에서 100배가 훨씬 넘는 엄청난 투자 수익률을 창출했다. 이 놀라운 실적은 근본적으로 공유성이 높은 콘텐츠를 만들고 배포한 결과였다.

핵심은 잠재 고객에게 아무런 대가도 요구하지 않고 일단 가치를 제공하는 것이다. 그리고 나서 동영상의 성과가 좋으면, 콘텐츠에 참여한 사람들을 나중에 리타겟팅하여 직접적인 행동을 하도록 요청할 수 있다. 그러나 다음에 이어질 전통적인 방식의 광고를 공개하기 전에 항상 가치를 제공하는 훌륭한 콘텐츠로 그들에게 먼저 다가가는 워밍업이 필요하다.

셰어러빌리티의 브라운스타인 팀은 '풀 퍼널full-funnel (잠재 고객 확보부터 전환, 구매에 이르기까지 고객 여정의 전반을 포함하는 광고 전략) 활성화' 전략을 사용한다. 먼저 그들은 공유 가능성이 높은 바이럴 콘텐츠로 시작한다. 이어서 선보이는 콘텐츠는 추가적인 참여를 유발하는 단계로 이동하지만, 여전히 강력한 행동 유도를 강요하지는 않는다. 그리고 마지막 단계에서, 이 두 가지 콘텐츠에 참여도가 높은 사람들에게 콘텐츠를 전달하여 목표와 관련된 행동을 취하도록 요청한다.

브라운스타인의 팀은 2015년 크리켓 와이어리스 캠페인의 첫 동영상으로 '존 시나 깜짝 몰래카메라The Unexpected John Cena Prank'를 제작했다. 이 영상에서 존 시나는 크리켓 와이어리스의 광고 오디션을 보고 있다고 생각하던 팬들을 깜짝 놀라게 한다. 팬들이 포스터 앞에서 존 시나를 소개하는 장면을 찍고 있을 때, 갑자기 실제로 존 시나가 포스터를 찢고 등장한다. 여기서 팬들의 리액션이 무척 재미있다. 셰어러빌리티는 페이스북에 이 영상을 두 차례 공개하여 총 8,000만 회 이상의 조회 수를 기록했다.

2017년, 그들은 두 번째 후속 비디오로 '존 시나의 리액션John Cena Reacts'를 제작했는데, 이 영상은 '존 시나는 인터넷을 좋아해John Cena Loves the Internet'라고 이름 붙인 상위 캠페인 시리즈의 일환이었다. '존 시나의 리액션'은 오리지널 버전인 '존 시나 깜짝 몰래카메라'와 반대였다. 이 두 번째 비디오에서는 역으로 팬들이 존 시나를 놀라게 했다. 존 시나는 '절대 포기하지 말라never-give-up'라는 그의 모토로 부상이나 절망에서 벗어났다며 감사하는 내용이 담긴 팬레터를 읽는다. 그리고 영상이 진행되면서 그는 암 투병 중인 어머니에게 도움이 되어줘서 고맙다고 말하는 한 소년의 영상을 보며 가슴 뭉클해 한다. 영상이 끝나면 영상 속의 소년이 첫 번째 비디오에서 시나가 그랬던 것처럼 포스터를 찢고 튀어나와 그녀를 놀라게 하고 어머니와 함께 직접 감사를 표시한다. 존 시나는 감정이 매우 북받친 모습을 보이며, 우리는 모든 사람이 서로 감사의 뜻을 주고받는 아름다운 장면을 보게 된다.

이 캠페인이 큰 성공을 거둔 이유 중 하나는 사용자에게 아무 것도 요구하지 않았기 때문이다. 그들은 첫 번째 영상에서 웃음을 선사하고자 했다면, 두 번째 영상에서는 감동을 주는 등 잠재 고객에게 오로지 가치를 제공하고자 하는 목표에 초점을 두었다. 두 번째 동영상은 2017년 전 세계에서 가장 많이 공유된 광고가 되었고, 유튜브 트렌딩에서 3위를 기록했다. 페이스북에서는 처음 업로드 된 원본이 250만 건 이상의 공유와 1억 1,000만 건의 조회 수를 기록했고, 사용자의 재 업로드까지 합치면 총 조회 수는 1억 6,000만 건이 넘었다. '존 시나는 인터넷을 좋아해'의 전체 캠페인은 여러 플랫폼에서 총 200만 건이 넘는 공유 수를 기록했다.

처음 두 영상이 성공한 후 계속해서 셰어러빌리티 팀은 콘텐츠에 참여한 사람들을 대상으로 리타겟팅 하는 광고를 제작하여 캠페인에 가치를 부여했다. 그들의 후속 메시지는 한마디로 "여러분, 여기 존 시나가 있습니다. 상점으로 달려가서 스마트폰을 사지 않으시겠습니까?"라는 것이었다. 시청자들은 애초에 오리지널 콘텐츠가 감성적이고 매력적이었기 때문에 이미 존 시나(그리고 더 넓게는 크리켓 와이어리스까지)와 긴밀한 관계를 맺은 상태가 된다. 팬들은 확실한 연결감을 느낄 때 실제로 행동을 취할 가능성이 크다.

○ 서비스 중심으로 접근

나는 100만 명의 팬을 직접 확보하고 유지했던 경험부터 최고의 마케팅 전문가 및 소셜 인플루언서들과 나눈 대화를 통해, 바이럴 콘텐츠를 만드는 단연코 가장 좋은 방법은 다른 사람들에게 서비스와 가치를 제공하는 것임을 알게 되었다.

자신이 원하거나 사람들에게서 기대하는 걸 생각할 게 아니라, 자신이 그들에게 제공할 수 있는 것을 먼저 생각해야 한다. 항상 감동을 주는 정서적 측면에서 잠재 고객에게 다가가고, 유대감을 형성하며, 어떤 방식으로든 그들의 마음을 움직일 수 있는 방법을 생각해야 한다.

요즘 가장 뛰어난 페이스북 콘텐츠의 귀재 중 한 명은 프린스 이에이다. 그는 콘텐츠 제작에 대한 전략을 수립하면서 서비스 제공을 최우선 순위로 삼는다. 그는 내면의 자존심 때문에 수백만 조회 수에 대한 욕심에서 전혀 자유롭지는 않음을 인정하지만(실제로 가끔 욕심을 부리기도 하고), 그래도 항상 시청자의 마음에 다가가겠다는 최우선 목표로 다시 방향 전환을 하려 노력한다. 그는 자신의 게시물을 볼 사람에게 진정한 영향을 미치는 데 중점을 두며, 개인적 이익을 위해 콘텐츠를 만들겠다는 생각에 집착하지 않으면, 오히려 정말로 큰 인기를 얻을 수 있다고 믿는다.

그가 다른 사람들에게 가치를 제공하는 방법을 알게 되자 수치상의 성적도 고공행진을 기록했다. 동영상의 기하급수적인 성장을 보게 된 것이다. 제작자 중심에서 시청자 중심으로 관점을 바꾸면서, 8년 동안 합쳐 1,000만 건을 맴돌던 조회 수가 단 2년 만에 20억 건으로 뛰어올랐다. 그는 가치를 제공하고 서비스 중심 접근 방식으로 전환함으로써 사람들의 시선을 사로잡을 수 있었다.

프린스 이에이는 동영상의 제목, 섬네일, 길이, 도입부 몇 초에 특히 초점을 맞추는 것이 타당하고 유용한 건 사실이지만, 사람들을 만족시키고 마음을 움직이는 양질의 콘텐츠가 아니라면 성공할 수 없다고 생각한다.

프린스 이에이는 콘텐츠를 만들 때 다음 질문을 통해 서비스 중심 정신을 마음에 되새기려 노력한다.

- 내가 여기서 무엇을 하고 있는가?
- 다른 사람들에게 만족과 가치를 제공하려면 어떻게 해야 할까?
- 이것이 내가 만드는 마지막 동영상이라면, 어떤 메시지를 전할까?
- 이것이 이 주제에 대해 가장 적합한 비디오가 된다면, 어떻게 해서 최고의 비디오로 만들 것인가? 이전에 사용한 방법 중 콘텐츠를 최선으로 표현할 수 있는 것은 무엇일까?
- 이 콘텐츠를 공유하는 이유는 무엇인가?
- 이 콘텐츠의 어떤 점을 좋아하는가?
- 어떻게 세상에 의미 있는 영향을 미칠 수 있을까?

자신의 브랜드에 대해서도 위의 질문을 적용해 보자. 이러한 질문을 안고 콘텐츠 제작을 시작하면 사사로운 이익 추구보다 다른 사람들에게 만족을 주는 방향으로 초점을 맞출 수 있으며, 그 결과 시청자는 공유로써 화답할 것이다.

케이티 쿠릭도 콘텐츠를 만들 때 비슷한 접근법을 사용한다. 그녀는 시청자에게 강렬한 자극으로 영향을 미치고 그들의 삶을 향상시킬 수 있는 주제를 찾아 공동체 의식을 구축하는 데 중점을 두며, 바로 그 이유로 TV 방송을 통해 공개적으로 대장 내시경 검사를 받는 등 대담하고 용감한 행동을 보여 주기도 했다. 그 방송이 전파를 탄 후, 대장암 검사를 받은 사람의 수가 20%나 증가했다. 케이티 쿠릭은 자신의 치부를 드러내면서 다른 사람들도 똑같이 검사를 받고 자기 건강을 챙기도록 독려하기 위해 용기와 겸손이 필요했다. 이런 유형의 콘텐츠는 사람들의 삶에 영향을 미치고 다른 사람들과 정보를 공유하고 싶게 만든다.

에릭 브라운스타인도 콘텐츠를 설계할 때 서비스 지향적 접근 방식을 취한다. 그는 성가심을 유발하는 기존의 전형적 광고 방식을 사람들이 좋아하지 않으며, 마케팅 담당자는 잠재 고객을 위한 가치 창출을 생각하고 이에 전념해야 한다고 말한다. 셰어러빌리티는 시청자와의 강한 유대 관계를 이끌어 내고 새로운 관계를 구축함으로 광고가 공유될 수 있다는 것을 잘 알고 있다. 에릭 브라운스타인은 덧붙여 말한다.

"사람들이 공유한다는 것은 관심이 있다는 뜻이고, 관심이 있다는 것은 구매하겠다는 뜻이다."

○ 감정적 연결이 필요하다

내가 고객의 마음을 움직이는 방법을 잘 아는 콘텐츠 제작자를 찾고 있을 때, 소셜 미디어 마케팅 전문 제작사인 '콤프에이 프로덕션Comp-A Productions'의 영상 제작자 겸 CEO이자 크리에이티브 디렉터인 페드로 플로레스Pedro D. Flores를 떠올리지 않을 수 없었다. 그는 1억 회 이상의 조회 수를 기록한 '타코스Tacos'라는 동영상을 만든 주인공이다. 플로레스는 그 영상이 성공한 요인으로 관계성을 꼽는다. 이 영상은 플로레스가 사실 멕시코인이지만 백인 같은 외모 때문에 무시당하는 모습을 코믹하게 담았다. 가볍지 않은 주제를 다루고 시청자에게 교훈을 주면서도 내용을 유쾌하게 전달한다. 그래서 시청자에게 공감대와 생각할 거리와 웃음을 동시에 주었다.

플로레스는 자신이 살면서 실제로 겪은 일을 알리기 위해 '타코스'를 제작했다. 페드로 플로레스라는 이름을 보면 그는 전형적인 멕시코인이지만, 사람들은 항상 그가 멕시코인이라고 거짓말한다며 비난한다. 답답한 마음을 극복하기 위해 그는 어떤 술책도 없이 직설적인 방법으로 이 비디오를 만들어 공개했고, 백인처럼 생긴 멕시코 사람으로 사는 기분을 간접적으로 사람들에게 전달할 수 있었다.

콘텐츠를 만들 때 자신의 삶에서 일어나고 있는 일 중 다른 사람들도 경험할 법한 것을 찾아내는 것은 언제나 영리한 접근법이다. 약점을 드러내고 솔직하게 다가가면 시청자는 주제를 더 친근하게 받아들이고 공감대를 형성할 수 있다. 즉, 콘텐츠의 연관성을 높이기 때문에 다른 사람들의 삶에 더 가까이 다가간다는 인상을 준다. 케이티 쿠릭은 사람들이 콘텐츠와 연결되어 있다고 느끼는 것이 과거 어느 때보다 중요하다고 덧붙인다.

오늘날과 같은 접속의 시대에 우리가 여러 면에서 훨씬 더 단절되었다는 사실이 아이러니하다. 외로움은 미국에서 가장 흔한 유행병 중 하나다. 내가 생각하는 또 하나의 유행병은 정보 과부하 때문에 생기는 불안감이다. 그래서 콘텐츠에 진정한 감정적 연결을 제공하는 중심점을 찾는 것이 매우 중요하다.

곰곰이 생각해 보면, 우리는 사람들의 삶의 질을 향상시키고 더 행복하고 기분 좋게 하며 유익한 정보를 제공하는 콘텐츠를 공유하는 경향이 있다. 이는 프린스 이에이가 서비스에 관해 말했던 것과 같은 맥락이다. 자신의 콘텐츠가 다른 사람들에게 어떤 도움이 되는지 생각해야 한다(물론, 공유 수 늘리기에도 도움이 된다).

에릭 브라운스타인은 '남들이 왜 내 메시지 따위에 관심을 보여야 하는 걸까?'라고 스스로 물어야 한다고 조언한다. 우리 주변에는 끝이 안 보일 정도로 무수한 콘텐츠가 존재한다는 것을 잊지 말아야 한다. 그래서 콘텐츠를 만들 때 어떻게 해야 사람들이 관심을 갖는지 파악해야 한다. 다음 이야기가 궁금한 콘텐츠라면, 그것을 친구들과 공유할 것이다.

에릭 브라운스타인은 사람들이 자신의 메시지에 관심을 갖게 되는 이유를 이해한 후에 메시지를 확실하게 전달해야 한다고 덧붙인다. 소셜 미디어에서는 관계 형성이 무척 중요하다. 그래서 콘텐츠를 만들 때 누군가와 좋은 관계를 맺는다는 것이 어떤 모습일지 머릿속에 그려보는 것이 중요하다. 단순히 물건을 파는 게 전부가 아니라, 상대방에게 관심을 보여야 한다. 에릭 브라운스타인은 그들과의 관계를 교환 가치의 관점에서 바라볼 것을 제시한다. 팬에게 가치를 부여한 다음, 그들이 제공받은 가치를 다시 친구들에게 되돌려주는 기회를 제공하라는 얘기다.

만약 공유하고 싶을 정도로 재미있는 콘텐츠를 제공하면, 사람들은 스스로 코미디언이라도 된 듯한 기분을 느낀다. 또는, 감성적인 콘텐츠를 제공하면 다른 사람에게 그 감동을 전해줄 수 있다는 보람을 느낀다. 다른 사람들은 어떤 중요한 주제를 남에게 가르쳐줄 때 가치를 제공하고 있다고 느끼거나, 혹은 특정 이슈나 인물에 대해 강한 의견을 피력할 때 한 커뮤니티의 일원으로서 소속감을 갖기도 한다.

그는 관계란 단지 받는 것에 그치지 않고 주는 것에 더 가깝다고 주장한다. 그만큼 잠재 고객에게 가치 있는 것을 제공하려고 노력하는지 확인해야 한다. 여기서 80/20 규칙을 따르자. 전체 시간의 80%를 자신의 노력으로 사용하고, 잠재 고객에게는 나머지 20%만큼만 행동을 취하도록 요구하라.

예를 들어, 에릭 브라운스타인의 팀이 크리켓 와이어리스와 함께 일할 때 브리핑에서 요청받은 사항은 '사람들을 미소 짓게 할 영상을 만들어 달라'라는 것이었다. 크리켓 와이어리스는 말 그대로 사람들을 미소 짓게 하기 위해 수십만 달러를 지출했다. 이러한 의도를 염두에 두고 크리켓 와이어리스는 동영상을 여러 편 공개한 후에야 본론으로 들어가 대중에게 자신들의 비즈니스 목표와 관련된 행동을 취하도록 요구했다. 이는 80/20 규칙을 여실히 보여 주고, 다른 사람들에게 먼저 서비스를 제공하는 콘텐츠를 만드는 데 집중하는 매우 다정한(동시에 현명한) 접근 방식이었다.

에릭 브라운스타인은 거의 모든 주제, 심지어 겉으로 보기에 재미없거나 어려운 주제라도 바이럴 효과를 누릴 수 있다고 생각한다. 셰어러빌리티는 심지어 소아암과 대장암과 관련된 주제로도 바이럴 콘텐츠를 만들었다. 그는 특히 무거운 주제일수록 사람들의 감정을 자극하고 마음속 깊이 그들과 연결되는 것이 중요하다고 생각한다. 이제 조금씩 패턴이 보이기 시작할 것이다.

세계서핑연맹의 팀 그린버그도 이에 동의하며 자신의 팀이 시청자의 기분을 전환하는 데 중점을 둔다고 말한다.

"소셜 미디어에 콘텐츠를 게시함으로써 누군가를 3-4초라도 행복하게 해 주었다면, 내 할 일을 다 한 셈이다. 나는 멋진 콘텐츠를 제공해서 실질적으로 그 사람이 기분 좋은 하루를 보내게 했다."

시청자와 감성적으로 유대를 형성하는 것은 잠재 고객과의 연관성이 높은 콘텐츠를 만들기 위해 필수적인 요소다. 내 콘텐츠를 본 시청자가 어떻게 느낄지 생각하고 콘텐츠를 만들면, 그들은 콘텐츠를 다른 사람들과 공유할 가능성이 높아진다. 그래서 콘텐츠를 공유하는 이유와 자신의 최종 목표를 항상 의식해야 한다.

○ 연관성을 정확히 파악한다

잠재 고객에게 가장 연관성 높은 콘텐츠를 찾는 일은 테스트와 시행착오를 거쳐야 가능하다. 모든 사람의 삶에 가장 가까운 주제가 무엇인지 정확히 알 방법은 없지만, 에릭 브라운스타인은 공감대 형성에 좋은 아이디어를 찾는 한 가지 방법은 인터넷에서 트렌딩 토픽과 인터넷 밈internet memes (인터넷상에서 유행하고 전파되는 것)을 관찰하는 것이라고 말한다. 그런 다음 그의 팀은 이런 트렌딩 메시지들을 모아 콘텐츠 제작을 의뢰한 브랜드에 맞춰 조정한다.

트렌딩 토픽을 기반으로 콘텐츠를 기획해 성공한 사례로는 셰어러빌리티가 제작한 피자헛과 펩시의 '위험한 셀카봉The Dangers of Selfie Sticks'이라는 동영상 캠페인이 있다. 이 영상은 셀카봉을 사용할 때 발생하는 위험을 엉뚱하게 그려낸 공익광고처럼 보인다. 셀카봉은 당시 디즈니랜드에서 사용이 금지되는 등 트렌딩 토픽이었기 때문에 그의 팀은 이런 아이디어를 내게 되었다. 피자헛은 그때 지름 60cm짜리 피자를 출시하려던 참이었고, 그래서 유난히 큰 이 신제품 피자의 사진을 찍으려면 정말로 긴 셀카봉이 필요하다는 아이디어를 생각해냈다. 그 공통분모를 이용하고 셀카를 익살스럽게 표현함으로써 매우 재미있는 비디오가 탄생했고, 유튜브에서 폭발적인 반응을 얻었다. 당시 자주 검색되던 '셀카봉 동영상'의 연관성도 어느 정도 기인한 덕분에 공개한 지 한 달 만에 세계에서 가장 많이 공유된 광고가 되었다.

에릭 브라운스타인의 팀은 이러한 수준의 공유성에 도달하기 위해 엄격한 테스트 과정을 거친다. 다양한 포맷과 도입부를 시도하고, 주요 타깃 그룹의 데이터를 수집한다. 다시 말해 페이스북에 콘텐츠를 올려 어떤 버전이 가장 좋은 반응을 얻는지 확인하는 테스트 과정을 거친다.

이들은 반드시 시청자들의 반응을 이끌어내기 위해 콘텐츠의 각 요소를 분석한다. 예를 들어, 비디오의 등장인물을 캐스팅할 때 대중과 연결할 만한 요소를 지닌 사람들을 신중하게 선택한다. 하얏트와 합작으로 두아 리파 뮤직 비디오를 제작할 때도 출연 여성들이 전부 슈퍼 모델 급이 아닌 사람들로 구성되도록 특별히 신경 썼다. 에릭 브라운스타인은 이렇게 설명했다.

"〈New Rules〉 뮤직비디오에 등장하는 여성들은 매력적이긴 하지만, 글래머 정도는 아니다. 그들은 현실 속 두아의 친구 이미지에 더 가깝다."

셰어러빌리티는 콘텐츠와 관련된 모든 결정 사항에서 이 정도로 섬세하게 신경을 쓴다. 겉으로는 사소해 보이는 디테일도 커다란 영향을 미치는 요인이 된다.

공유 가능성이 높은 콘텐츠를 만들고자 할 때 충분한 정보와 준비 없이 무작정 시작해서는 안 된다. 실사와 트렌드를 조사하고, 효과가 있는 것에 집중하고, 다른 성공적인 콘텐츠를 '리버스 엔지니어링reverse engineering' (이미 만들어진 제품을 역으로 추적하여 정보를 알아내는 일) 하듯 분석하고, 그다음 저비용으로 테스트를 거쳐 개념 증명을 완료해야 한다. 콘텐츠의 방향을 미리 일방적으로 정해 두고 자원을 쏟아 붓기 전에 테스트를 통해 확실히 어떤 것이 효과적인지 알아둬야 한다. 특히, 시간이 부족한 사람에게는 이 과정이 많은 도움이 될 것이다.

○ 확신이 들지 않으면 직감을 따라라

비록 내가 테스트와 학습의 중요성을 강력히 지지한다 해도, 때로는 이런 생각에서 벗어나 자신의 경험을 믿고 내면의 목소리에 귀를 기울여야 할 때가 있다. 때로는 자신을 믿어보자(무턱대고 시작하라는 뜻이 아니다). 살면서 축적된 경험에 의한 직감이 자신을 인도하고 어떤 콘텐츠가 어느 정도 효과가 있을지 판단하는 데 도움이 되기 때문이다.

더브리지앤코TheBridge.co의 프로듀서이자 에미상 수상이 빛나는 감독 마이크 저코박Mike Jurkovac은 마이크 코엘커Mike Koelker와 함께 작업하면서 배운 중요한 정보를 들려주었다. 마이크 코엘커는 1984년 리바이스501 청바지의 '501 블루스' 및 1992년 도커스Dockers의 '컬러스Colors'와 같은 캠페인 등 많은 작품을 제작해 광고계의 명예의 전당에 올랐다.

그는 마이크 코엘커가 특유의 직감을 발휘해서 매우 특별한 캠페인을 창작하는 것을 목격했다. 두 사람은(그다지 매력적인 과일이라고 할 수 없는) 건포도의 홍보 방법을 고안하고자 고심 중이던 캘리포니아 건포도 자문 위원회California Raisin Advisory Board와 함께 일하게 되었다. 몇몇 집중 타깃 그룹의 결과를 지켜보던 캘리포니아 건포도 자문 위원회는 광고 아이디어 중 두 가지는 꽤 좋은 결과를 얻었지만, 다른 하나는 영 신통치 않다고 생각했다. 농장주들은 갈피를 잡을 수 없었다. 그래서 10억 달러 규모의 비즈니스 업적을 달성한 바 있는 마이크 코엘커에게 조언을 구하기로 결심했다.

마이크 코엘커는 "테스트로는 증명할 수 없지만, 왠지 클레이메이션 캐릭터에는 사람들의 반응을 끌어낼 만한 특별한 뭔가가 있다는 걸 알았다. 나는 직감을 믿고 밀고 나갔다."라고 회상했다. 테스트에서는 좋은 반응을 얻지 못했지만, 그가 직감에 따라 만든 광고는 1986년 완성된 '캘리포니아 건포도' 광고였다. 건포도 캐릭터가 마빈 게이Marvin Gaye의 '풍문으로 들었네Heard It Through the Grapevine'

의 노래에 맞춰 춤추고 노래하는 영상으로 이는 80년대를 대표하는 가장 성공적인 광고 중 하나가 되었다. 마이크 저코박이 리바이스 의뢰 건으로 불철주야 작업하는 동안 마이크 코엘커가 탄생시킨 건포도 광고에 빗댄 재미있는 일화가 있다.

한 남자가 사무실에 들어와서 말했다.
"여기 건포도 작업 담당자 계신가요?"
마이크 저코박이 대답했다.
"네, 그 팀은 아래층에 있는데요. 담당자는 마이크 코엘커입니다."
그러자 남자는 대답했다.
"어젯밤에 꾼 꿈 때문에 여기 샌프란시스코까지 날아왔습니다. 꿈에서 저도 광고 속의 건포도가 되어 있었거든요. 돈 때문에 이러는 게 아닙니다. 그냥 저도 건포도 캐릭터가 되고 싶을 뿐입니다. 개런티는 기부할 생각입니다."

그 말을 한 사람은 다름 아닌 마이클 잭슨Michael Jackson이었다. 광고를 본 마이클 잭슨이 '나도 건포도가 되고 싶다.'라고 자발적으로 내린 결정이었다. 마이크 저코박은 이처럼 광고의 숨겨진 비화를 털어놓으며, 사람들의 행동을 유도할 만큼 '마음을 움직이는' 훌륭한 콘텐츠를 만들 것을 강조한다.

O 진정성을 담자

콘텐츠를 개발할 때 브랜드와 메시지에 진정성을 담아야 한다. 배우 겸 제작자이며 영화 〈메리에겐 뭔가 특별한 것이 있다〉, 〈덤 앤 더머〉, 〈미 마이셀프 앤드 아이린〉 등에 출연했던 롭 모란Rob Moran은 이 영화들이 남들 눈에 띄는 데 불리하게 작용할 수 있는 비非할리우드 출신 감독 작품이기에 오히려 좋은 반응을 이끌어낸 경우라고 설명한다. 때로는 아는 게 너무 많으면 금세 지치기 십상이고, 그동안 무엇이 효과가 있고 없는지 봐온 경험의 영향을 크게 받기 마련이다. 〈메리에겐 뭔가 특별한 것이 있다〉와 〈덤 앤 더머〉를 탄생시킨 패럴리 형제Peter & Bobby Farrelly는 그냥 자신들만의 방식과 개그 취향대로 콘텐츠를 제작했다. 그들은 이 콘텐츠가 모든 사람을 웃기지는 못한다는 것을 알았으므로 애초에 대중에게 폭넓게 다가가려고 애쓰지 않았다. 그러나 그들은 웃기고자 하는 타깃을 적절히 선택했다. 그들은 자기 방식의 유머 코드를 모든 사람이 이해하지 않아도 되었기 때문에 딱히 얽매일 것이 없었다.

오늘날의 디지털 플랫폼(특히 페이스북)은 확실히 콘텐츠가 배포되는 방식이 민주적이기 때문에 그 어느 때보다 진심을 담은 콘텐츠를 보여줄 수 있다. 콘텐츠의 공유 수가 곧 사람들의 반응의 척도다. 자기가 만든 콘텐츠가 남들의 심금을 울리는지 아닌지 둘 중 하나다. 이는 평범하고 단순한 사실이다. 그리고 디지털 플랫폼에서는 제작사의 배급 부서에 휘둘리지 않고 누구나 자유롭게 콘텐츠를 공유할 수 있다. 자급자족하면 스스로 통제권을 지니게 된다.

○ 반전을 꾀하라

우리는 모두 재미있고 흥미로운 콘텐츠를 만들고 싶어 하지만 불행히도 그것을 가능케 하는 공식이나 비법은 없다. 콘텐츠에는 사람들의 관심을 끌 수 있는 특별한 순간이 있어야 하며, 성공적인 조합을 찾을 때까지 다양한 것을 시도해야 한다. 그러나 영화 제작자 존 자쉬니는 더 좋은 결과를 얻는 데 도움이 될지도 모른다며 스토리텔링 비법에 대해 귀띔한다. 그는 반전을 집어넣는 아이디어를 중요시한다. 그의 경험에 따르면 훌륭한 영화(대개 스토리텔링이 뛰어난 영화)의 특징은 충격적인 결말이 아니라 예상 밖의 결말이라고 한다. 그는 "예상치 못한 결과와 예상치 못한 타이밍은 이야기에 참신함을 더한다."라고 말한다.

2009년 영화 〈행오버The Hangover〉의 기획에 참여했던 존 자쉬니는 처음에 이 영화가 터무니없는 개그가 설정이라고 알고 있던 사람들이 알고 보니 흥미진진한 느와르 탐정물임을 깨닫고 놀란다는 사실을 알았다. 남자 주인공들 간의 우정 이야기는 독창적이면서 뜻밖이었다. 사람들이 한동안 보지 못했던 주제에 대한 신선한 접근법이 돋보였다.

에릭 브라운스타인은 또한 '의외'라는 요소가 그의 팀 작업에서 굉장히 가치 있다고 지적했다. 2015년 가장 조회 수가 높았던 셀러브리티의 동영상은 브랜드 및 팬 페이지에서 1억 8,000만 회 이상의 조회 수를 기록했고, 이 외에 제삼자가 퍼 나른 영상의 조회 수가 5억 2,000만 회에 달했던, 셰어러빌리티의 〈변장한 크리스티아누 호날두 - ROC 헤드폰 광고〉였다. 호날두는 세계 최고의 소셜 인플루언서 중 한 명이며 수백 편의 동영상을 제작했다. 그러나 에릭 브라운스타인은 호날두가 이전의 콘텐츠에서 제트기와 벤틀리Bentley 자동차를 보유하고 패션지 〈GQ〉 스타일에 어울리는 멋쟁이 슈퍼스타라는 이미지로 항상 비슷하게 그려졌다고 말한다. 그래서 셰어러빌리티는 호날두의 팬들에게 이전에 볼 수 없었던 모습을 제공하기로 결정했다. 그를 허름하게 변장시킨 후 사람들로 북적이는 마드리드의 한 광장에 데려다 놓았다. 그는 축구공을 가지고 놀고, 땅바닥에 눕기도 하며, 드리블을 시도하는 등, 사람들에게 다가가려고 노력했으나 대부분 무시하며 지나갔다. 마침내 한 소년이 마음을 열고 같이 플레이하자, 그는 공에 사인을 하며 가발과 수염을 벗는다. 이때 갑자기 돌변하는 사람들의 반응을 보는 재미도 쏠쏠하다. 이 영상은 호날두의 색다른 모습과 의외의 즐거움을 주었기 때문에 팬들의 사랑을 받았다.

이후 셰어러빌리티는 호날두의 기존 이미지와 다른 모습을 보여 주는 동영상을 몇 가지 더 만들었다. 한 영상에서 그는 자택에서 칫솔 같은 평범한 생활용품으로 〈징글 벨〉을 연주하는가 하면, 다른 영상에서는 야외 카페에 앉아 차를 몇 모금 마실 수 있는지와 사진을 같이 찍자며 계속 등장하는 사람들이 몇 명인지를 비교해가며 카운팅한다. 셰어러빌리티가 제작한 영상은 전부 사람들이 기대하지 못했던 호날두의 진솔하고도 색다른 모습을 드러냈다. 실제로 호날두의 가장 인기 있는 동영상 1-4위가 모두 셰어러빌리티의 작품이었다!

새로운 경험을 하고 새로운 방식으로 세상을 보고자 하는 것은 인간의 본성이다. 호날두의 영상은 그간 사람들이 우상이라 여겨온 인물의 친근한 면모를 보여주었기 때문에 성공했다. 잠재 고객을 놀라게 할 방법을 생각하고, 그들에게 예상치 못한 것을 제공해야 한다. 팔로워들이 브랜드에 친근감을 느끼도록 콘텐츠를 만들어야 한다.

줄리어스 데인은 특히 영상 끝 부분에 반전 요소를 하나 넣어주는 게 좋다고 덧붙인다. 그는 시청자의 눈길을 사로잡은 후에 예상치 못한 결말을 만들려고 노력하여 엄청난 바이럴 콘텐츠를 만들어낸다. 만약 사람들이 동영상을 보고 '우와, 이거 멋지다. 마음에 든다!'라고 생각하기 시작하면, 그다음에는 공유 수를 극도로 높여줄 만한 마지막 한방을 '빵!' 하고 터뜨린다. 이게 성공의 비결이다.

○ 콘텐츠의 지평을 넓혀라

세계서핑연맹의 팀 그린버그는 자신의 팀이 작년에 가장 좋은 성과를 냈던 콘텐츠를 분석하며 발견한 한 가지 사실을 알려준다. 연맹은 2016년 한 해 동안만 페이스북 연동을 포함한 동영상 조회 수 14억 건과 단일 게시물에서 동영상 조회 수 총 1억 2,400만 건을 기록했는데, 이는 작년에 스포츠 관련 콘텐츠 중 가장 뛰어난 성적이었다. 그의 팀은 특정 콘텐츠가 다른 콘텐츠를 능가하는 이유의 실마리를 던져 준다. 그는 바이럴 콘텐츠가 될지 여부를 예측할 수는 없지만, 목표에 꽤 근접해지는 건 가능하다고 한다. 예컨대 그는 개와 함께 서핑 보드를 타는 사람의 모습을 드론으로 찍은 영상이라면, 높은 참여도는 거의 보장되었다고 봐도 될 만큼 반응이 좋을 것임을 경험상 알고 있다. 그리고 그의 팀이 작년에 제작한 콘텐츠 중 최고의 조회 수를 기록한 동영상 중 하나는 파도 타는 돌고래 영상이었다. 이 성공은 그의 비즈니스와 업계에 어떤 의미를 시사하는지에 대해 많은 질문을 하게 만들었다. 세계 최대 규모의 서핑 대회를 개최하는 세계서핑연맹은 당연히 콘텐츠에 서핑 경기에 관한 이야기를 많이 담을 수밖에 없지만, 또한 서핑을 동경할 만한 라이프 스타일로 표현함으로써 서핑을 배우고 싶어 하는 사람들에게까지 콘텐츠의 제공 영역을 확장하려는 포부도 갖고 있다. 그래서 파도 타는 돌고래의 영상에 과연 연관성이 존재하는지 스스로 물어보았다. 즉, 이것이 비즈니스와 관련성이 있는가?

시간이 지남에 따라 그 질문에 대한 대답은 '그렇다'가 되었다. 이 영상의 성공으로 팀원들은 팬과 더 폭넓게 소통할 수 있었다. 서핑은 스포츠 경기의 하나로만 좁게 볼 것이 아닌 그 이상의 의미가 있다. 그것은 다양한 사람에게 각각 다양한 의미를 지닌다. 그리고 바다를 배경으로 하는 만큼, 그토록 강렬한 사용자 경험을 제공하는 콘텐츠는 서핑을 알고 싶어 하거나 동경하는 사람들에게 인기가 있다. 콘텐츠는 결국 브랜드의 메시지와 분명히 결부되어 있었다.

지난 해 스포츠 콘텐츠와 관련된 상위 10개 동영상은 모두 동일한 성격을 띠고 있었다. 나머지 9개의 동영상은 스포츠 자체를 담은 건 아니었지만 관련성이 있었다. 하프타임 쇼, 아이에게 퍽을 건네주는 하키 선수, 국가를 연주하는 해군 군악대 등 스포츠 경기의 부차적인 측면을 다룬 영상들이 순위에 포함되었다. 팀 그린버그는 이렇게 말한다.

"그것은 전부 경기 다음에 일어난 순간이었다. 실제로 사람들의 관심을 사로잡은 것은 그 스포츠 경기 자체가 아니었다."

브랜드의 주변을 둘러싼 분야의 주제나 순간을 찾아보자. 시청자에게 따뜻한 유대감이나 신나는 재미를 안겨주기 위해 어떤 유형의 콘텐츠를 내세울 수 있을까? 그들의 야망을 깨우거나 특정한 라이프 스타일의 경험을 제공할 방법이 있는가? 아마도 자신의 삶에서 일어나는 소소한 순간들이 다른 사람에게는 얼마나 흥미로울 수 있는지 모르는 사람도 많을 것이다.

팀 그린버그 팀은 세계 최초로 크라우드 소싱 방식으로 서핑 보드를 제작하는 페이스북 라이브 이벤트를 했다. 라이브 플랫폼을 통해 팬에게 요청 사항을 알려 달라고 한 후, 보드 디자이너 헤이든 콕스Hayden Cox가 실시간으로 팬들의 요구를 반영해서 보드를 제작하는 식이었다. 이것은 세계서핑연맹이 실험한 많은 재미있는 아이디어 중 빙산의 일각에 불과하다. 그의 팀은 끊임없이 새로운 것을 시도하고, 제품을 보여 주고, 일몰을 중계하는 등 본질적으로 서핑 경기(기업으로 치면 자사의 상품에 해당하는)에 대해 이야기하는 것에 국한하지 않으며, 세계서핑연맹과 관련된 전반적인 라이프 스타일에 대한 경험을 창출하려 한다. 그리고 팬들에게 재미있고 흥미로운 콘텐츠를 제공하는 것을 목표한다.

○ 자발적인 공유

많은 브랜드가 팔로워에게 콘텐츠에 대한 댓글 작성이나 친구 태그를 유도하여 공유 수를 끌어올리려 한다. 이것은 효과적인 전략이지만, 사람들에게 그렇게 하도록 하는 확실한 이유가 필요하다. 사람들이 이 커뮤니케이션을 수락하고 자신의 네트워크로 확장해야 하는 필요성을 만들어야 한다. 래섬 아네슨은 상상할 수 있는 최악의 전략 중 하나가 사람들에게 친구 태그를 대놓고 요청하는 것이라고 말한다. 마케팅 담당자의 임무는 사람들에게 무엇을 하라고 지시하는 것이 아니라 다른 사람들을 참여시킬 합당한 동기를 부여하는 것이다. 어떤 때에 그들이 주변 지인을 대화에 끌어들이고 싶을지 곰곰이 생각해봐야 한다.

잠재 고객에게 질문을 남기는 것은 언제나 좋은 전략이다. 파라마운트 픽처스는 종종 팬들에게 그들이 홍보하는 영화 예고편에서 특정 캐릭터를 연상시키는 주변 친구가 있으면 태그할 것을 요청한다. 이 방법은 광범위하고, 연관성이 높으며, 잠재 고객이 쉽게 친구들을 참여시킬 수 있다. 이때 자신이 목표하는 CTA와 맥락이 맞아야 한다. 행동 유도 메시지가 실제 콘텐츠와 상호 연관되어 창의적인 방식으로 그 안에 녹아들어 있는지 확인하라.

공포 영화를 예로 들면, 래섬 아네슨 팀은 일종의 게임처럼 팬에게 영화 예고편을 보고 가장 무서워할 것 같은 주위의 친구를 태그해 달라고 요청했다. 사람들은 겁에 질린 친구의 모습을 보면서 고소함에 킥킥대고 싶어 한다. 만약 로맨틱 영화라면 예고편에서 "이 이야기를 누구와 가장 함께 나누고 싶습니까?"라고 물으면서 사람들에게 연인을 데려올 충분한 이유를 감성적이고 감미로운 방식으로 제시한다.

래섬 아네슨의 팀은 티켓 구매와 같은 특정 행동을 사람들에게 직접 요구하는 광고를 올릴 때마다 오히려 공유 수가 저조했다. 교묘한 방법이나 술책을 알려 주려는 의도는 아니지만, 누군가가 나를 위해 뭔가를 해 주길 원한다면 그것을 할 수 있도록 돕는 분위기를 조성하는 역발상이 필요하다. 사람들에게 당신이 원하는 것을 하도록 대놓고 요구해서는 안 된다. 그 이후의 방식은 그들에게 맡기자. 사람들에게 공유를 강요하지 말고, 공유하고 싶도록 만들어라.

○ 속전속결

데이트할 때와 달리 소셜 미디어에서는 밀고 당기기가 통하지 않는다. 잠재 고객에게 제품을 보여라! 에릭 브라운스타인 팀은 초반부터 시선을 사로잡는 비디오를 제작한다고 설명한다. 그는 사람들이 몸을 앞으로 기울이며 "오, 다음에 뭐가 나오지?"라고 생각하며 관심을 갖고 끝까지 지켜보고 싶어 하길 바란다. 예를 들어, 시청자를 영상 속의 장난에 끌어들이면 그들은 자신도 한패가 된 듯 느낀다.

줄리어스 데인은 또한 동영상의 처음 3-4초 이내에 시청자를 붙잡아 곧이어 흥미진진하고 재미있는 일이 펼쳐질 것임을 암시하려 노력한다고 한다. 그는 도입부를 가급적 짧게 하고 전개를 빠르게 진행해서 몰입도를 높일 것을 제안한다. 최근 영화 제작사들도 페이스북에서 이 접근 방식을 채택하기 시작했다. 풀버전의 예고편에 앞서 재생되는 5초짜리 예고편을 추가로 제작하여 잠재 고객의 관심을 더 신속하게 사로잡는다.

⭕ 콘텐츠의 질과 참여도는 비례하지 않는다

사람들은 종종 공을 들여 양질의 콘텐츠를 만들면 사람들의 공감과 공유를 더 잘 이끌어낼 것이라 생각하면서 고품질의 비디오 제작에 많은 돈을 쓰는 실수를 저지르곤 한다. 에릭 브라운스타인은 훌륭한 콘텐츠와 공유가 잘 되는 콘텐츠를 동일시하는 사람들이 있다며, 실제로는 이 둘이 꼭 상관관계가 있는 것이 아니라고 한다. 콘텐츠는 단순히 좋거나 훌륭한 것을 넘어 감성적으로 시청자와 이어져야 공유될 수 있다.

그는 셰어러빌리티가 제작해 쇼티 어워즈 수상 경력이 빛나는 하얏트 캠페인의 사례를 통해 이 개념을 설명한다. 두아 리파의 〈New Rules〉 뮤직 비디오 제작의 비하인드 스토리 영상은 유튜브의 하얏트 채널에서 두 번째로 인기 있었던 영상이고 참여도도 급등했지만, 하얏트의 다른 콘텐츠와 비교해 보면 참여도가 사실 낮은 편에 속한다는 것을 알 수 있다. 이 비디오는 재미있고 잘 만들어졌지만, 참여를 전제로 설계되지 않았다. 스토리 전달에는 적합하게 디자인되었을지 몰라도 본질적으로 공유에 적합한 콘텐츠는 아니었다.

제작자 존 자쉬니는 구상과 설계 단계에서 누구를 염두에 두고 창작하는 것인지 생각해야 한다며 다음과 같이 말했다.

> "자기만족에만 충실할 뿐, 사람들의 호응을 얻지 못해 제작비를 건지지도 못하는 콘텐츠를 만들 수는 없다. 그러나 반대로, 요란한 빈 수레처럼 알맹이 없이 화려하기만 한 콘텐츠를 만들 수도 없는 노릇이다. 이것은 맛있지만 영양가 없는 음식과 같다. 두 주인을 섬기는 하인이 되어야 한다. 또한, 콘텐츠는 매력적이어야 한다."

처음부터 최종 목표를 감안해야 한다. 자신이 달성하려는 목표를 곰곰이 생각한 후 콘텐츠 구상 단계에서 이를 반영해야 한다. 그래서 자신의 게시물이 공유되기 원한다면, 시작할 때부터 공유를 가능하게 할 요소를 염두에 둬야 한다.

○ 메시지를 분명하게 하라

콘텐츠가 공유되려면 명확한 메시지와 스토리가 있어야 한다. 래섬 아네슨은 콘텐츠에서 전달하고자 하는 바를 사람들이 이해해야 관심을 기울일 것이라고 한다. 그래서 콘텐츠 제작자에게 전하려는 내용을 명확하게 밝혀야 한다.

반대로 '이게 뭔지 모르겠지만 끌리는데?'라는 생각이 들도록 시청자를 혼돈스럽게 하고 싶다면, 의도적으로 그런 효과를 노렸을 때여야 할 것이라고 분명히 못을 박는다. 잠재 고객에게 전하고자 하는 메시지를 본인 스스로 이해해야 반응이 나타난다. 이렇게 하면 콘텐츠가 사람들과의 연관성 및 공유 가능성이 더욱 높아진다. 잠재 고객이 관심을 보이게 할 방법을 찾아보자.

자신의 전체적인 메시지가 무엇인지 되돌아보기 위해, 프린스 이에이의 충고를 떠올려보자.

"내가 제작하는 마지막 동영상이라면 무슨 말을 전하고 싶은가?"

그렇게 하면 깊고 진실한 방식으로 콘텐츠 프레임을 구성할 수 있다. 프린스 이에이가 말했듯이 '마음에서 우러나온 것은 상대방의 마음을 움직인다.'

- 공유 가능성이 높은 콘텐츠는 빠르게 성장하고 팬의 참여도를 유지하는 가장 중요한 방법 중 하나다.

- 콘텐츠는 다른 사람에게 도움이 되어야 한다. 항상 사람들에게 베풀고 배려하자.

- 좋은 헤드라인을 사용하면 메시지가 더 명확해지고 잠재 고객이 콘텐츠를 조회할 가능성이 높아지므로 공유 가능성도 높아진다.

- 감성적으로 잠재 고객과 소통하라. 콘텐츠든 어떤 종류라도 감정을 끌어내야 한다.

- 사람들은 동영상의 소리를 끄고 볼 때도 있다. 콘텐츠에 자막을 삽입하여 메시지가 분명하게 전달되도록 하는 것이 좋다.

- 영상의 도입부는 가능한 한 짧아야 한다. 흥미롭고 빠른 전개로 빨리 본론으로 들어가라. 시선과 관심을 사로잡기 위해 필요한 시간은 1초(아무리 길어도 3초)밖에 되지 않는다.

- 예상치 못한 즐거움을 선사하라. 특히, 마지막 부분에 반전을 넣으면 좋다.

- 눈에 보이게 행동 유도를 강요하지 말라. "어서 팔로우 하세요!" 또는 "직접 확인해 보세요!"와 같이 노골적으로 말하지 말고 친구들을 참여시킬 충분한 이유를 제공함으로써 공유를 이끌어내야 한다. 특정 행동을 유도할 만큼 창조적이고 재미있는 꺼리를 생각해 보자.

- 각 콘텐츠는 독자적이어야 한다. 모든 사람이 당신의 콘텐츠를 보았다고 마음 놓지 마라. 본 적이 있다 해도 그걸 기억하리라고 기대해서는 안 된다.

- 자신의 주제를 직접적으로 다루지 않더라도 어느 정도 관련성이 있는 콘텐츠라면 제작하거나 활용할 가치가 있다. 자신의 라이프 스타일을 담은 콘텐츠도 강력할 수 있다.

- 당신의 직감을 따르고 진정성을 보여라. 소셜 미디어는 양방향 대화다. 진정성 있고 자신을 있는 그대로 보여 주면 다른 사람들과 연결되기도 쉽다.

한 달 만에 달성하는
100만 팔로워 마케팅

파트너쉽을 통한
전략적 제휴

전략적 파트너십을 구축하면 매우 빠르게 세력을 확장할 수 있다. 이는 플랫폼을 성장시키는 데 돈이 부족하거나 유기적 전략을 사용하여 성장을 꾀할 때 특히 유용하다. 잠재 고객이 이미 모여 있는 곳으로 이동할 수 있는 방법이므로 맨땅에 헤딩할 필요가 없다. 자기 브랜드를 신속하게 확장할 수 있는 적절한 파트너를 찾고 파트너십을 형성하기 위해 해야 할 일을 알면 된다.

제휴는 현존하는 최고의 몇몇 소셜 미디어 인플루언서에게 성공의 열쇠였다. 마술사이자 소셜 미디어 사업가인 줄리어스 데인은 자신의 성공 요인으로 파트너십을 꼽는다. 줄리어스 데인은 '공유 주고받기share-for-share' 전략으로 시작했는데, 그가 페이스북에서 다른 사람들의 콘텐츠를 공유하면, 상대방은 보답의 의미로 자신의 콘텐츠를 공유해 주었다. 그는 가능한 한 여러 유명인의 페이지에 들어가서 공유에 협조했다. 초기에는 자신의 페이지를 게시물에 소개해 달라고 돈을 지불하기까지 했다. 이러한 전략을 통해 그의 페이스북 페이지는 현재 팔로워 수

1,380만 명으로 급성장했고, 인스타그램 팔로워 수는 현재 320만 명이다.

○ 파트너 탐색 작전

본인의 타겟팅 목표를 이해하면 적합한 파트너를 선택하는 데 도움이 된다. 어떤 타깃에게 도달해야 하는지 알고 있다면 다음 단계는 소비자 또는 잠재 고객이 자신과 겹치는 사람이나 계정, 브랜드가 있는지 알아보는 것이다. 예를 들어, 18세에서 35세 사이의 여성을 대상으로 하는 의류 브랜드라면, 타겟팅 집단이 자신과 중첩되는 기존 인플루언서나 플랫폼이 있을지 찾아봐야 한다.

일단 제휴를 맺고 싶은 사람들을 선택했다면 이제 끈질긴 인내가 필요하다. 처음 접근할 때 거절당하더라도 포기하면 안 된다. 상대방의 입장이 되어 보고 그에게서 무엇을 얻고 싶은지 생각해보자. 상대방이 자신보다 훨씬 잘나가는 인플루언서라도 당신에게도 뭔가 내세울 만한 장점이 있을 것이다. '자신만의 독특한 개성'을 생각해야 한다.

또 다른 중요한 전술은 '슈퍼커넥터superconnector (접촉할 수 있는 다른 많은 사람과 연결되어 있는 사람)'와의 관계 형성에 집중하는 것이다. 슈퍼커넥터는 여러분이 연결되고 싶어 하는 사람들을 알고 있기 때문에 그들을 찾아가야 한다. 마음속에 점찍어둔 파트너 후보를 자신에게 연결해 줄 수 있는 업계 인물을 찾아야 한다. 예를 들어, 테일러 스위프트와 공동 작업을 원해도 그녀에게 직접 연락을 취할 방법은 거의 없을 것이다. 그녀의 지인을 수소문해야 한다. 나 역시 기존에 MTV와 연줄이 없었다면, 테일러 스위프트와 작업할 기회가 오지 않았을 것이다.

잠재적 협력자의 믿음직한 측근을 찾아라. 예컨대 테일러 스위프트와 접촉할 수단으로 MTV만 있는 게 아니다. 그녀에게는 부모, 친구, 매니저, 음악 감독, 함께 일하는 댄서도 있다. 사람들에게 다가갈 수 있는 여러 가지 방법이 있다. 슈퍼스타에게 직접 연락하는 것은 무모한 시도일지도 모른다. 그래서 계획을 미리 짜야 한다. 또한, 자신의 레벨과 가까운 사람들을 겨냥하는 것이 현명하다. 부티크 매장을 여는 경우라면 나와 같은 동네에 인플루언서들이 살고 있을 가능성도 있다. 좋은 성과를 내겠다고 유명 모델인 킴 카다시안Kim Kardashian을 섭외할 필요는 없다. 자신의 커뮤니티 내에 파트너가 될 만한 스타일 아이콘이나 패션 블로거가 있을지도 모른다.

| 사례 연구 | **진정한 관계로 배우가 된 조이 벨**

　목적지로 향한 길이 곧은길이 아닐 때도 있다. 조이 벨Zoe Bell이라는 스턴트맨 출신 배우가 있다. 그녀는 쿠엔틴 타란티노Quentin Tarantino의 수많은 영화에 참여해 왔으며, 영화 〈킬 빌〉에서 우마 서먼Uma Thurman의 대역을 맡았다. 그렇게 타란티노와 자주 일하다가 2007년 영화 〈데스 프루프Death Proof〉에서 주연급으로 발탁되었다. 그녀는 스턴트 연기로 시작했지만, 자신이 하는 일에서 가치를 이끌어내고 할리우드 최고의 감독 중 한 명과 우호적인 관계를 형성한 결과, 예상치 못했던 연기 세계에 발을 디디게 되었다.

　영화감독 데이비드 레이치David Leitch의 사연도 비슷하다. 원래 〈브이 포 벤데타〉, 〈파이트 클럽〉, 〈300〉, 〈본 슈프리머시〉 등 다수의 영화에서 스턴트맨으로 출연했던 그는 철저한 인맥 강화를 통해 제2제작진 감독으로 승진했다. 그러다가 〈존 윅〉, 〈아토믹 블론드〉, 〈데드풀 2〉 감독까지 맡았다.

　이런 사례를 통해 깨닫는 교훈은 업계에서 영향력 있는 사람들에게 자신이 제공할 수 있는 가치가 무엇인지 스스로 물어야 한다는 것이다. 눈에 띄고, 돋보이고, 남과 달라야 한다. 그리고 자신이 제공할 수 있는 것이 자신이 하려는 것과 정확히 일치할 필요는 없다. 다른 인플루언서의 콘텐츠에서 보조 또는 엑스트라 같은 단순한 역할만 맡아도, 그 인연은 장차 콘텐츠 협업으로 이어질 수 있다. 중요한 점은 업계의 영향력 있는 사람들에게 자신이 기여할 수 있는 어떤 가치를 제공함으로써 그들과 진정한 관계를 시작할 수 있다는 것이다.

◯ 한둘이면 충분하다

420만 명의 팔로워 수를 자랑하는 페이스북 페이지 '월 오브 코미디The Wall of Comedy!'의 크리에이터 조이반 웨이드Joivan Wade가 첫 번째 웹 시리즈를 시작했을 때 그는 모든 페이스북 친구에게 이렇게 메시지를 보냈다.

'안녕, 바쁜 줄 알지만 내 온라인 시리즈를 한 번 봐줄 수 있겠어?'

그중 일부는 최근에 이렇게 답장했다.

'오, 조이반, 바로 얼마 전 첫 할리우드 영화를 찍었다고 들었어. 네가 자랑스럽다. 정말 활동을 잘하고 있구나.'

페이스북 메시지 보관함에는 전에 그가 보낸 메시지가 남아 있다. 조이반 웨이드에게 자랑스럽다고 말한 그 사람들은 그 전까지 7년간 그에게 답장을 해본 적이 없는 사람들이었다. 전에는 그가 메시지를 보내면 수천 명 중 겨우 다섯 명이 곧바로 답장을 보냈다.

모든 사람이 당신을 돕고 함께 일할 시간이나 필요성이 있는 게 아니다. 그러나 원하는 결과를 얻을 때까지 계속 밀고 나가야 한다. 다시 말해 다섯 명에게 메시지를 보내고 아무도 응답하지 않았다고 해서 낙담하기에는 이르다. 자신에게 맞는 협력자나 함께 일할 수 있는 사람들을 찾을 때까지 100명, 또 다른 100명 이상의 사람들에게 계속 메시지를 보내야 한다. 같이 협력할 의향이 있는 사람이 두세 명에 불과해도 그것은 뜻깊은 의미가 있다. 당신의 성장을 돕는 건 양이 아닌 질이다. 한두 명의 중요한 인맥이나 파트너십도 소중히 여기도록 하자.

○ 독특한 서비스

음악 앱인 '샤잠Shazam'은 디바이스에 장착된 마이크를 이용하여 곡의 일부만 듣고 무슨 노래인지 인식할 수 있는 독특한 서비스로 조그맣게 시작했던 회사다. 샤잠의 설립자 겸 이사이자 구글의 안드로이드 사업 개발부 책임자였던 크리스 바턴Chris Barton은 성장을 가속화하기 위해 항상 파트너십에 의한 비즈니스 개발에 주력해 왔다. 바턴은 샤잠이 성공하기 전 처음 6년 동안은 고생했다고 설명한다. 샤잠은 스마트폰에 앱이 사용되기 이전에 자체 플랫폼을 구축한 소규모 스타트업 이었다. 그다음 마침내 샤잠은 초기 스타트업 시절에 상당한 수익을 창출한 음악 인식 응용 프로그램을 배급하기 위한 통로로 AT&T와 파트너십을 체결했다. 비록 샤잠의 규모는 보잘것없었지만, AT&T의 입장에서 샤잠의 기술은 다른 통신회사 와 차별화된 기능을 부여해 줄 것이었으므로 가치가 있었다. 그리고 샤잠은 이 파트너십으로 벌어들인 돈을 기술 개발에 투자했다.

AT&T와의 거래에서 샤잠은 자사 브랜드명을 사용하지 않기로 했으므로 AT&T 플랫폼의 기술에는 샤잠이란 이름을 넣을 수 없었다. 그래서 바턴과 그의 팀은 여전히 브랜드 인지도를 높이고 회사를 확장할 수 있는 기회를 찾고자 했다. 2007년 아이폰이 출시되었을 때 앱스토어는 아직 존재하기 전이었다. 그리스 바 턴의 팀은 '샤잠을 아이폰에서 사용할 수 있다면 좋지 않을까?'라고 생각했다. 마침 2008년 애플은 앱 스토어 출시를 앞두고 지원군을 불러 모으기 시작했다. 그들은 몇몇 회사에 손을 내밀었고 샤잠도 그들 중 하나였다. 크리스 바턴이 '행운' 이라고 표현한 이 사건은 자신의 제품에 독특한 기능이 있었기 때문에 가능했다.

그러면서 샤잠은 대규모의 잠재 고객으로 확장되기 시작했다. 당시 세상에 존재하는 아이폰의 수는 오늘날처럼 천문학적인 숫자가 아닌 100-200만 대에 불과했지만, 샤잠 입장에서 그 기회는 획기적 사건이었다. 사람들은 샤잠의 애플리케이션을 다운로드했으며, 아이폰 판매량이 늘어날수록 샤잠의 다운로드 건수도 덩달아 늘었다.

바턴은 실제로 샤잠의 엄청난 성공을 이끈 원동력은 사용자에게 간편하고도 훌륭한 사용자 경험을 제공하는 동시에 아이폰 앱 플랫폼을 통한 접근성이 결합되었기 때문이라고 말했다. 버튼만 누르면 곧바로 노래 제목을 찾을 수 있다는 사실은 거의 마법에 가깝게 보였다. 사용자들은 신이 나서 친구에게 앱을 보여 주었고, 입소문을 타며 샤잠의 어마어마한 성장이 시작됐다. 즉, 독특한 서비스를 보유하고 적정한 파트너를 찾을 수 있다면 엄청난 성장이 가능하다.

유튜브는 자신만의 독특한 서비스와 전략적 제휴로 성장한 또 다른 회사다. 자사 플랫폼에 트래픽을 유도하기 위해 전략적으로 마이스페이스를 활용했던 유튜브는 설립되고 1년 10개월 만에 16억 달러에 인수되었다. 유튜브는 사람들이 자신의 마이스페이스 프로필에 동영상을 퍼갈 수 있도록 코드 한 줄(소스 코드)을 만들었다. 마이스페이스의 첫 동영상 플레이어 역할을 했다는 점에서 당시 이것은 참신했다. 사용자들은 친구들이 마이스페이스 프로필에 동영상을 넣는 것을 보자 따라 하고 싶어졌다. 유튜브는 마이스페이스 프로필에 노출된 덕분에 성장할 수 있었고, 사용자들은 자신도 모르는 사이 유튜브를 홍보하던 셈이 됐다.

유튜브는 또한 플레이어에 로고를 표시하고 사용자가 동영상을 클릭할 때 유튜브 웹사이트로 연결될 수 있도록 디자인하는 등 영리한 조치를 취했다. 처음에는 마이스페이스가 이런 일이 벌어지고 있다는 것조차 알지 못했기 때문에 이는 다소 다른 형태의 전략적 '제휴'였다. 유튜브는 이미 성장이 임계점에 다다른 상태였기에 마이스페이스가 어떻게든 그들을 막아보려 했을 때는 이미 너무 늦었다. 유튜브의 엄청난 성장을 뒤늦게 체감한 마이스페이스는 유튜브의 소스 코드를 비활성화 함으로써 맞대응하려 했지만, 이는 마이스페이스 사용자들을 자극하여 원래대로 복귀시켜 달라는 원성만 샀다. 이후 마이스페이스는 유튜브 인수를 시도했지만, 구글에 선수를 빼앗겼다.

때로는 '공식적'으로 파트너 관계를 맺지 않고도 소셜 및 디지털 플랫폼에서 트래픽 소스의 가치를 극대화할 수 있다. 예를 들면, 유튜브는 마이스페이스가 이미 사용자의 프로필에 소스 코드를 삽입하여 잠재 고객을 확보할 수 있도록 했다는 점을 유리하게 활용했다. 인스타그램도 사람들로 하여금 페이스북 프로필의 멋진 사진들을 공유하도록 유도함으로써 급성장했고, 그 결과 인스타그램 플랫폼에 더 많은 사용자를 끌어 모았다. 페이스북도 이 사실을 알고 있었지만, 페이스북이 2012년에 인스타그램을 인수하기 전까지 두 플랫폼 간에 어떤 정식 제휴 관계도 맺은 적은 없었다.

징가Zynga도 설립 당시 페이스북의 플랫폼을 활용하는 비슷한 전략을 취했다. 당시 페이스북은 게임 사용자가 '이 사람이 당신을 게임에 초대하고 싶어 합니다.'라는 식으로 친구에게 메시지로 초대할 수 있게 허용했다. 페이스북은 결국 초대 방식을 바꿨지만, 그때까지 징가는 이미 이 도구 덕택에 10억 달러 규모의 회사로 성장한 후였다. 또한, 크리스 바턴은 한때 자신이 모바일 비즈니스 개발 책임자로 몸담았던 드롭박스Dropbox도 파트너십으로 성장한 회사의 또 다른 사례라고 말했다. 드롭박스는 성장을 촉진하기 위해 시도할 수 있는 온갖 전술을 다 동원했다. 그중 가장 효과가 좋았던 방법은 사용자에게 무료 저장 공간을 나눠주어 친구들의 초대를 유도한 것이었다. 근본적으로 드롭박스는 사용자들과 파트너십을 구축한 셈이다. 전략적 제휴는 효과가 좋다. 나는 전략적 제휴 덕에 테일러 스위프트와 리한나를 고객으로 만날 기회를 얻었다. 독특한 서비스를 활용하는 한, 성장에 도움이 될 적정 타깃에게 접근할 기회는 놀라울 정도로 무궁무진하다.

○ 선물 증정 및 특집 기사 작성

'협찬'은 많은 기업들이(특히 할리우드에서) 파트너십을 구축할 때 사용하는 또 다른 전략이다. 기업들은 비용을 들여 홍보용 포토월 행사를 여는데, 이는 유명 인사의 손에 자사 제품을 쥐어줄 절호의 기회다. 유명인에게 제품을 무료로 제공하는 대신, 그들이 해당 제품을 사용하거나 들고 있는 사진이 찍혀서 퍼지고, 그로 인해 자사 제품을 더 폭넓은 잠재 고객에게 노출하게 하여 팬들이 제품을 더 신뢰하게 하는 효과를 낳는다.

효과적인 전략적 파트너십을 맺기 위해 앱을 개발하거나 기술 전문가가 되거나 제품을 판매할 필요는 없다. 자신의 특기를 원하는 사람을 찾기만 하면 된다.

당신이 패션 블로거 또는 디자이너라고 가정해 보자. 그러면 자신보다 약간(혹은 훨씬) 더 인기 있는 다른 패션 블로거를 위해 특집 기사를 써 줄 수 있다. 이때 반드시 자신과 동일한 고객층을 타깃으로 삼는 사람을 찾아야 한다. 해당 블로거가 당신의 실명과 출처 링크를 제대로 밝혀 주는 한, 한 달간 일주일에 한 번씩 무료로 기사를 작성할 수 있다. 이렇게 하면 내 브랜드, 플랫폼, 제품 등이 다른 사람들에게 노출된다.

⦿ 트래픽을 몰고 올 사람들을 찾아라

나는 영화 제작 및 자금 조달 회사인 '레이크쇼어 엔터테인먼트Lakeshore Entertainment'에서 일하면서 영화 블로거와 파트너십을 맺고 싶었다. 그러나 영화 정보 사이트인 '에인트 잇 쿨 뉴스Ain't It Cool News'의 창립자이자 운영자인 해리 놀스Harry Knowles를 제외하고, 당시 대부분 영화 블로거들은 진지하게 대접받지 못했다. 놀스는 유일하게 영화계 종사자들이 함께 작업하고 싶어 하는 인물이었으나, 그러면서도 그에 상당하는 존경은 받지 못하고 있었다. 사람들은 그저 그의 블로그에 자신의 콘텐츠를 넣어 주기만 기대했다.

이러한 역학 관계를 바꾸고 영화 블로거와 더 나은 제휴 관계를 구축하기 위해 우리 팀은 배우와 감독 등 영화인들이 블로거와 격의 없이 어울릴 수 있도록 비공개 파티를 개최했다. 우리는 블로거들을 극진하면서도 친근하게 대접해 주며, 소외감을 느끼지 않도록 배려했다. 게다가 독점 콘텐츠도 제공했다. 예를 들어, 2006년 영화 〈아드레날린 24 Crank〉의 배우 제이슨 스타템Jason Statham과 함께 작업할 때, 영화 개봉에 맞춰 최고의 영화 블로거들에게 맞춤형 동영상 인트로를 제작해 주었다.

우리가 이 방법을 쓴 이유는 영화 블로거들에게는 거대한 구독자 층이 있는 반면 내가 일하던 제작사는 영화 편당 약 1,500만-3,000만 달러로 마케팅 예산이 넉넉하지 않았기 때문이다. 많은 액수로 들릴지 모르지만, 5,000만-1억 달러에 달하는 대형 제작사와 비교하면 아무 것도 아니다. 우리 팀은 영화를 마케팅하고 눈에 띄게 할 수 있는 영리한 방법을 찾아야 했다. 그러다가 영화 블로거들과 파트너십을 맺고 관계를 공고히 함으로써 우리는 더 많은 사람이 우리 콘텐츠에 관심을 갖도록 했다.

지금 당장 왁자지껄 파티를 열자는 얘기가 아니다. 지금부터라도 영향력 있는 사람을 발견하고 업계에서 많은 고객을 보유한 사람을 찾아낸 다음, 그들에게 최대한 많은 관심을 기울이자.

○ 협업

적절한 사람들과 협업을 하면 잠재 고객을 구축하고 늘리는 데 도움이 된다. 예를 들어, 뮤지션이라면 인플루언서들에게 무료로 자신의 음악을 동영상에 삽입하도록 제공할 수 있다. 모델이라면 자신에게 맞는 유명 인스타그램 사진작가에게 일일이 연락해서 다음 브랜드 캠페인에 무료로 모델이 되어 주겠다고 말하면 된다. 운동선수라면 다른 선수와 공동 작업을 할 수 있다. 예를 들어, 서핑 선수

코코 호 Coco Ho와 그녀의 남자 친구이기도 한 스노보드 선수 마크 맥모리스 Mark McMorris는 인스타그램과 페이스북에 서로의 이야기를 자주 게시하여 각자의 잠재 고객을 서로의 소셜 채널에 몰아 넣어 주는 효과를 보았다. 유튜브에서도 협업을 통해 서로의 채널로 팬을 밀어 주면 성공 가능성이 언제나 배가된다(9장에서 좀 더 자세히 다룬다). 이러한 관계를 발전시키기 위해서는 소셜 상호작용이 필요하다. 양측에 상호 이익이 되는 파트너십을 구축해야 한다. 전략적 협업과 파트너십을 연료로 삼아 브랜드 성장에 불을 지펴보자.

| 사례 연구 | 두아 리파와 하얏트의 콜라보레이션

셰어러빌리티의 사장이자 최고 전략 책임자인 에릭 브라운스타인은 쇼티 어워즈 수상 경력에 빛나는 하얏트 호텔과 싱어송라이터 두아 리파의 협업을 수행한 바 있다. 하얏트는 오랫동안 음악과 관련된 캠페인을 하고 싶었지만, 어떻게 해야 할지 모르겠다며 셰어러빌리티에 연락했다고 한다. 셰어러빌리티는 쿨하고 전도유망한 한 아티스트의 뮤직 비디오 촬영을 위한 장소 협조를 제안했다. 캠페인의 대가로 하얏트 측에서 홍보하고자 하는 호텔 한 군데를 골라 뮤직 비디오를 촬영하기로 한 것이다. 호텔은 뮤직 비디오의 배경이자 상황을 조성하는 기능을 했다. 또한, 호텔에서 있었던 수많은 비하인드 스토리도 담았고, 이 콘텐츠들은 하얏트의 유튜브 채널에서 공개되었다.

하얏트는 이 아이디어를 진척시키면서 마이애미비치의 컨피단테 호텔을 선택했다. 하얏트가 트렌디한 부티크 호텔 및 단독 경영 호텔들과 힘을 합쳐 새롭게 내세운 후속 브랜드인 '언바운드 컬렉션 바이 하얏트 the Unbound Collection by Hyat' 캠페인의 일환이기도 한 컨피단테는 사실 하얏트 브랜드의 호텔이 아니지만, 젊은 층에게 어필하기 원했던 컨피단테에게는 좋은 결정이었다. 셰어러빌리티는 당시 막 떠오르기 시작한 유망주 두아 리파와 함께 작업하기로 결정했다.

그녀는 국제적으로 어필할 매력과 젊은 층이 좋아할 요소를 지니고 있었다. 그들은 두아 리파에게 연락해 계획을 설명했고, 그녀도 동의했다.

〈New Rules〉 뮤직 비디오에서 호텔 전경과 이름은 처음 3초 부분에만 등장한다. 그리고 이어지는 각 장면에서 호텔의 객실, 복도, 수영장, 레스토랑, 탈의실 등을 보여 준다. 셰어러빌리티는 시청자에게 호텔에서 할 수 있는 모든 경험을 확실히 보여 주려 했다.

〈New Rules〉의 현재 조회 수는 약 12억 회를 기록 중이다. 두아 리파의 인기는 순식간에 치솟아 한 달 1,300만 회였던 스트리밍 횟수가 하루 400만 회로 급등했다. 비디오는 그녀의 경력에서 대전환점이 되었다. 또한, 현재 하얏트 채널에서 비하인드 스토리 영상은 2,000만 회 이상의 조회 수를 기록하고 있다.

이 공동 작업은 양측에게 모두 큰 이익이었다. 하얏트는 이제 음반 업계에서 신인 아티스트와 함께 작업하기에 완벽한 파트너라는 평가를 받고 있다. 하얏트와 컨피단테는 〈롤링 스톤Rolling Stone〉과 〈빌보드Billboard〉 등 유명 음악 잡지의 기사에도 소개되었다. 성공적인 뮤직 비디오를 다룬 모든 기사에는 '마이애미비치의 컨피단테 호텔과 두아 리파'가 빠지지 않았다. 이 호텔은 비디오의 조연 역할을 톡톡히 하며 엄청난 노출 효과를 누렸다.

⦿ 파트너십으로 창출되는 헤드라인의 힘

파라마운트 픽처스의 전 디지털 마케팅 담당 부사장인 래섬 아네슨은 영화 제작사가 정기적으로 전략적 파트너십을 활용하여 메시지와 브랜드 인지도를 보다 확대할 수 있다고 설명한다. 때로 그의 팀은 전략적 제휴를 통해, 사람들의 관심을 유발하고 영화 줄거리에 들어맞는 헤드라인을 창출할 수 있는지 생각한다. 제작사 입장에서는 항상 사람들이 브랜드에 더 깊이 관여하고 실제로 영화를 보러 가거나 콘텐츠에 참여하도록 유도할 수 있는 것을 만들고자 한다.

예전에 래섬 아네슨은 2014년 영화 〈트랜스포머 : 사라진 시대〉와 택시 앱 '우버Uber' 간의 파트너십 체결 작업을 맡은 적이 있다. 트랜스포머 시리즈에서 가상의 오토봇인 옵티머스 프라임을 사람들이 우버를 통해 미국의 몇몇 주요 도시에서 호출할 수 있게 했다. 이 아이디어는 자동차로 가장한 외계 로봇과 인간의 관계를 다뤘다는 점에서 영화의 테마를 파고들었다. 독특하고 창의적인 파트너십으로 많은 관심을 일으켰으며, 두 회사 모두 이익을 얻었다. 파트너십을 구축하기 전에 래섬 아네슨은 다음 두 가지 질문을 던졌다.

첫째, 해당 활동이나 파트너십에 관심을 기울이는 사람이 있을까?

둘째, 파트너십으로 '브랜드 인지도가 상승'할 것인가? 다시 말해, 어떤 식으로든 사람들의 참여나 행동을 유발할 수 있는가?

이 질문들은 중요한 요소다. 바이럴 효과 그 자체가 목적인 바이럴 콘텐츠는 아무런 의미가 없다. 달성하려는 메시지나 목적을 향상시켜야 한다.

○ 인플루언서 플랫폼

자신의 브랜드에 적합한 인플루언서를 찾는 한 가지 방법은 '크리에이터 IQ CreatorIQ', '스피커Speakr' 또는 '트래커Traackr'와 같은 인플루언서 플랫폼을 이용하는 것이다. 인플루언서 플랫폼을 사용하면 다양한 조건을 사용하여 인플루언서를 검색할 수 있다. 그들은 참여 그룹 결성을 도와줄 수도 있고, 혹은 최고의 인플루언서들에게 대가를 지불하며 내 사진에 대해 '좋아요'나 댓글을 부탁하고 바이럴 콘텐츠가 되도록 도움을 청할 수 있다. 자신을 인플루언서로 홍보하고 장래에 협업할 브랜드를 찾고자 하는 경우에도 이 플랫폼들을 사용할 수 있다.

올바른 인플루언서를 선택하려면 회사의 목표가 무엇이고 고객이 누구인지 생각해야 한다. 그리고 잠재 고객에게 도달하는 데 가장 도움이 될 만한 사람들의 목록을 작성해도 좋다. 인플루언서 플랫폼에서는 비즈니스, 금융, 여행, 피부 관리, 음식 등과 같이 카테고리를 나눠 해당하는 인플루언서를 검색할 수 있다. 모든 분야에는 관련 카테고리가 있으며 위치, 플랫폼, 브랜드, 유명인, 게시 빈도, 프로필 유형, 최근 게시물, 팔로워 수 등으로도 분류할 수 있다.

여기서 다양한 인플루언서를 지속적으로 테스트해야 한다는 점을 명심해야 한다. 데이비드 오는 그의 팀이 가장 높은 수익을 낼 사람을 찾기 위해 몇 년 동안 5,000명 이상의 다양한 인플루언서를 테스트했다고 말한다. 모든 인플루언서가 내 브랜드의 전파와 협업에 응하지는 않을 것이다. 또한, 수백만 명의 잠재 고객을 보유한 인플루언서라고 해서 그들과 협업하면 자동으로 수백만 달러를 벌어들이는 것도 아니다. 중요한 것은 테스트를 거쳐 내게 맞는 궁합을 찾는 것이다.

○ 공유와 참여 그룹

공유와 참여 그룹은 빠른 유기적 성장의 달성에 훌륭한 파트너십 형태다. '월 오브 코미디!'라는 페이스북 페이지를 개설한 조이반 웨이드는 참여 그룹 전략을 그의 페이지 성장과 콘텐츠의 바이럴 효과에서 중요한 부분으로 활용했다. 그는 다른 페이지나 플랫폼들과 힘을 합쳐 공유 네트워크를 형성했다. 네트워크에 소속된 한 사람이 콘텐츠를 만들면 다음에는 각자 자기 페이지로 공유하거나 '좋아요' 및 댓글에 참여해 달라는 뜻으로 네트워크의 모든 구성원에게 보낸다. 예를 들어, 인스타그램에서 누군가가 동영상이나 사진을 올리고 나면, 공유 네트워크 그룹에서 팔로워가 특히 많은 사람 다섯 명 정도가 '좋아요'를 누르거나 댓글을 달 수 있다. 이렇게 되면 인스타그램의 둘러보기 페이지에 표출될 확률이 훨씬 높아져 원본 게시물도 노출 기회가 상당히 늘어나고 그 결과 팔로워도 증가한다. 서로 공유를 주고받는 사람들 간의 커뮤니티를 발전시키면 더 많은 잠재 고객에게 콘텐츠가 노출된다.

조이반 웨이드는 코미디언 겸 래퍼 마이클 다파Michael Dapaah의 랩네임인 '빅 샤크Big Shaq' 계정의 바이럴 효과를 예로 들었다. 빅 샤크의 콘텐츠는 인기 계정에서 동시다발적으로 대량 공유한 덕분에 선풍적인 인기를 얻었다고 한다. 이 폭발적인 공유 속도는 그의 콘텐츠를 바이럴 콘텐츠로 만들었다.

자신의 팬이 콘텐츠를 공유해 주는 것만으로 충분하다고 생각해서는 안 된다. 전략적으로 파트너를 찾아야 한다. 그렇게 하면 다 같이 힘을 합쳐 서로의 콘텐츠를 푸시할 수 있다. 자신과 비슷한 공간에 있는 계정, 페이지, 사용자를 찾아라. 코미디언이라면 다른 코미디언을 찾고, 예술가라면 다른 예술가를 찾고, 사진작가라면 다른 사진작가를 찾아야 한다. 동료에게 연락하여 서로 파트너가 되고 참여 그룹에 합류할 의향이 있는지 물어보자. 또는, 어쩌면 그들은 이미 당신이 참여할 수 있는 참여 그룹의 일원일지도 모른다. 그들과 힘을 모아 더 커다란 성공을 거둘 수 있다.

○ 다른 사람들의 콘텐츠를 활용한 급성장

조이반 웨이드는 페이스북 페이지 '월 오브 코미디!'에서 2년도 안 돼 420만 명의 팔로워를 모았으며, 현재 월 3억 5,000만 건 이상의 조회 수를 기록하고 있다. 이 성장은 오롯이 유기적으로 이루어졌다. 그는 광고비 한 푼 지출하지 않았다. 웨이드의 관점에서는 창의성에 대한 열정과 적절한 아이디어가 있다면 광고비는 필요하지 않다.

페이스북 페이지에서 반가운 사실 중 하나는 콘텐츠의 70%는 남이 만든 라이선스이고, 30%만이 자신이 만든 오리지널이라는 점이다. 그는 먼저 다른 사람들의 콘텐츠를 퍼 나르며 잠재 고객을 구축한 후, 그들을 상대로 나중에 자신만의 오리지널 콘텐츠를 만들어 선보이는 전술을 활용했다. 또한, 여기서 중요한 것은 웨이드가 이러한 라이선스 콘텐츠에 대해 비용을 지불하지 않는다는 점이다. 웨이드는 그저 그동안 쌓아올린 수많은 팔로워에게 콘텐츠를 보여 주며, 해당 콘텐츠 크리에이터에게 엄청난 범위의 도달 효과를 제공할 뿐이다. 이것은 이 책에서 소개한 나의 방식과 유기적 전략을 결합시킨 현명한 방법이다. 거대한 팔로워를 구축한 후 콘텐츠 파트너에게 접근하여 그들의 콘텐츠를 무료로 퍼 나르는 대신 수많은 팬에게 노출시키는 기회를 보장해 주면 상부상조의 효과를 누릴 수 있다.

넷플릭스는 비슷한 전략을 채택한 회사의 완벽한 사례다. 그들은 원래 TV 시트콤 〈프레시 프린스 오브 벨 에어The Fresh Prince of Bel-Air〉나 디즈니 영화와 같이 이미 사람들의 사랑을 받던 인기 라이선스 콘텐츠 그룹으로 시작되었다. 넷플릭스는 취향에 따라 골라 볼 수 있도록 시청자를 모으는 허브 역할을 함으로써 잠재 고객을 쉽게 구축할 수 있었다. 그리고 충분히 두터운 고객층이 형성되자 넷플릭스는 독자적인 자체 콘텐츠를 만들어 발표하기 시작했다.

마침내 그들의 오리지널 콘텐츠가 나왔을 때는 이미 축적된 잠재 고객이 있었기 때문에 드라마 〈하우스 오브 카드House of Cards〉와 〈오렌지 이즈 더 뉴 블랙 Orange Is the New Black〉 같은 성공작이 탄생할 수 있었다. 넷플릭스의 붙박이 고객이 없었다면 이 드라마들이 성공했을까? 그 질문은 확실히 대답하기 어렵지만, 누구나 확실히 아는 사실 한 가지는 넷플릭스가 자체 제작 프로그램을 만들기 전에 15년 동안 라이선스 콘텐츠를 통해 고객 기반을 꾸준히 구축해 왔다는 것이다.

바이럴 동영상계의 게티 이미지Getty Images라 불리는 주킨 미디어는 콘텐츠 활용으로 매우 수익성 있는 비즈니스를 창출했다. 주킨은 전 세계의 사용자 생성 바이럴 콘텐츠를 이용한다. 자사 채널과 대규모 라이브러리의 콘텐츠를 다른 사람들에게 제공하면서 브랜드를 구축해 왔다. 주킨 미디어의 콘텐츠 라이브러리에는 배꼽을 잡게 하는 여러 가지 망가지는 영상(넘어지는 몸 개그, 짓궂은 장난 등)이나 반려동물 영상, 놀라운 묘기를 보여 주는 사람들의 영상 등이 포함되어 있다. 이들은 세계 유명 TV 프로그램과 미디어 기업, 그리고 AOL, 허핑턴 포스트^{Huffington} Post, 야후를 비롯한 몇몇 대형 디지털 출판사 및 웹사이트 등과 협력한 바 있다. 주킨 미디어의 기본 아이디어는 같은 동영상을 여러 번 다시 보기를 할 수 있다는 것이다. 콘텐츠는 외형과 쓰임이 변경될 수 있다. 주킨 미디어는 콘텐츠의 평생 고객 가치를 높이는 방법을 찾아내는 동시에 완전히 새로운 창작물을 만들려면 제작비가 많이 든다는 점을 감안하면 주킨 미디어에 유용한 전략이었다. 주킨 미디어는 유튜브와 페이스북에서 현재 팔로워 수 약 8,000만 명을 기록 중이며, 이는 모두 다른 사람이 만든 오리지널 혹은 라이선스 콘텐츠의 활용으로 구축한 팔로워의 숫자다. 주킨 미디어의 팀원들은 전문가의 경지에 올랐고, 어떤 유형의 콘텐츠가 유기적인 바이럴 효과 가능성이 있는지에 대한 데이터를 축적해나갔다.

소셜 플랫폼에서 다수의 참여를 유도하는 데 어려움을 겪고 있는 회사든, 밑바닥부터 개인 브랜드를 구축하려는 초심자든, 다른 사람이나 브랜드와의 파트너십, 다른 사람의 라이선스 콘텐츠 활용, 공유와 참여 그룹 형성 등을 통해 보다 다방면의 콘텐츠 전략 접근법을 취할 수 있다. 오리지널 콘텐츠를 여전히 우선시할 수도 있지만, 전략적 제휴도 활용해야 잠재 고객의 수와 그들의 참여도를 크게 늘릴 수 있다.

- 전략적 제휴는 잠재 고객이 이미 있는 곳으로 이동할 수 있는 방법이므로 완전히 밑바닥부터 시작할 필요가 없다.

- 파트너십은 대규모로 메시지와 브랜드의 인지도를 높이는 데 도움이 된다.

- 성장을 이끄는 전략적 파트너십을 추구해야 한다. 양보다는 질이다.

- 당신을 다른 사람들과 연결해 줄 도달 가능한 슈퍼커넥터를 찾아라.

- 파트너의 입장에서 가치 있는 것이 무엇인지 생각하라.

- 파트너에게 접근할 때는 자신만의 독특한 서비스가 다가가고자 하는 상대방의 요구와 어떻게 일치하는지 미리 생각한다.

- 공유 품앗이를 하라.

- 처음에는 쉽게 접근할 수 있는 파트너를 찾아라. 그들이 당신보다 팔로워 수가 월등히 많아야만 하는 건 아니다.

- 다른 사람들과 콘텐츠를 공유할 참여 그룹을 결성하거나 거기에 합류하라. 수많은 사람의 동시다발적인 공유로 콘텐츠가 널리 퍼져 나간다.

- 헤드라인을 공략하는 파트너십을 찾아보라.

- 라이선스 콘텐츠의 이용은 성장에 도움이 되는 효과적이고 비용 효율적인 전략이다.

- 거대한 팔로워를 구축한 후 콘텐츠 파트너에게 접근하여 무료로 그들의 콘텐츠를 이용하는 대신, 보답의 의미로 그동안 구축된 많은 팬에게 콘텐츠를 노출시킬 기회를 제공하라.

한 달 만에 달성하는
100만 팔로워 마케팅

07

글로벌 스타
되기

세계 시장 공략은 매우 값진 기회일 수 있다. 현재 미국 인구는 3억 2,300만 명이지만 세계 인구는 76억 명이다. 특급 유명 인사와 인플루언서들은 항상 다른 나라에서 팬을 확보하기 위한 글로벌 진출 계획을 세워두고 있다. 이는 진정한 슈퍼스타가 되어 세력을 확장할 수 있는 좋은 방법이다.

마이크 저코박의 말에 따르면 '블랙 아이드 피스Black Eyed Peas'는 해외 팬들과 소통하는 방법을 알았기 때문에 세계 최고의 그룹 중 하나가 되었다고 한다. 그들이 브라질에 갔을 때 리더인 윌 아이 앰will.i.am은 브라질 축구 유니폼을 입었다. 멕시코에 가면 다른 멤버 타부Taboo는 멕시코 깃발을 흔들었다. 그들은 '스타드 드 프랑스Stade de France'의 공연에서 8,000석 전석을 그것도 세 번이나 매진시킨 세계에서 유일한 그룹이다. 유명 래퍼 제이 지Jay-Z조차도 "나도 미국 이외의 지역에서 당신들만큼 인기가 많다면 정말 행복할 것 같다."라면서 그들의 성공을 부러워했다. 전 세계 잠재 고객을 어떻게 활용할 수 있는지 이해한다면 글로벌 무대와

홈그라운드 양쪽에서 기회가 크게 확장될 수 있다.

그러나 전 세계 타겟팅이 굉장한 기회를 제공하지만, 모든 사람에게 반드시 필요한 것은 아니라는 점을 지적하고 싶다. 이 책을 집필하면서 연구 삼아 수행한 광범위한 테스트로 깨달은 점은 신흥 시장이 소셜 및 디지털 영역에서 차세대 거대시장이라는 것이다. 그러나 내수 시장에 집중하는 전자 상거래 회사라면 굳이 글로벌 시장 진입을 최우선 순위로 삼고 신흥 시장의 잠재 고객과 팔로워를 확보할 필요가 없을 것이다.

그러나 해외에 제품을 수출하는 입장이 아니더라도 전 세계 고객을 보유하면 타당도와 신뢰도 확보의 안전판을 마련할 수 있다. 국적에 관계없이 많은 팔로워 수를 확보하면 사람들에게 만만치 않은 존재로 받아들여질 것이다. 세계 시장 공략은 독보적인 존재로 눈에 띌 뿐만 아니라, 단기간에 급성장할 좋은 기회이기도 하다.

특히 배우, 감독, 뮤지션, 예술가 등에게 국경은 그다지 중요하지 않다. 뮤지션은 어디에나 자기 음악을 소개할 수 있다. '아메리칸 아이돌American Idol' 결선 진출자였던 재스민 트리아스Jasmine Trias는 미국에서 앨범 판매량이 1만 4,000장이었지만, 필리핀에서는 플래티넘을 기록했다. 그녀가 글로벌 영역으로 눈을 돌리지 않았다면, 직업으로서 가수라는 꿈을 계속 이어갈 좋은 기회를 놓쳤을 것이다. 마찬가지로 배우도 박스 오피스 수익의 60-70%가 국외에서 비롯되므로 해외 흥행 실적이 실제로 국내 실적보다 중요하다는 것을 명심해야 한다. 영화 제작사나 캐스팅 디렉터 사무실에 찾아가서 "아시다시피 인도는 연간 매출액이 19억 달러에 달하는 세계에서 세 번째 규모의 박스 오피스 시장입니다. 그리고 저는 인도 출신 팔로워 수가 X명이나 됩니다."라고 말한다면, 당신은 눈에 띄고 영향력 있는 존재가 된다. 멕시코, 브라질, 인도, 인도네시아, 폴란드, 터키와 같이 값어치 있는 해외 시장에 잠재 고객이 있다면, 다른 수많은 사람과 차별화되는 이점으로 작용할 뿐만 아니라 적어도 남들보다 능력 있고 의욕적인 사람으로 비칠 수 있다. 영화 산업은 이런 나라들에서 많은 수익을 벌어들이고 있으며, 심지어 오로지 해외 박스 오피스 수익 덕분에 생존하는 영화도 있을 정도다.

⭕ 세계 각지에서 기회 엿보기

앞서 언급했듯이 세계에는 76억 인구가 있다. 무수히 많은 기업이 타깃을 너무 좁게 잡다 보니 다른 나라의 사람들을 무시하는 경향이 있다. 나는 항상 다른 사람들보다 눈에 띄고 차별점을 두어야 한다고 강조하는데, 이미 시장이 포화 상태가 된 미국이나 영국에서는 그러기가 어렵다. 아무리 천재적인 창작 능력이 있고 기발한 콘텐츠를 제공할 수 있다고 하더라도, 영역을 확장하지 않고서는 세간의 관심을 끌기가 어렵다.

사람들은 세계 다른 지역보다는 역시 미국, 영국, 캐나다에서 시장 점유율을 확보하는 것이 더 중요하다고 생각한다. 물론, 이 지역에 잠재 고객을 두면 자신의 평가 가치가 급격히 높아지겠지만, 그렇다고 다른 나라에서의 기회를 과소평가해선 안 된다. 과포화되지 않고 경쟁이 덜한 다양한 시장에서 콘텐츠나 브랜드를 테스트하면 좋다.

왓츠앱은 바로 그렇게 해서 성공한 기업의 완벽한 사례다. 그들은 말레이시아, 터키, 사우디아라비아, 인도, 브라질에서 막대한 시장 점유를 확보하며 커다란 성공을 거두었다. 대부분 사람은 반사적으로 이런 나라들을 자신과 무관하다고 생각한다. 반면, 왓츠앱은 그곳의 잠재 고객을 늘리고 확장했다. 왓츠앱은 이 시대 최대 규모의 기술 기업 인수 사건 중 하나를 기록하며, 170억 달러에 인수되기 전까지 회사를 굳건히 지탱했다.

페이스북이 왓츠앱을 인수한 가장 큰 이유 중 하나는 전 세계에 퍼진 왓츠앱의 고객 때문이었다. 페이스북은 미국, 영국, 캐나다 같이 소위 '가치가 더 높은' 시장에는 이미 충분한 고객을 보유하고 있었다. 그들에게는 세계의 다른 지역으로 도달 범위와 규모를 확장할 기회가 필요했다.

○ 신흥 시장을 우선적으로 겨냥

현재 페이스북 광고 플랫폼에서는 신흥 시장의 사람들에게 도달하는 것이 훨씬 더 효율적이다. 인도, 인도네시아, 브라질, 멕시코 지역의 팔로워 획득은 미국인을 타겟팅할 때보다 훨씬 저렴하다. 이 국가들은 고객 유치 경쟁이 치열하지 않기 때문이다. 또한, 광고 입찰 참여자가 비교적 적어서 사용자를 확보하거나 참여시키는 비용이 매우 적게 든다. 이 점은 대규모 글로벌 고객으로 확장할 수 있는 커다란 기회로 작용한다.

인도나 다른 신흥 시장에서 팔로워 유입에 드는 비용은 한 명당 1센트가 채 안되는 반면, 미국에서는 7-10센트 정도가 된다. 다시 말하지만, 비용은 콘텐츠의 품질에 따라 변동될 수 있어도 어찌됐든 신흥국이 큰 기회라는 점은 틀림없다.

게시물의 팔로우나 참여를 높이기 위한 매우 효과적인 전략 중 하나는 신흥 시장을 우선적으로 겨냥하는 것이다. 신흥 시장은 적은 비용이 드는 반면, '좋아요'와 공유는 더 빠른 속도로 늘어나는 경향이 있다. 그런 다음 이 지역에서 얻은 견인력을 바탕으로 국내 시장의 잠재 고객 쪽으로 방향을 전환하면 된다.

이것이 효과적인 이유는 '인지 가치perceived value (고객이 만족감에서 느끼는 가치)'와 신뢰도 때문이다. 뉴스 피드에 두 가지 콘텐츠가 보인다고 상상해 보자. 하나는 '좋아요' 수가 1만 개이고 다른 하나는 5개다. 어느 쪽을 더 진지하게 받아들이겠는가? 똑같은 게시물이더라도 더 높은 참여도의 게시물이 아마 더 매력적으로 보일 것이다. 일반적으로 1만 명이 '좋아요'를 누른 콘텐츠는 사용자 눈에 더 가치 있는 콘텐츠로 비치기 때문에 사람들의 참여를 모으기가 더 쉽다.

나는 팔로워 획득 비용이 저렴한 시장에서 참여도를 높이도록 먼저 발판을 다져 놓는 편이다. 저렴한 비용과 높은 참여도 덕택에 내가 신흥 시장에서 얻은 '좋아요' 수는 수십 만에 달한다. 그 후 나는 고비용 국가의 사람들로 다시 눈길을 돌린다. 이렇게 하면 또한 경매 가격 낮추기에 도움이 된다는 것을 알고는 경쟁 시장에서 훨씬 낮은 비용으로 더 많은 참여를 얻게 했다. 어떤 콘텐츠에 활발한 참여가 일어나면, 그 참여를 주도한 사용자의 국적에 상관없이 페이스북 알고리즘은 해당 콘텐츠가 양질의 콘텐츠라고 인식하므로, 이후 미국, 영국, 캐나다를 타깃으로 하더라도 저렴한 입찰가를 허용한다.

○ 저렴하면서도 복덩이 같은 국가들

페이스북 광고 플랫폼에서 인도와 인도네시아는 활발한 참여를 이끌어내는 동시에 가장 비용이 적게 드는 국가다. 많은 아프리카 국가들도 매우 저렴하다. 그러나 경험상 내 고객들에게 썩 좋은 결과를 안겨 주지 못했기 때문에 아프리카에는 중점을 많이 두지 않는다. 그렇지만 엄청난 기회의 땅이기 때문에 아프리카에 막대한 투자를 하는 대형 브랜드들도 있다. 브라질과 멕시코도 높은 참여를 이끌어낼 수 있는 비용 효율적인 국가다.

나는 인도가 대단한 기회의 나라라는 것을 알게 되었다. 비록 GDP는 낮지만, 인구가 13억 명이 넘는 세계 2위의 인구 대국이다. 역시 인도의 성장 가능성을 눈여겨본 이케아IKEA는 인도 전역에 걸쳐 25군데의 신규 매장을 개장하기 위해 향후 15-20년 동안 20억 달러를 투자할 예정이다. 루퍼트 머독Rupert Murdoch이 소유한 기업 중 한 곳인 스타 인디아Star India는 인도 크리켓 경기의 독점 중계권 입찰가로 26억 달러를 제시해, 6억 달러를 제시한 페이스북을 제치고 중계권을 따냈다. 또한, 2017년 페이스북은 인도 사용자 수가 2억 1,000만 명에 이르면서 세계 1위의 고객 국가가 되었다고 발표했다. 페이스북이 향후 5-10년 사이에 나머지 10억 명의 인도인을 확보할 수 있다면, 그 비율은 현재 전체 사용자 수의 50%에 이를 것이다. 여기서 알 수 있듯이, 몇몇 진취적인 사람들은 이미 비용 효율적이면서 엄청난 성장의 기회를 제공하는 인도에 집중하고 있다.

그러나 사람들이 실제로 콘텐츠를 공유하게 하고 싶다면 브라질을 타깃으로 테스트하는 것이 좋다. 나는 전문 서퍼들과 함께 일하면서 브라질에는 공유 문화가 상당히 발달해 있음을 알게 되었다. 브라질인들은 온라인 커뮤니티에서 콘텐츠 공유에 대한 열정이 남달라 보인다. 세계서핑연맹의 팀 그린버그에 따르면, 브라질의 프로 서퍼 가브리엘 메디나^{Gabriel Medina}가 세계 타이틀을 획득했을 때, 세계서핑연맹은 메디나의 자국 팬들로 인해 많은 팔로워가 생겼고, 가파른 성장세를 보였다.

| 사례 연구 | **샤잠에 있어서 글로벌 시장의 의의**

샤잠의 설립자 겸 이사인 크리스 바턴은 처음 시작 당시 미국은 아직 '샤잠 같은 경험'에 대해 준비가 덜 되어 있다고 했다. 마침 유럽은 당시 모바일 기술에서 더욱 발전되어 있었으며, 샤잠은 계속해서 미국보다 유럽에서 훨씬 인기가 높았다. 오늘날 샤잠의 사용자는 전 세계에 퍼져 있다. 샤잠은 라틴 아메리카, 캐나다, 호주, 브라질, 멕시코, 인도, 러시아 그리고 일부 아시아 국가에서도 인기가 좋다. 바턴은 사용자 규모를 최대한 키우고 싶다면 신흥 시장을 고려해야 한다고 생각한다. 그러나 신흥 시장이 항상 침투하기 쉬운 것은 아니라고 경고했다. 그는 현지 경쟁자들이 비즈니스 현지화 측면에서 더 유리하기 때문에 외국 경쟁자들을 능가할 것이라고 보았다. 그래서 비즈니스 대상국으로 신흥 시장을 포함하려면 사전 조사를 수행하고 현명한 판단을 해야 한다.

○ 성장에 힘을 실어줄 해외 시장 개척

자사 제품이 다른 시장으로 진출할 여지가 있다면 글로벌 성장의 기회를 눈여겨보자. 글로벌 시장을 주목하고 검토하여 로드맵에 추가하라. 초기 단계의 스타트업에 투자하는 엔젤 투자가 이몬 캐리Eamonn Carey는 전 세계 31개 이상의 회사에 투자해 왔다. 그는 'AB 인베브AB InBev'나 '나이키' 같은 대기업과 함께 일했고, 영국, 중동, 아시아 지역의 비즈니스까지 손을 뻗쳤으며, '팜빌FarmVille' 게임의 패러디 버전 '팜빌런Farm-Villain'을 공동 개발해 유럽과 중동에 판매하기도 했다. 현재는 기업가들을 지원하는 전 세계 네트워크 스타트업인 '테크스타스Techstars' 런던지점의 전무이사다. 그는 야심차고 의욕적인 초기 단계의 기업을 흥미로운 영역으로 이끌어주는 일을 하면서 큰 보람을 느낀다. 그리고 자신의 모든 경험을 바탕으로 기업들이 신흥 시장에 투자하고 진입하는 것을 적극 지지한다.

투자자로서 이몬 캐리는 신흥 시장 기업에 투자하는 것은 언제나 매우 저렴할 뿐만 아니라, 때로는 쉽기까지 하다고 설명한다. 예를 들어, 그가 투자한 뉴욕 소재 회사는 약 1년 반 동안의 유지 운영비로 적게 잡아도 100만 달러, 보통 300만 달러 정도의 금액이 필요하다. 그러나 최근 그가 인도 방갈로르Bangalore에 가서 6명의 뛰어난 인재로 구성된 인공지능 팀을 만나보니, 이들은 같은 기간에 단 15만 달러만 들었다고 한다. 투자 가치 관점에서 볼 때, 이러한 시장에서는 더욱 저렴한 거래가 가능해진다.

이몬 캐리는 또한 시대가 바뀌었음을 강조했다. 10년 전만 해도 그렇지 않았지만, 오늘날 그가 투자한 회사들은 미국 회사든 인도 회사든 수준이 평준화되었다. 그는 이 원인을 교육에 대한 접근성이 높아졌기 때문이라고 풀이한다. 전 세계의 거의 모든 사람이 국경에 구애되지 않고 하버드대 컴퓨터 과학 입문 강의와 아이튠스 대학의 강의를 보거나, 커세어Corsair 또는 유투미U-2-Me (컨설팅 서비스)를 사용할 수 있다. 교육에 대한 폭넓은 접근은 전 세계 비즈니스의 질을 높였다.

이몬 캐리가 언급하는 또 하나의 강점은 신흥 시장의 규모다. 그가 키운 한 미디어 회사는 중동 국가 도시들을 대상으로 아랍어 여행 가이드를 만들었다. 아랍어는 세계에서 다섯 번째로 많이 사용되는 언어다. 그러나 아랍어로 쓰인 인터넷 콘텐츠는 0.5% 미만이다. 이러한 가능성과 현실의 괴리는 큰 기회로 작용한다. 중동과 북아프리카 전역에 걸쳐 존재하는 수억 명의 아랍어 사용자가 자신의 언어로 된 콘텐츠를 충분히 즐기지 못하는 실정이다.

그리고 이러한 드넓은 기회는 아랍어 권에만 국한된 것이 아니다. 인도네시아는 인구가 2억 5,000만 명, 인도는 13억 명, 일본은 1억 7,200만 명이다. 태국과 말레이시아의 인구는 각각 수천만 명이다. 베트남은 거의 1억 명에 육박한다. 그외에도 거대한 신흥 시장이 많다. 미국과 유럽의 비즈니스 관행에서 좋은 점을 취해 현지 지식과 결합할 수 있다면, 그 기업에는 중요한 성공 기회가 열린다.

앞서 언급했듯이 사우디아라비아나 인도, 우크라이나, 러시아, 라틴 아메리카에서 팔로워의 CPA는 대개 1센트 이하인 반면, 미국과 영국에서는 매우 비싸다. 다른 핵심 성과 지표(즉, 잠재 고객 당 비용, 공유 당 비용, 링크 클릭 당 비용, 전환 당 비용)도 마찬가지다. 많은 사람은 세계 다른 지역의 사용자를 타깃으로 했을 때 선진국의 사용자에 비해 많은 수익을 창출하지 못할 것이라고 지적한다. 이몬 캐리는 이것이 사실일지도 모르지만, 투자 수익률을 고려해야 한다고 주장한다. 적은 비용으로 팬을 확보할 수 있다면, 적은 수익을 창출하더라도 개의치 않을 수 있다. 투자 대비 수익의 비율만 확인하면 된다.

이몬 캐리는 전에 함께 일했던 왈라Wala라는 회사를 예로 들어 설명한다. 왈라는 원래 가나에 오픈하려고 했던 신생 은행이었다. 그들은 사실상 돈을 거의 들이지 않고 대규모 페이스북 커뮤니티를 효과적으로 구축했다. 광고 비용이 2,000달러에 불과했고, CPA가 워낙 낮아서 금세 팔로워 수 50만 명에 도달했다. 왈라 팀원은 투자자 및 파트너와의 미팅 자리에서 페이스북 커뮤니티를 당당히 보여줄 수 있었다. 그들은 주력하는 관심 분야인 포용금융(사회적 약자를 위한 금융서비스)을 포함한 금융 콘텐츠를 게시해 왔다. 왈라가 해야 할 일은 그 팔로워 중 극히 일부만이라도 실제 은행에서 계좌를 개설하게끔 전환하는 것이었다. 그리고 그들은 눈 깜짝할 사이에 전국 상위 10위권 은행 중 하나가 되었다.

이러한 사례를 통해 미국에서라면 수백만 달러를 쏟아야 달성 가능할 결과를 신흥 시장에서라면 더 쉽게 해냄을 알 수 있다. 이런 관점에서 보면 갑자기 신흥 시장이 훨씬 더 현실적인 생존 전략으로 보이기 시작한다.

○ 해외 투자는 또 다른 기회

이몬 캐리는 미국이나 영국, 캐나다, 독일 기업들의 인도네시아, 태국, 베트남 지사를 겨냥하면 비교적 고위급 임원들과 더 알찬 회의를 하는 흔치 않은 기회를 얻고, 거래 성사의 가능성도 높아질 것이라고 귀띔한다. 한때 이몬 캐리는 '패러노이드 팬Paranoid Fan'이라는 스포츠 및 엔터테인먼트를 위한 지도 플랫폼 회사에 투자했다. 이 플랫폼은 사람들의 줄이 가장 짧은 화장실, 실시간 야외파티가 열리고 있는 곳, 기타 스포츠 및 엔터테인먼트 이벤트와 관련된 재미있는 정보를 알려 준다. 또한, 미국의 NFL, NBA 및 메이저리그 축구팀들과 협력하고 있다. 멕시코와 브라질에서 관심을 얻은 패러노이드 팬은 남미로 내려가서 멕시코, 브라질, 우루과이, 아르헨티나, 칠레 일대의 순회 투어를 했고, 여러 축구팀을 상대로 B2B 및 지도 솔루션 제공을 제안하기도 했다. 그들은 이 순방을 통해 멕시코, 브라질, 우루과이, 아르헨티나, 칠레의 모든 메이저 축구팀과의 계약을 따냈고, 또한 여러 관리 기구들과 협력 관계도 맺었다. 그리고 마케팅에 돈 한 푼 쓰지 않고 약 3,000만 명의 사용자를 확보했다. 패러노이드 팬은 그 여행에서 임원들과 만났을 때 직접 찾아와준 것에 대해 감사하다는 말을 들었다. 그들이 찾아간 남미 기업들은 전에도 미국 기업들과 접촉한 적이 있지만, 그들은 스카이프로 대화하자는 이메일을 보내는 게 전부였다고 한다. 패러노이드 팬은 각 나라를 방문해서 사람들을 직접 대면한 덕분에 계약서에 신속하게 서명하는 기회를 잡았다.

나중에 패러노이드 팬은 스페인 마드리드에서 열린 '월드 풋볼 서밋World Football Summit'에도 참가하여 유럽의 주요 축구팀과 계약을 맺었다. 사용자 수가 200만 명밖에 안 됐다면, 그들의 성에 차지 않았을 수도 있다. 그러나 3,000만 명이라는 숫자는 패러노이드 팬에 충분한 신뢰성을 부여했으며, 그 사용자들이 어느 나라 사람으로 구성됐는지는 중요하지 않았다.

○ 인기를 등에 업고 더 큰 시장으로

인도네시아, 인도, 브라질의 사용자를 타겟팅하면 미국이나 영국보다 참여도가 10배 높아진다. 게다가 국내 기업 광고주나 쟁쟁한 콘텐츠와의 경쟁은 덜 심할 것이다. 이몬 캐리는 일반적으로 브라질, 사우디아라비아, 중동 시장 사용자들의 하루 스마트폰 사용 시간이 서구권 사용자보다 네 배 정도 높다고 덧붙인다. 미국이나 영국 사람들은 페이스북 사용 시간이 하루 40분인 반면, 브라질이나 사우디아라비아에서는 평균 몇 시간이다. 재미있고 따끈따끈한 콘텐츠에 대한 욕구, 그리고 '좋아요'와 공유에 대한 적극성은 서구 시장보다 훨씬 크다. 또한, 진입 장벽도 낮아서 신흥 시장은 바이럴 콘텐츠를 촉진하기가 쉽다.

이몬 캐리는 스카이프의 창립자들과 이야기하다가 그들이 처음 진출한 해외 시장 중 한 곳이 대만이었다는 사실을 발견했다. 대만은 작은 섬나라지만 2,000만 명의 인구, 그리고 그들과 떼려야 뗄 수 없는 중국의 10억 인구 시장이라는 플러스알파 요인이 존재한다. 그곳 사람들은 이 새로운 형태의 무료 음성 및 영상 통화로 멀리 떨어진 가족들에게서 안부를 주고받기 시작했다. 이로 인해 스카이프가 금세 널리 퍼지게 되었다.

신흥 시장에서 잠재 고객을 확보할 수 있다면 다른 시장에서도 잠재 고객을 아주 수월하게 확보할 수 있다. 이는 저가 시장에서 사용자를 확보하고 명성을 부지런히 쌓은 다음, 그 인기를 등에 업고 더욱 큰 시장에 도달한 왓츠앱의 예와 유사하다.

예를 들어, 미국이나 영국에서 코카콜라를 스폰서 또는 고객으로 삼고 싶다고 상상해 보자. 직접 코카콜라에 연락하기는 거의 불가능하다. 그러나 인도네시아, 인도, 브라질에서 거대한 잠재 고객을 형성한다면, 그 나라의 코카콜라 지사 임원과 계약을 체결하기가 훨씬 쉬우며, 결과적으로 미국과 영국의 임원들에게 소개될 기회로 이어질 것이다. 외국 시장에서 성과가 좋으면 자신의 브랜드나 회사의 성공에 박차를 가할 수 있음을 증명하는 셈이다. 전 세계 특정 지역에서 고객을 구축할 잠재력을 극대화하고 활용하는 방법을 인지하여 전략을 세운다면 비즈니스에 엄청난 도움이 된다.

많은 스타트업은 실리콘 밸리의 벤처캐피털 펀드에서 5,000만 달러씩 투자받고, 샌프란시스코에 사무실을 하나 차려 엔지니어 집단을 배치하며, 미국 시장을 조금씩 정복하는 것을 성공의 전형이라고 믿고 있다. 실제로 신흥 시장에서라면 훨씬 적은 비용으로 이러한 상상을 현실이 되게 할 수 있으며, 시간이 지나면서 결과가 점점 균등해질 것이다.

이몬 캐리는 어떤 문제를 해결하려면 최상의 결과를 생각한 다음, 거기에서 해결책을 역추적해야 한다고 말한다. 자신의 목표 지점으로 가려면 어떤 조치가 필요한지 생각해야 한다. 각각의 목표에 도달하도록 구체적인 계획을 세워야 한다. 결국, 아주 간단하고 곧은 경로가 형성될 것이다. 또한, 신흥 시장의 사용자, 고객, 소비자부터 확보하겠다는 목표로 시작하면 나중에 원하는 지역으로 이동할 때 놀라울 정도로 강력한 디딤돌이 될 수 있다.

○ 퍼스널 브랜드

이몬 캐리는 개인 브랜드라면 더욱 큰 기회가 있다고 생각한다. 예를 들어, 신흥국은 라이브 음악 이벤트나 공연을 하러 찾아가는 아티스트가 극소수이다. 만약 뮤지션이라면 마음만 먹어도 500명이나 1,000명의 사람들 앞에 소개될 수 있는 기회가 주어진다. 이는 중요한 의미가 있다. 다시 말하지만 공유와 댓글에 적극적인 외국 팬들의 특성도 커다란 이점으로 작용할 것이다. 또한 태국, 베트남, 말레이시아, 싱가포르 사람들이 '스포티파이'로 음악을 들으면 전 세계 '디스커버 위클리Discover Weekly'(이 주의 추천곡 리스트)에 나타날 가능성이 점점 높아질 것이다. 그래서 자신의 평판 구축과 잠재 고객 확장이라는 양적, 질적 목표 실현에 모두 도움이 된다(이것은 다른 많은 분야에도 적용될 수 있다. 머리를 굴리고 실행에 옮겨라).

이몬 캐리는 언젠가 이스탄불에서 열린 한 컨퍼런스에서 어느 이란 기업의 관계자 일행과 찍은 셀카를 올린 적이 있다고 한다. 24시간 내에 그 사진은 수백 회 다시 리트윗되었고, 수천 개의 '좋아요'를 받았다. 그는 수많은 페이스북의 친구 요청과 링크드인 메시지를 비롯해 이란의 컨퍼런스에서 참석해 강연을 요청하는 초대장도 받았다. 더 많은 시간과 관심, 공유의 삼박자는 더 쉽게 돋보일 수 있는 기회를 의미한다. 피드백을 받고 커뮤니티를 구축할 수 있는 미지의 영역을 개척하고, 이후에 그곳의 충성도 높은 팬 층을 등에 업고 금의환향하면 된다. 이렇게 하면 판권 계약, 음반 계약, 영화 캐스팅 등 각자 원하는 목표를 훨씬 쉽게 달성할 수 있다. 그리고 무슨 일을 하든 상관없이 자신이 슈퍼스타가 된 기분일 것이다.

요즘 많은 배우가 소셜 미디어의 팔로워를 충분히 확보하지 못해서 배역을 따내는 데 애로를 겪고 있다. 이몬 캐리가 권장하는 방법은 인도네시아나 다른 신흥국으로 가서 두세 편의 현지 작품을 찍고, 그 지역의 팬들과 소통하며 매우 적극적인 소셜 미디어 활동을 하는 것이다. 해외 팬 층을 내 편으로 만든 다음 자국으로 돌아가 할리우드 또는 런던의 연예 기획사에 자신의 팔로워가 100만 명이라는 사실을 어필한다. 대부분 사람은 당신의 팔로워가 어느 나라 사람들로 구성됐는지 묻지도 따지지도 않으며, 그냥 팬이 많다는 사실만으로 당신을 남들과 다른 돈보이는 존재로 본다. 또한, 아직 다른 경쟁자가 거의 접근하지 않고 있는 잠재 고객을 먼저 선점하면 자신의 가치가 올라간다.

할리우드 영화 제작자이자 미디어 임원, 투자자인 존 자쉬니는 영화사들이 투자할 때 해당 영화가 전 세계적으로 어필을 할 수 있는지 감안한다고 덧붙인다. 타깃이 좁을수록 수익도 줄어든다. 많은 영화사는 어떤 한 가지 언어를 사용하면 다른 언어를 쓰는 고객을 소홀히 하는 결과를 낳지 않을까 우려한다. 또한, 그들은 대중적인 것을 만들다 보면 사람들의 문화 정체성이 없어질 것을 걱정하지만, 이 것은 사실이 아니다. 존 자쉬니는 '목표는 해당 시장이나 지역의 고객이 그 이야기가 그들을 위한 것이라는 점을 이해하도록 긍정적 측면을 부각시키는 것'이라고 말한다. 크리에이터로서 제 역할을 해낸다면, 주제, 캐릭터, 관계성, 감정의 보편성이 국경을 초월할 것이다.

⭕ 좋은 콘텐츠는 널리 퍼진다

인플루언서 주도의 디지털 엔터테인먼트 기업 중 최대 규모에 속하는 '스튜디오71Studio71'의 전 최고 운영 책임자인 필 란타Phil Ranta는 유튜브가 이전에는 인기를 얻지 못하던 지역에서 최근 활로가 열리고 있다고 밝힌다. 디지털 플랫폼은 정말로 글로벌하다. 사람들은 더 많은 다양한 문화권의 콘텐츠를 발견하기 시작한다. 세계 어디서나 콘텐츠에 접근할 수 있다는 사실은 전 세계 고객을 염두에 둔 콘텐츠 제작이 성공으로 가는 길임을 의미한다.

그는 특정 언어 중심이 아닌 콘텐츠를 만들어야 한다고 제안한다. 예컨대 기본 설정이나 유머 부분은 해당 언어를 모르는 사람도 이해할 수 있게 만들도록 노력해야 한다. 아니면 번역 자막을 넣어도 된다. 유튜브에는 자막을 만드는 데 도움이 되는 기본 제공 도구가 있으며 영어 콘텐츠를 다른 언어로 번역할 수 있다.

필 란타는 현재 글로벌 사고를 하지 않는 사람들이 5-10년 후 어려움을 겪을 것이라고 생각한다. 인터넷 인프라가 최근 막 발전되기 시작한 곳도 많이 있다. 이런 지역의 사람들은 전에는 접할 수 없었던, 콘텐츠 스트리밍이 가능한 스마트폰을 이제 한창 사용하기 시작했다. 이런 시장들은 새로운 팬 층의 성장과 발전을 기대하기 좋다.

주킨 미디어의 CEO인 조나단 스코모도 이에 동의하며 이렇게 말했다.

"좋은 콘텐츠는 정말 잘 퍼져 나간다. 감탄사는 만국 공용어다."

주킨 미디어는 매월 30억 회에 달하는 조회 수 중 미국 이외 지역의 조회 수가 75%를 차지할 정도로 보편적이고 글로벌한 시청자 층을 보유하고 있다. 주킨 미디어는 여러 망가지는 코믹 동영상을 판권을 사서 배포한다. 넘어지는 남자의 동영상은 언어에 상관없이 어느 나라에서나 통한다. 그의 팀은 다른 사람들이 관심을 기울이지 않는 세계의 다른 지역에 초점을 맞춤으로써 진정한 규모와 가치를 볼 수 있기 때문에 글로벌 콘텐츠를 주시한다.

TIP
&
POINT

- 인도, 인도네시아, 브라질, 멕시코에서 획득하는 팔로워는 미국보다 훨씬 저렴하다. 이 국가들은 고객 유치 경쟁이 치열하지 않아 경매에서 광고 인벤토리가 공급 과잉이기 때문이다.

- 팔로워 획득 비용은 미국이 8-9센트인 반면, 신흥 시장은 1센트 이하다.

- 신흥 시장에서는 경쟁이 덜 치열한 편이며, 사용자는 모바일 기기에 더 많은 시간을 할애한다.

- 인도는 중요한 나라다. 지구상의 가장 똑똑한 사람들이 투자하고 있는 지역이니 레이더망에 잡아두자.

- 브라질 사용자들은 다른 대부분 국가보다 더욱 공유를 좋아한다. 이 지역 잠재 고객을 상대로 콘텐츠를 테스트하여 바이럴 효과를 노려보자.

- 비용 효율적인 신흥 시장에 우선적으로 콘텐츠 참여의 기반을 쌓는 것이 현명한 전략이다. 그런 다음 참여도가 상당한 수준에 오르면 해당 게시물을 국내 시장에서 핵심 타깃 집단과 공유하라. 저렴한 비용으로 더 많은 참여를 유도하는 방법이다.

- 스타트업이라면 신흥 시장에서 대규모 잠재 고객을 먼저 구축한 다음, 탄탄해진 고객 기반을 내세워 미국이나 영국 기업에 좋은 인상을 주면 영역 확장이 수월해진다. 글로벌 브랜드와 파트너 관계를 맺으려는 개인 또는 스타트업도 마찬가지다.

- 다른 나라의 사람들은 당신의 방문을 감사하게 생각한다. 즉, 영역 확장에 도움이 될 수 있다.

- 좋은 콘텐츠가 잘 퍼져 나간다. 특정 언어를 중심으로 하지 않는 콘텐츠를 만들어야 한다. 전 세계를 염두에 두고 콘텐츠를 창작하라.

한 달 만에 달성하는
100만 팔로워 마케팅

08

인스타그램 인플루언서

실사용자가 매월 7억 명이 넘는 인스타그램은 무시할 수 없는 플랫폼이다. 사용자에게 브랜드와 메시지에 관한 경험을 빠르고 쉽고 감성적이며 시각적으로 제공하는 필수 마케팅 도구이자 스토리텔링 도구다. 이 점은 인스타그램이 주요 소셜 미디어 채널을 통틀어 평균 브랜드 참여율이 가장 높은 이유 중 하나다.

그럼에도 빠른 성장을 달성하기에 가장 쉬운 플랫폼이라 보긴 어렵다. 인스타그램이 페이스북과 가장 다른 점 중 하나는 본질적으로 공유 플랫폼으로 구축되지 않았기 때문에 바이럴 콘텐츠를 만들려면 다른 방법을 궁리해야 한다는 것이다. 페이스북은 사용자에게 콘텐츠 공유를 부추기도록 디자인되었지만, 인스타그램은 주로 '좋아요', 댓글, 태그 중심으로 설계되었다. 인스타그램에서의 성공은 전략적 파트너십을 활용하는 능력이 크게 좌우한다. 6장 '전략적 제휴'에서 다룬 많은 정보가 이 플랫폼에서 성공을 거두는 데 큰 도움이 될 것이다.

인스타그램에서 진정한 성장, 성공, 바이럴 효과를 위해 정해야 할 목표는 어느 정도 위치에 오른 사람들에게 내 콘텐츠에 '좋아요'를 누르고 댓글을 달게 하는 것이다. 인스타그램에서 그 위치란 두 가지 지표로 정의된다. 첫째는 팔로워 수, 둘째는 계정의 수명이다. 인스타그램을 오래 이용해 온 사용자일수록 영향력이 높다. 이것은 시스템에서 사람들의 부정행위를 막기 위해 고안된 알고리즘상의 특성이다. 과거 일부 사용자가 다른 인스타그램 계정을 키우기 위해 허위 계정을 열심히 찍어내던 때가 있었다(이제는 더 이상 통하지 않으니 꿈도 꾸지 말자).

⭕ 인스타그램에서 급성장하기

인스타그램의 일반적인 검색 페이지인 '둘러보기 페이지'에 노출되는 것은 다른 사용자에게 발견되어 바이럴 콘텐츠가 되는 최상의 지름길이다. 많은 사람의 계정에서 둘러보기에 나타나려면 수십, 수백만 명의 팔로워가 있는 유명인의 계정에서 누른 '좋아요'와 댓글, 즉 '파워 좋아요 power likes'가 필요하다. 각 둘러보기 페이지는 특정 사용자의 관심사에 맞게 조정되지만, 슈퍼 인플루언서가 자신의 콘텐츠에 '좋아요'를 눌러주면 다수의 사람들이 볼 수 있다.

디지털 마케팅 전략가인 애들리 스텀프 Adley Stump는 이것이 '좋아요'가 기하급수적으로 늘어나기 때문이라고 설명한다. 자신이 원하는 영역에서 수십만 명의 팔로워를 거느린 인증된 계정이 콘텐츠에 '좋아요'를 누른다면, 인스타그램의 알고리즘은 그 수십만 명의 팔로워 둘러보기 피드 대부분에 게시물을 푸시한다. 그리고 이것도 단지 하나의 '파워 좋아요'에 해당하는 이야기이니, 수백 또는 수천 개의 '파워 좋아요'가 있는 경우를 상상해 보라. 또한, '파워 좋아요'의 계정이 특정 영역에만 한정될 필요는 없지만, 해당 유형의 콘텐츠에 관심을 보이는 사람들의 피드에 자신의 콘텐츠가 표시되기 때문에 전환율도 분명 높아진다. 그러나 만약 자신의 주제가 반려동물인데 관심사가 자동차인 계정에서 '파워 좋아요'를 얻는다면 가치가 떨어진다.

'파워 좋아요'를 얻고 많은 사람의 둘러보기 페이지에 도달하는 한 가지 방법은 참여 그룹을 이용하는 것이다(6장 참조). 인스타그램 전략의 일부로 이 방법을 활용하면, 실제로 바이럴 콘텐츠로 성장하는 데 큰 영향을 미친다. 조이반 웨이드는 팔로워 수가 자신보다 많거나 비슷한 사람을 적어도 다섯 명 이상 확보하여 정기적으로 '좋아요'와 댓글을 주고받는 것이 좋다고 권한다.

내가 아주 크게 재미를 본 방법 중 한 가지는 내 페이지에 광고를 띄울 수 있게 허용할 의향이 있는 대형 페이지나 대형 페이지의 네트워크를 찾는 것이었다. 가장 좋은 시작 방법은 자신의 분야에 적합한 페이지를 찾아내어 인스타그램으로 광고 의사를 묻는 다이렉트 메시지를 보내는 것이다. 그러면 대부분 홍보 메시지나 '샤우트 아웃shout out (어떤 사람의 팔로워 수가 늘어날 수 있게 팔로우를 부탁하는 홍보 활동)'에 대한 대가가 얼마인지 회신한다. 이때 내가 항상 대가로 요청하는 것은 보장된 팔로워 패키지다(예를 들어, 일정 광고비에 상당하는 광고를 해 주는 대신 상대방에게서 정해진 만큼의 팔로워를 보장받는 것). 대부분 계정에서는 이러한 유형의 패키지를 제공할 수 없다고 응답하므로 이런 유형의 지원을 충분히 제공할 의사가 있는 계정을 찾아야 한다. 그렇지 않고서 평범한 샤우트 아웃으로는 최대 수백 명의 팔로워를 얻는 데 그칠 것이다. 팔로워를 늘릴 수 있도록 트래픽을 유도하는 능력이 아주 뛰어나고 창의적인 계정과 네트워크를 찾아야 한다. 또한, 혹시 상대방이 허위 팔로워를 제공할지도 모르니 이러한 네트워크들을 테스트해야 한다. 네트워크를 테스트하는 유일한 방법은 서로 다른 날로 나눠서 테스트하는 것이다. 예를 들어, 하루에 한 네트워크를 테스트했으면, 다른 날에는 또 다른 네트워크를 테스트한다. 처음에는 각 네트워크마다 광고비로 몇 백 달러만 지출하고, 비용을 더 늘리기에 앞서 일단 충성도 높은 진성 팔로워를 데려올 수 있는 사람을 확인한다. 성과를 보여 주는 네트워크를 찾으면, 그 다음에 규모를 확장하면 된다.

❍ 네트워크가 전부다

줄리어스 데인은 그의 페이지를 키우기 위해 리포스트 전술을 사용했다. 그는 전파성이 강한 페이지들이 자기의 콘텐츠를 출처를 밝히며 퍼 가게 했다. 이 계정들에 자신의 동영상이 한 편씩 올라갈 때마다 그에게 2만, 3만, 나아가 4만 명의 새로운 팔로워가 생겼다. 이 전략을 통해 일주일에 팔로워 10만 명이 늘었다. 그는 플랫폼에서 성공의 핵심은 훌륭한 콘텐츠와 유통이라고 말한다. 즉, 네트워크가 전부다.

그러나 줄리어스 데인의 급속한 성장은 흔한 경우가 아니다. 인스타그램에서는 페이스북처럼 빠른 속도로 대박을 터뜨리기가 쉽지 않다. 인스타그램 사용자는 보통 많아야 한 달에 2만 5,000-5만 명의 팔로워가 생긴다. 이것은 한 달 만에 팔로워 수 100만 명도 가능한 페이스북과 상당한 격차를 보이는 수치다. 성장하기 위해서는 시간이 지나도 인내심을 갖고 꾸준히 관리해야 한다. 물론 유명 셀럽인 킴 카다시안이 콘텐츠에 '좋아요'나 댓글을 남겨 준다면 성장에 엄청난 탄력을 받을 수 있겠지만, 그러려면 콘텐츠의 품질이 정말 좋아야 할 뿐만 아니라 사실 그녀가 콘텐츠를 볼 확률 자체가 하늘의 별따기다.

인스타그램의 인플루언서가 되기 위한 능력치를 높이려면 일관성이 중요하다는 점을 명심해야 한다. 조이반 웨이드는 인스타그램 알고리즘이 사용자 유형을 다음 세 가지 카테고리 중 하나로 구분한다고 한다.

첫 번째, 하루에 두 번 이상 포스팅하고, 올라오는 댓글과 '좋아요'에 끊임없이 답글을 달며, 다른 사람의 게시물에도 댓글로 참여한다(이렇게 하면 최고 등급의 계정이 된다. 둘러보기에 나타나고 다른 페이지가 둘러보기에 나타나도록 영향을 줄 수 있다). 두 번째, 이틀에 한 번, 즉 일주일에 몇 번 정도 포스팅하고, 올라오는 댓글과 '좋아요'에 이따금만 답글을 단다. 세 번째, 어쩌다 한 번 드물게 포스팅하고 올라오는 댓글에 전혀 답글을 달지 않으며 다른 사람의 게시물에도 참여하지 않는다.

당신은 어디에 해당하는가? 인스타그램의 슈퍼스타가 되려면 첫 번째에 가깝게 행동해야 한다.

○ 인플루언서 선택

인플루언서들과 인기 계정은 인스타그램에서 성장을 주도하는 데 중요한 역할을 할 수 있으므로 협업 상대를 전략적으로 선택해야 한다. 모든 인플루언서가 브랜드 성장이나 메시지 전달에 도움이 되는 것은 아니다. 그들이 인기 있고 팔로워 기반이 탄탄하다고 해서 꼭 당신의 콘텐츠 노출에 도움이 된다는 것을 의미하지는 않는다.

콘텐츠와 마찬가지로 인플루언서들도 테스트해 봐야 한다. 팝핏펀의 데이비드 오와 그의 팀은 자기 브랜드에 최적인 사람을 찾기 위해 사전에 5,000명이 넘는 인플루언서를 테스트했다고 말한다. 그는 부지런해져야 한다고 강조한다. 겨우 한 번만 시도하고 좋은 결과를 기대할 수는 없다. 데이비드 오의 팀이 처음에 최고라고 생각해서 선택한 인플루언서들이 언제나 가장 성공적인 결과를 창출하는 것은 아니었다.

시행착오를 여러 번 거친 후, 데이비드 오는 팝핏펀과 찰떡궁합인 인플루언서 중 한 명은 배우 토리 스펠링Tori Spelling이라는 결론을 내렸다. 그녀는 뛰어난 콘텐츠를 만드는 재능이 있었다. 그녀의 비디오들이 좋은 반응을 얻는 것을 확인하자 팝핏펀은 어떤 점에서 효과가 있었는지 분석하고 유사한 영상을 제작하는 방법에 대한 지침서를 만들었다. 그들은 지침서를 다른 인플루언서들에게 나눠 주었으며, 이제는 모두 비슷한 스타일로 콘텐츠를 만들고 있다. 데이비드 오는 자신의 브랜드로 인플루언서들을 지원함으로써 회사의 확장을 도왔다.

그는 처음에 인플루언서들과의 관계를 구축하는 것이 재미있는 과정이었다고 회상한다. 그의 팀은 말도 안 되는 온갖 종류의 전략을 시도했다. 한번은 팀원 한 명이 타깃으로 삼은 인플루언서의 형의 주치의에게 건너고 건너 연락을 부탁한 적이 있다. 믿기 힘들겠지만 이 방법은 통했으며, 팹핏펀은 현재도 그 인플루언서와 함께 일하고 있다. 이렇게 원하는 사람에게 다가가기 위해 뭐든지 해야 한다.

데이비드 오의 팀은 처음에 시작할 당시 여유롭지 않은 자금 때문에 소규모 인플루언서를 겨냥했고, 포스팅에 대한 보답으로 팹핏펀의 제품을 증정했다. 그들이 인프루언서의 네트워크 내에서 잘 알려진 사람들과 함께 일하기 시작하자 다른 유명한 인플루언서에게도 존재가 알려지게 되면서, 어느새 주변에 인플루언서가 넘쳐나고 있다는 사실을 깨달았다. 제품이나 브랜드 소문이 퍼지고 나면 이제 인플루언서들도 손을 내밀기 시작한다. 예를 들어, 〈댄싱 위드 더 스타Dancing with the Stars〉, 〈배첼러렛 The Bachelorette〉, 〈베벌리힐스의 주부들 The Real Housewives of Beverly Hills〉 등 리얼리티 쇼 출연자들이 당신의 브랜드나 제품, 아이디어에 관심이 있다면, 다른 리얼리티 스타도 당신의 존재가 눈에 들어오기 시작할 것이다. 그리고 당신이 가치 있는 어떤 것을 제공할 수 있다면, 유명 인사들도 탐내지 않고는 못 배길 것이다.

내세울 만한 어떤 유형물의 제품이 있는 게 아니라면 인플루언서에게 무엇을 제공할 수 있는지 생각해야 한다. 눈에 띄는 콘텐츠를 보고 인플루언서가 협력하자고 접근해 오기도 한다. 아니면 인플루언서의 사진을 찍어 준다거나 멋진 협업 콘텐츠에 그들을 끼워 주는 등을 기대하며 접근하기도 한다. 인플루언서가 무엇을 필요로 하는지, 그리고 자신의 장점이 그들의 장점에 어떻게 시너지 효과를 낼 수 있는지 생각해야 한다.

⭕ 인플루언서의 인플루언서가 되어라

디지털 마케팅 및 전략 회사인 젠고^{Jengo}의 창립자 겸 이사인 켄 쳉^{Ken Cheng}은 유명 연예인에게 자신의 브랜드를 알리는 방법을 조언한다. 그는 인스타그램에서 거대한 팔로워 구축에 집중하지 않는다. 대신 이미 팔로워 수가 많은 사람에게 접근해 그들이 대신 메시지를 전파하게 하는 데 중점을 두고 있다. 그는 최고의 인플루언서나 유명 인사에게 직접 다가가는 것이 아니라고 말한다. 자신의 타깃 인플루언서에게 영향을 미치는 인플루언서에게 역으로 영향을 미치는 데 집중할 경우 성공 가능성이 훨씬 높아진다는 것이다. 팔로워 수가 비교적 적은 소규모 인플루언서가 자기보다 몸집이 큰 인플루언서에게 영향을 미치는, 소위 네트워크 효과라는 게 있다. 즉, 그들의 콘텐츠가 상위로 올라가면서 더 많은 인플루언서에게 노출된다. 이런 일이 가능케 하려면 우선 타겟팅하려는 슈퍼 인플루언서의 계정을 팔로우해야 한다. 다음에는 그들이 소규모 인플루언서 혹은 쉽게 도달할 수 있는 인플루언서 중 팔로우하는 계정이 있는지 알아보고 찾아봐야 한다. 이러한 소규모 인플루언서의 게시물 중 대규모 인플루언서가 '좋아요'를 누른 게시물의 유형을 유심히 관찰한다. 해당 소규모 인플루언서의 게시물이 본인 브랜드의 주제와 관련이 있는지 살펴보고, 대규모 인플루언서들이 이런 유형의 게시물에 관심을 보인다는 사실을 확인하면, 이후 소규모 인플루언서의 문을 두드려서 내 브랜드나 메시지의 게시를 부탁할 수 있다.

애들리 스텀프^{Adley stump}는 인플루언서들의 게시물을 살펴보고 누가 댓글을 쓰는지 관찰하여 그들의 참여 그룹에 누가 있는지 파악한다. 그러면 자신의 특정 주제에 맞는 더 강력한 인플루언서를 찾을 수 있다고 말한다. 소규모 인플루언서에게 먼저 접근하는 것은 대규모 인플루언서의 문부터 두드리는 것보다 훨씬 효과적인 전략이다. 언젠가 대규모 인플루언서에게 도달할 수 있을지는 몰라도, 비교적 소규모 인플루언서부터 접근하기 시작하여 목표를 차근차근 높여가는 것이 현명하다.

켄 청은 비교적 소수의(하지만 소중한) 사람들이 관심을 보이는 소규모 인플루언서를 겨냥하여 좋은 효과를 보았다. 언젠가 그는 대어급 유명 인사들의 관심을 끌기 원했던 뉴욕 소재의 한 베트남 레스토랑과 함께 작업한 적이 있다. 처음에 이 레스토랑은 에이전트와 홍보 전문가들에게 홍보 의뢰를 시도했지만, 결과가 신통찮았다. 몇 달간 밑 빠진 독에 물 붓기에 불과했다. 이 경험 이후로 약 1만 명의 팔로워를 거느린 인플루언서들을 타겟팅하기 시작했고, 또 2만 명을 가진 인플루언서로 확대하는 식으로 나아가면서 성공을 거두다가 팔로워가 10만 명 이상인 대규모 인플루언서까지 도달할 수 있었다. 그 무렵 유명 인사들이 식사하기 위해 자발적으로 레스토랑을 방문하기 시작했다. 심지어 사라 제시카 파커Sarah Jessica Parker도 찾아와서 레스토랑의 협찬을 받지 않은 후기를 직접 트위터에 올렸다.

이 과정은 시간이 지남에 따라 거물급 유명인의 주변인들에게 영향을 미치며 유기적으로 일어났다. 사라 제시카 파커는 다른 소규모 인플루언서와 친구의 인스타그램 게시물을 통해 뉴욕에 새로운 레스토랑이 개업한 걸 알게 됐고, 그녀도 직접 맛집 탐방에 동참하게 되었다.

◉ 태그 및 개인 정보 설정을 활용한 팔로워 획득

인스타그램 계정 'imjustbait'으로 일주일에 1억 회 노출과 한 달에 5,000만 조회 수를 기록하는 코미디언 앤서니 아론Anthony Arron은 콘텐츠가 널리 전파되려면 인플루언서들의 주변 인맥을 활용해야 한다는 의견에 동의한다. 대형 페이지 안에 자신의 콘텐츠가 게시되어 있다면 더 많은 관심을 받을 수 있다. 실제로 그가 아는 인기 계정의 사람들 대부분이 조회 수를 늘리고 바이럴 콘텐츠를 만들기 위해 이렇게 하고 있다.

또한, 앤서니 아론은 자기 계정의 개인 정보 보호 설정을 활용해 잔재주를 부리는 방법이 더 많은 팔로워를 포착하기에 좋다는 사실을 발견했다. 그는 페이지에 하루에 10-15개의 동영상을 올리고 종일 게시물을 퍼뜨려 다양한 시간대 지역의 사람들에게 도달하게 한다. 일단 영상을 올리면 많은 신규 방문자가 볼 수 있도록 자신의 페이지를 공개 계정으로 설정해 놓는다. 그러나 그는 사람들이 동영상을 보고 즐긴다 해도 그를 꼭 팔로우 하는 것은 아니라는 사실을 알게 되었다. 이 문제를 해결하기 위해 그는 동영상을 게시한 후 사람들이 잠겨 있는 콘텐츠에 접근하기 위한 팔로우를 유도할 목적으로 자신의 계정을 수시로 비공개로 설정한다.

때로는 8만 명이 넘는 사람들이 동영상을 시청하고 그들이 친구를 태그하면서 친구도 덩달아 영상을 보게 된다. 이때 친구도 해당 동영상을 보러 왔다가 비공개로 설정되어 있으면 보통 영상을 보려고 페이지를 팔로우한다. 핵심은 콘텐츠가 충분히 좋으면, 사람들은 그것을 보기 위해 팔로우한다는 것이다. 그러면 그들의 팔로우 취소를 방지하기 위해 크리에이터는 계속해서 좋은 콘텐츠를 제공하려 노력하는 선순환 구조가 이루어진다. 이 전략으로 앤서니 아론은 팔로워를 하루에 2,000-5,000명 정도씩 늘렸다.

그는 또한 모든 동영상에 'Follow@imjustbait'이라는 워터마크를 넣는다. 이렇게 하면 사람들이 동영상을 리포스트하든, 저장하든, 그냥 보기만 하든, 그는 자신의 계정을 널리 알려 팔로우를 늘릴 수 있다.

셰어러빌리티의 에릭 브라운스타인도 게시물에 사람들의 친구 태그를 유도하는 것이 훌륭한 전략이라는 것에 동의한다. 인스타그램은 페이스북만큼 공유에 적합한 플랫폼이 아니므로 그의 팀은 사람들이 콘텐츠를 퍼뜨리게 하는 최선의 방법은 태그라고 생각한다. 태그는 누군가에게 어떤 콘텐츠를 보여 주는 개인 초대장과 같다. 한마디로 사람들이 친구의 취향을 고려해 그들에게 관련 있어 보이는 콘텐츠를 보여 주는 방식이다.

⬤ 양질의 콘텐츠로 지속적인 성장

4,100만 명 이상의 인스타그램 팔로워 수를 자랑하는 온라인 유머 플랫폼 나인개그의 CEO이자 공동 설립자인 레이 찬^{Ray Chan}은 그만큼의 엄청난 성장을 달성하기까지 많은 지식을 쌓았다. 그는 다른 플랫폼도 병행하여 쓰면서 그쪽 사용자들을 인스타그램으로 유인하라고 조언한다. 그런 다음 자신의 주제와 일치하는 다른 뛰어난 계정을 비교 및 참고하여 아이디어를 얻으라고 제안한다. 또한, 그의 팀은 지속적으로 다양한 해시태그와 게시 방식을 테스트하고 있다.

예를 들어, 사람들의 눈에 띄기 위해 사용하는 동영상 형식 중 최근 트렌드는 짧은 시간에 주의를 끌 수 있게 영상의 상단에 커다란 캡션을 넣는 것이다. 이것은 상단에는 검은색 프레임, 하단에는 화면을 배치하는 동기 부여 콘텐츠에서 유래했다. 그러나 이러한 트렌드는 바뀌기 마련이니, 여기에 너무 의존해서는 안 된다. 분석 자료를 모니터링해서 항상 사용자들의 말에 귀를 기울여야 한다.

레이 찬은 그로스 해킹을 추구하는 대신 훌륭한 콘텐츠와 커뮤니티의 구축에 집중하도록 권고한다. 그는 이를 주식 시장에 비유한다. 벼락부자가 되길 꿈꾸는 사람이 많듯이, 많은 사람이 무리하게 빨리 팔로워를 늘리려고 하지만, 이는 장기적인 전략으로는 적합하지 않다. 시간을 두고 견고한 플랫폼을 구축하는 것은 좋은 주식 종목을 선정해 장기간 붙잡고 있는 것과 같다.

곧 오를 주식 종목을 선택하려는 사람이 많듯이, 자기 계정을 키우기 위한 지름길을 찾는 사람도 많다. 그러나 훌륭한 투자자는 단기적 관점으로 보지 않는다. 그들은 시간이 지나면서 꾸준히 오르는 주식을 찾으려고 노력한다. 레이 찬과 그의 팀이 추구하는 것도 마찬가지다. 그들은 여전히 요령을 익히고 최신 트렌드와 형식을 이해해야 하지만 시간을 두고 꾸준히 테스트하기 전까지는 그 트렌드가 오랫동안 살아남을지 알 수 없는 법이다.

인스타그램에서 성장하려면 꾸준한 업데이트로 최신 상태를 유지해야 한다.

핵심 원칙은 사용자가 무엇을 보고 싶어 할지 생각하는 것이다. 사용자가 좋아하는 좋은 콘텐츠를 만들어야 한다는 점은 비밀 아닌 비밀이다.

레이 찬의 팀은 콘텐츠를 만들 때 두 가지 관점의 접근법을 사용한다. 한편으로는 감정이입을 통해 시청자의 입장에서 특정 콘텐츠가 왜 효과가 좋은지 파악한다. 그리고 다른 한편으로는 한 발짝 거리를 두고 자신의 콘텐츠를 냉철하게 바라봄으로써, 성과가 저조한 콘텐츠의 단점을 보완하려 한다. 많은 사람이 자기가 만든 콘텐츠에 미련을 버리지 못해서 시청자가 원하는 것과 그들의 반응을 테스트하고 학습하지 못한다고 레이 찬은 지적한다. 그것은 순수 예술가와 상업 예술가의 차이와 유사하다. 레이 찬은 앤디 워홀Andy Warhol이 두 가지를 모두 충족시키는 본보기라고 생각한다. 상업적으로 성공하기를 원하는 사람이라면 사용자를 염두에 두고 그들이 원하는 대로 작품을 기꺼이 수정할 수 있어야 한다.

조이반 웨이드는 사용자가 좋아하는 것을 추측할 필요가 없다고 덧붙인다. 비즈니스 프로필을 이용하는 경우 인사이트를 통해 작년에 가장 많이 본 게시물을 확인할 수 있기 때문이다. 이렇게 해서 사용자가 적극적으로 참여하고 있는 콘텐츠를 파악하고 비슷한 성격의 콘텐츠를 더 많이 만들 수 있다.

○ 숨은 의도로 접근하지 말자

레이 찬은 인스타그램 그리고 전체적으로 소셜 미디어가 일부 사람들에게 정복하기 어려운 한 가지 이유가 그들이 숨은 의도로 접근하기 때문이라고 생각한다. 인스타그램에서 가장 인기 있는 계정의 공통적인 특징은 그들의 콘텐츠가 실제로 매력적이라는 것이다. 그들은 방문자에게 인스타그램을 둘러보는 예사로운 행동 그 이상의 어떤 것을 요구하지 않는다.

예를 들어, 내셔널 지오그래픽National Geographic은 최고의 인기 계정 중 하나다.

시각적 요소를 매우 분명히 잘 살렸을 뿐만 아니라 콘텐츠 자체를 최종 목표로 했기에 성공한 케이스다. 그들은 사람들에게 나가서 제품을 사거나 구경하라고 요구하지 않는다. 방문자는 그저 아름다운 사진과 동영상을 감상하기 위해 페이지를 찾는다. 잘하면 그 결과로 방문자가 잡지를 구입하거나 방송 프로그램을 보려고도 하겠지만, 플랫폼에서 이를 위한 노림수는 찾아볼 수 없다.

팔로우를 늘려야겠다는 크리에이터 입장에서의 욕구가 아니라 자발적으로 팔로우하고 싶다는 욕구에 맞춰져야 훌륭한 콘텐츠다. 자신의 창작물에 대한 최선이 아닌, 팔로워 입장에서의 최선을 고려해야 한다. 도달하고자 하는 고객에게 최고 품질의 콘텐츠와 최고의 경험을 제공하면, 그들과 더 강한 유대를 형성하고 탄탄한 커뮤니티를 구축할 수 있다.

레이 찬이 생각하기에 사람들은 콘텐츠를 보고 나서 속으로 기분 좋은 충격을 받기를 원한다. 그래서 스토리텔링의 기본 원리를 이해해야 한다. 훌륭한 이야기꾼이 되고 훌륭한 이야기에 숨겨진 진짜 심리학적 원리를 파악하라. 그리고 자신이 만든 콘텐츠에서 이러한 전략이 제대로 활용되고 있는지 확인해야 한다. 자신이 말하는 내용을 사람들이 분명히 이해하게 하고 콘텐츠에 가장 효과적인 형식이 무엇인지 테스트를 통해 알아내야 한다.

〇 즉각적인 소비

5장에서 다루었던 좋은 콘텐츠의 법칙은 모든 플랫폼에도 똑같이 적용되지만, 인스타그램은 콘텐츠 게시 형식에 있어서 몇 가지 차이점을 보인다. 우선 에릭 브라운스타인은 인스타그램을 자신이 만드는 콘텐츠의 59초 버전이라고 생각한다. 조이반 웨이드도 이에 동의하며 더 긴 콘텐츠를 지원하는 다른 플랫폼으로 사람들을 유인할 관문으로 인스타그램을 활용할 것을 제안한다.

레이 찬은 인스타그램에서는 콘텐츠를 보여줄 수 있는 시간이 매우 짧다고 한다. 그래서 인스타그램을 둘러보는 대부분 사람은 아주 즉각적인 소비를 원한다. 다른 플랫폼에서도 마찬가지이지만, 콘텐츠에 많은 시간을 할애하고 싶어 하지 않는다. 그냥 콘텐츠를 보고, 속으로 예쁘다거나 재미있다 등을 생각하고 '좋아요'를 누르고, 다음 사진이나 영상으로 넘어간다. 그래서 인스타그램의 콘텐츠는 유난히 화려해야 한다. 뭔가 달라야 하고 사람들의 관심을 끌 만한 요소가 필요하다.

○ 다른 계정을 관찰하라

레이 찬은 시작 단계에서 인스타그램 콘텐츠를 제작하는 좋은 방법은 자기와 목표가 유사하되 자기보다 커다란 성공을 거둔 계정이나 브랜드를 찾는 것이라고 한다. 유사한 형식과 구성을 찾아야 하지만 반드시 똑같이 따라할 필요는 없다. 레이 찬은 "남들의 콘텐츠를 베끼는 것은 영혼이 없는 육체를 만드는 것과 같다."라고 강조하며, 약간의 변화만 줘도 좋으니 독창성을 발휘할 것을 강조한다. 그가 권하는 방법으로는 '화면의 캡션을 다른 영역으로 옮기기', '제목에 고의로 오타를 넣어 사람들이 교정하라는 댓글을 남기게 하기', '이전에 본 다른 사람들의 형식을 리믹스하기' 등이 있다. 새로운 리믹스 버전을 만들거나 기존의 리믹스를 개작해도 좋다.

○ 비하인드 스토리의 활용

세계서핑연맹의 팀 그린버그는 인스타그램이 비즈니스를 위한 훌륭한 도구였다고 말한다. 세계서핑연맹의 페이지 방문객은 상대적으로 젊은 층이 많기 때문에 젊은 서퍼의 영상을 주로 올리는 편이다. 그리고 페이스북보다 인스타그램 스토리를 통해 실시간으로 더 재미있는 순간을 공유한다. 때로는 두 플랫폼의 콘텐츠가 중첩되기도 하지만, 보통 인스타그램에는 사용자의 무장 해제를 유발할 비하인드 스토리의 순간을 더 많이 담는다.

예를 들어, 브라질의 프로 서퍼 가브리엘 메디나가 축구공을 차는 영상은 30만이 넘는 조회 수를 기록하고 높은 참여도를 보였다. 세계서핑연맹은 그 동영상이 '순간을 포착하는' 생동감이 있으므로 인스타그램에 맞는 콘텐츠라고 보았다. 그래서 페이스북을 비롯한 다른 플랫폼에 올리지 않기로 결정했다.

메디나는 인스타그램 팔로워가 가장 많은 서퍼 중 한 명이며 스토리텔링에 소질이 있기도 하다. 또한, 그린버그는 온라인에서 자신의 브랜드를 구축하는 데 놀라운 재간을 발휘한 하와이 출신 전문 서퍼 코코 호Coco Ho의 사례를 예로 든다. 그리고 그녀는 스폰서 수입으로도 많은 돈을 벌었다. 이 두 사람은 인스타그램에서 훌륭한 콘텐츠를 꾸준히 제공하는 크리에이터로서 두각을 나타내고 있다.

그린버그는 모든 선수에게는 자신이 보드를 왁스칠하는 영상이 단조롭게 보이겠지만, 캔자스에 사는 누군가에게는 결코 경험하지 못할 라이프 스타일과 로망이란 점에서 흥미롭게 비칠 수 있다고 말한다. 또는, 한 서퍼가 피지의 타바루아Tavarua에서 친구와 함께 탁구 게임을 즐기고 있다면, 그 자신에게는 평범한 일상일지 모르지만 팔로워들에게는 아마 재미있게 보일 것이다. 서퍼들은 그 사실을 깨닫기까지 오랜 시간이 걸렸지만, 이제는 공유될 만한 콘텐츠를 가늠하는 데 제법 능숙해졌다.

세계서핑연맹이 제공하는 많은 콘텐츠는 사용자 생성 콘텐츠다. 콘텐츠를 자체 제작하고 이벤트도 개최하지만, 전 세계의 비디오 작가 및 사진작가 네트워크의 손길을 받기도 한다. 이처럼 연맹은 영상을 제작하고 제공하는 기여자들의 네트워크 덕분에 많은 참여를 이끌어낸다. 이렇듯 모든 것을 스스로 창작할 필요가 없다는 것을 명심하자. 커뮤니티 구성원들에게 도움을 구하고 의지해도 좋다.

○ 인스타그램을 통한 현지 시장 접근

젠고의 켄 쳉은 인스타그램이 지역 비즈니스에 훌륭한 도구라고 말한다. 그 한 가지 이유는 광범위한 콘텐츠(디지털 세계를 벗어난 일상과는 아무런 관련이 없는)에 의존하는 다른 몇몇 플랫폼과 달리 인스타그램 콘텐츠는 오프라인의 현실 세계에서 겪은 경험을 담기 때문이다. 인스타그램 사용자는 플랫폼에 올리고 공유할 사진을 찍을 만한 장소를 찾아가길 원한다. 그래서 어떤 제품의 출시는 기록에 남겨야 할 경험으로 이어진다. 즉, 사람들을 어떤 레스토랑이나 옷가게 등으로 방문하도록 유인하여 지역 업체와 소통하고 스토리로 공유할 수 있게 한다.

켄 쳉의 팀은 인스타그램 플랫폼의 작동 방식을 파악하게 되면서, 고객의 계정에 트래픽을 유도하는 것이 과제가 되었다. 시작 당시에는 예산이 제한되어 있어 단기간에 트래픽을 구축하기가 어려웠다. 그래서 다른 인플루언서의 트래픽을 활용하기로 결정했다. 다음 과제는 타깃 인플루언서를 정하는 것이었다. 켄 쳉의 팀은 레스토랑 홍보가 목적이었지만, 일반적인 해시태그 검색으로는 레스토랑과 음식점에 소속된 사람들을 찾을 수는 있어도 특정 카테고리의 인플루언서를 검색하기는 어려웠다. 그러나 이제는 이 과정에 도움이 될 만한 페임빗FameBit, 소셜 네이티브Social Native, 그레이프바인Grapevine 등의 웹사이트를 이용할 수도 있다.

예를 들어, 그들이 뉴욕에서 아시아 면 요리를 주로 소개하는 인플루언서를 찾고 싶어 한다고 하자. 그러나 인플루언서가 현지인인지 알기는 어렵다. 게시된 사진을 뒤져보거나 위치 정보 태그geotag를 찾을 수는 있지만, 함께 시작할 인플루언서들의 명단을 확보하지 못하면, 인스타그램은 이 목표 달성에 별로 도움이 되지 않는다.

인플루언서의 팔로워가 현지인인지 확인하려면 팔로워들을 직접 훑어보거나 도움이 되는 프로그램을 찾아볼 수 있다. 지역 브랜드에 적합한 인플루언서를 선택할 때는 해당 지역에 거주하고 있는지, 그리고 게시물이 자신의 주제와 일치하는지 여부를 확인해야 한다. 인플루언서의 평소 게시물 중 40-60%와 바이럴 게시물의 15-35%는 특정 지역의 타깃 고객에게 전해져 도달되어야 한다. 인플루언서가 자신과 같은 지역에 살고 있어도 그들의 팔로워 대부분이 그렇지 않다면 별 도움이 되지 않는다.

다음 단계는 예산의 형편에 따라 다르겠지만, 켄 쳉은 일반적으로 인플루언서에게 돈을 지출하지 않는 편이라고 한다. 그는 인플루언서들을 가장 효율적인 방법으로 확보하기 위해 인플루언서의 방문에 무료로 음식을 제공해서 보답한다. 또한, 인플루언서에게 사진을 게시해 달라고 직접적으로 요청하지 않는다. 대신 항상 "당신의 사진을 봤는데 정말 멋졌습니다!"라고 말할 뿐이다. 사진에 대해 대화를 나누고 레스토랑에 초대해 함께 저녁 식사를 하거나 지역 비즈니스 행사에 초대하는 것이 좋다. 그들에게 무언가를 팔려고 하기 보다는 가치를 제공하자.

그의 팀은 또한 팔로워 10만 명이 넘는 인플루언서들이 경제적으로 보상받지 못하면 보통 제안을 무시한다는 것을 발견했다. 대가를 지불할 형편이 안 된다면, 일반적으로 팔로워 수가 1만-2만 명 정도인 사람들이 더 관심을 보일 가능성이 컸다. 게다가 팔로워 수가 많은 인플루언서일수록 그 팔로워들은 전 세계에 퍼져 있을 확률이 높다. 그래서 오히려 팔로워 1만 명 수준의 마이크로 인플루언서를 확보하는 것이 실제로 지역 비즈니스에 더 적합할 수 있다. 또한, 팔로워 수가 적은 사람들은 실제로 콘텐츠가 아쉬운 처지여서 더 고맙게 여기는 편이다. 켄 쳉의 팀은 소규모 인플루언서들과 관계를 맺으면서 시작해, 4-5만 팔로워의 인플루언서로 도달 영역을 넓혔고, 이후 6-7만의 인플루언서로 계속 확대해 나갔다.

인플루언서의 관점에서 생각하고 그들에게 가치를 제공하는 것을 잊지 말자. 그들이 이미 필요하거나 원하거나 사용하여 익숙한 것을 제공해야 한다. 이와 관련하여 효과를 보려면 6장으로 되돌아가 파트너십 구축에 관한 전략 설명을 다시 참조하자.

- 인스타그램은 페이스북보다 확장 속도가 느리다. 시간이 지나도 인내심을 갖고 꾸준히 관리해야 한다. 한 달에 팔로워 수 2만 5,000−3만 명이면 많은 숫자다.

- 네트워크가 전부다. 참여 그룹과 '파워 좋아요' 계정을 찾아라. 또한, '샤우트 아웃 주고받기'와 참여 그룹 기회를 얻을 수 있는 페이스북 그룹도 얼마든지 많다.

- 둘러보기 페이지에 나타날 수 있도록 하라.

- 오랫동안 인스타그램 활동을 해 왔고 팔로워 수가 많은 유명 계정으로 하여금 당신의 콘텐츠에 '좋아요'를 누르고, 댓글을 달고, 당신을 언급하고, 콘텐츠를 퍼갈 수 있게 하라.

- 사람들에게 내 게시물에 태그하도록 독려하라. 나아가 팔로우로 보답하는 인센티브도 좋다.

- 캡션은 자연스러운 참여를 유도하므로 매우 중요하다.

- 브랜드라면 시각적 요소와 비하인드 스토리를 이용하라.

- 소규모 인플루언서들을 먼저 타깃으로 삼고 점차 목표를 높여라.

- 현재 인스타그램에서 개별 콘텐츠에 소비되는 시간은 매우 짧다. 그러나 영상을 업로드할 수 있는 IGTV가 출시됨에 따라 인스타그램은 이런 현상에 변화를 주고자 한다.

- 콘텐츠 자체를 최종 목표로 삼아야 한다.

- 타깃 인플루언서에게 영향을 미칠 인플루언서를 끌어들이는 플랫폼을 선택하라.

- 인스타그램을 통한 홍보는 고객의 오프라인 체험으로 이어지기 때문에 현지 기업에 큰 도움이 될 수 있다.

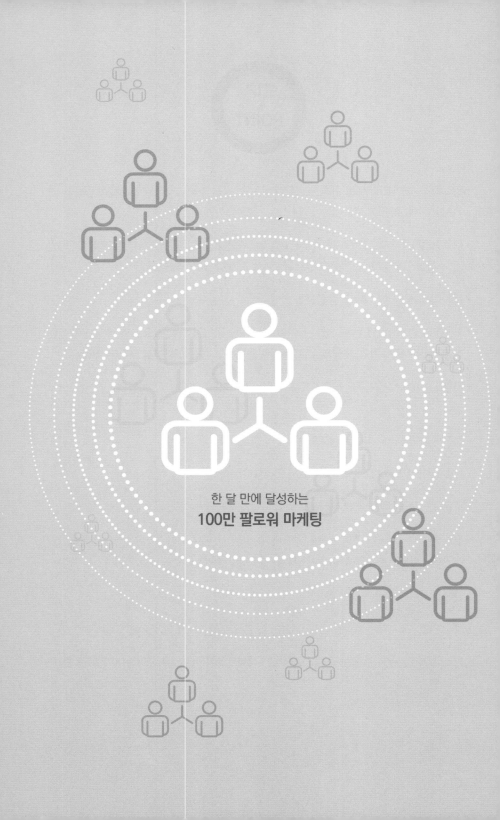

한 달 만에 달성하는
100만 팔로워 마케팅

09

유튜브 성장 동력

유튜브는 성장을 촉진하고 바이럴 콘텐츠를 탄생시키기에 가장 힘든 플랫폼 중 하나다. 인스타그램과 마찬가지로 유튜브도 처음에는 공유에 적합한 플랫폼이 아니었다. 유튜브에서 목표는 동영상이 좋은 반응을 얻어 유튜브의 알고리즘 내에서 검색 결과 순위의 상단에 오르고 추천 영상에 포함되게 하는 것이다.

'뉴지뉴스NewsyNews'의 주인공이자 크리에이터인 재키 코펠Jackie Koppell은 멀티 플랫폼 미디어 회사인 '어섬니스 TVAwesomenessTV'의 인재 책임 관리자 출신이기도 하다. 코펠은 알고리즘 상 처음 유튜브의 주목을 받으려면 최소 구독자가 2만 명, 수익을 창출하기 시작하려면 5만 명, 브랜드들이 관심을 보이게 하려면 10만 명은 확보해야 한다고 말한다.

그녀는 성장 전략 중 하나가 페이스북의 바이럴 효과와 빠른 성장의 잠재력을 활용하여 대규모의 팬 층을 먼저 구축한 다음, 이들에게 유튜브 채널을 구독하도록 유도하는 것이라고 했다. 이전 장에서 논의했듯이 지출한 광고비 대비 효과는 유튜브 광고 플랫폼보다 페이스북 플랫폼이 훨씬 좋다. 더 저렴할 뿐만 아니라 빠른 성장도 가능하다. 일단 페이스북에서 급성장한 뒤에는 사용자를 유튜브 채널로 끌어오기가 더 쉽다. 이 외에도 유튜브 플랫폼 자체에서 적용할 만한 다른 성장 및 효율성 전략도 있다.

◯ 시청 시간이 으뜸

유튜브 알고리즘은 시청 시간이 으뜸이므로, 동영상의 길이 대비 시청 시간의 비율이 시청자의 수보다 중요하다. 콘텐츠의 성공 여부는 사람들이 계속 시청하고 싶을 만큼 훌륭한 고품질의 콘텐츠 제작과 전략적 협업의 활용에 달려 있다.

다른 플랫폼과 달리 콘텐츠의 시청 시간이 길어도 유튜브에서는 좋은 반응을 얻는 데 문제없다. '월 오브 코미디!'의 창립자 조이반 웨이드는 사실 사람들은 긴 콘텐츠를 보기 위해 유튜브를 찾는다고 말한다. 동영상 길이가 8분이면 가장 적당하고(콘텐츠가 좋으면) 반응도 좋은 편이다.

셰어러빌리티의 에릭 브라운스타인은 한번 생긴 유튜브 콘텐츠는 영구히 남고 쉽게 검색될 수 있기 때문에 유난히 유튜브를 중요시하며 공을 들인다고 말한다. 콘텐츠가 탄탄하면 사람들이 다른 플랫폼에 퍼 가기도 하므로 유기적 성장이 가능해진다.

◯ 콘텐츠 발굴과 성장

에릭 브라운스타인은 일반적으로 사람들이 콘텐츠를 발견하는 방식에는 다음 세 가지가 있다고 설명한다. 첫째, 모든 사람이 콘텐츠를 공유하기 시작하면서 바이럴 콘텐츠가 된다. 가장 이상적인 경우지만 유튜브가 본질적으로 공유하기 좋은 플랫폼은 아니기 때문에 유튜브에서는 절대 쉽지 않다. 둘째, 검색을 통해서다. 사람들이 이미 검색하고 있는 데이터와 트렌드에 맞아떨어지는 콘텐츠라면 눈에 띄는 데 유리하다. 셋째, 다른 사람들의 콘텐츠를 통해 건너온 경우이다. 이는 협업이 도움이 되는 이유이기도 하다.

주킨 미디어의 CEO이자 유튜브 채널 '실패부대FailArmy'의 크리에이터인 조나단 스코모는 1,300만 명이 넘는 구독자를 모아 대박을 터뜨렸다. 실제로 '강남 스타일'이 동영상 조회 수 세계 1위이던 때에 스코모의 팀은 '망가지는 소녀들 모음 완결판, 2012The Ultimate Girls Fail Compilation 2012'으로 2위를 기록했다. '강남 스타일'은 2012년 11월 기준으로 4억 조회 수를, '망가지는 소녀들 모음 완결판, 2012'는 2억 9,000만 조회 수를 기록했다. 조나단 스코모와 그의 팀은 그간 유튜브가 사용자의 행동과 반응을 기반으로 알고리즘을 다양하게 변경하는 것을 보았다. 콘텐츠 크리에이터라면 유튜브의 변화에 따라 신속하게 콘텐츠를 변경하고 조정할 수 있는 민첩성이 있어야 한다. 그리고 플랫폼을 연구하고 잘나가는 콘텐츠를 지속적으로 지켜봐야 한다. 이것은 앞서 설명한 테스트 및 학습의 아이디어로 되돌아가지만, 검색으로 발굴될 수 있다는 추가적 이점은 언제나 유튜브에서 성장의 열쇠 중 하나가 될 것이다.

포켓워치의 창립자 겸 CEO이자 메이커 스튜디오의 최고 고객 책임자인 크리스 윌리엄스Chris Wiliams는 6만 개가 넘는 채널을 감독했으며, 유튜브에서 성장하는 가장 좋은 방법은 유료 광고, 협업, 최적화, 재생 목록의 결합이라고 말한다. 그는 유료 미디어를 사용하여 유기적 성장을 이룩할 수 있다고 굳게 믿고 있다. 그는 후속 조회 수follow-on views (사람들이 처음 동영상을 보고 다음으로 시청하는 영상의 수)가 유료 광고비로 창출된 유기적 성장을 보여 주는 진정한 증거라고 덧붙인다.

크리스 윌리엄스는 애드센스AdSense를 사용하여 시청자가 보는 동영상을 추적한다. 그의 팀은 사람들이 콘텐츠 소비 후 추가로 시청하는 영상의 수를 토대로 해당 콘텐츠의 효과성을 측정한다. 이 지표는 팀이 전략을 결정하고 유료 미디어를 사용하여 성장을 촉진하는 방법에 영향을 미친다. 그리고 그들에게 콘텐츠와 마케팅 전략 구상에 대한 통찰력을 제공한다.

한편 재키 코펠은 경품 공세로 급속도로 성장한 사람들을 목격했다고 덧붙인다. 그녀는 어섬니스TV에 재직할 당시 주위에서 화려한 카메라나 아이패드를 선물로 뿌리는 것을 보았다고 한다. 계속해서 그렇게 할 수만 있다면(그녀가 본 바에 따르면 대부분 중도 포기하지만) 구독자 수는 하늘을 찌를 것이다.

● 빠른 유기적 성장으로 이어지는 협업

유튜브 커뮤니티를 구축하는 가장 좋은 방법 중 하나는 다른 유튜브 사용자와 협업하는 것이다. 고객의 공유는 새로운 개념이 아니라 지난 10년 동안 논의되어 온 것이고, 실제로 효과가 있다. 협업 상대방의 구독자 중 열렬한 팬은 협업 그룹에 속한 모든 구성원의 채널을 구독할 것이다.

가장 대표적인 인플루언서 주도의 디지털 엔터테인먼트 기업 중 하나인 '스튜디오71'의 전 최고 운영 책임자인 필 란타는 전략적 제휴를 통해 유튜브 인플루언서의 구독을 늘렸다. 그의 팀은 TV 쇼 진행자 지미 펄론Jimmy Fallon과의 협업을 진행한 바 있는 '렛 앤 링크Rhett & Link'와 함께 많은 작업을 해왔다. 렛 앤 링크는 렛 맥러플린Rhett McLaughlin과 찰스 링컨 닐 3세Charles Lincoln Neal III로 구성된 크리에이터 듀오로 440만 명의 구독자를 보유하고 있다.

렛 앤 링크는 '굿 미시컬 모닝Good Mythical Morning'이라는 유튜브 토크쇼 콘텐츠를 제작했다. 렛 앤 링크와 지미 펄론은 프로그램 스타일은 비슷하지만, 도달 시청자 층은 다르다. 지밀 펄론의 팬 층은 비교적 나이가 많고 전통적인 반면, 렛 앤 링크의 팬 층은 더 젊고 자유분방한 편이다. 고객을 공유하기 위한 협업의 일환으로 그들은 서로의 쇼에 출연하기 시작했다. 지미 펄론은 '굿 미시컬 모닝' 에피소드에, 렛 앤 링크는 〈투나잇 쇼〉에 출연했다. 그것은 양측 모두에게 정말 큰 이득이었다. 이렇게 협업을 통해 렛 앤 링크는 메인 스트림에 진입하게 되었고, 동시에 지미 펄론은 디지털 세계를 돌파할 수 있었다.

협업은 이제 유튜브를 막 시작한 사람들에게도 효과적이다. 필 란타는 사람들이 단 10명의 구독자만으로 시작하고도 협업을 통해 일주일에 20만 명이 넘는 신규 팬을 생성할 정도로 발전하는 사례를 여러 차례 목격했다. 유튜브에서 협업은 최적의 궁합일 경우 빠른 성장의 동력이 된다. 예를 들어, 필 란타는 엔터테인먼트 회사 풀스크린Fullscreen에서 채널 파트너십을 운영할 당시, 유튜브로 유명해진 화제 인물 쉐인 도슨Shane Dawson을 눈여겨봤다. 이때 이미 쉐인 도슨은 전업을 해도 될 만큼 전문가의 경지에 오른 상태였다. 그는 쉐인 도슨이 자신의 주도하에 소규모 크리에이터들을 데리고 많은 동영상에서 공동 작업을 하는 것을 보았다. 이 소규모 크리에이터 중에는 자신의 독자적 콘텐츠를 올리기 전인 당시에 이미 대스타로 성장한 경우도 많았다. 샤나 말콤Shanna Malcolm과 알렉시스 잘Alexis G. Zall과 같은 인터넷 스타들은 쉐인 도슨과의 협업으로 자신의 팬층을 키울 수 있었다.

인스타그램을 다룬 8장에서 협업에 대해 배운 것을 기억해 보자. 처음 시작할 때부터 쉐인 도슨 같은 인기 스타와 협업할 필요는 없다. 협업 상대방의 구독자 수가 1만 명에 불과하더라도 그중 300명의 팬이 나의 채널로 유입될 수 있다. 그리고 채널의 구독자 수가 제로에서 100명 사이라면 구독자 수가 1,000명이 넘는 사람과 협업하는 것이 좋다. 부지런히 노력해서 점점 위로 올라가도록 하자.

크리스 윌리엄스는 전략적 파트너십과 협력이 규모의 확장과 성장에 결정적이라는 데 동의한다. 그의 팀은 이 두 방법이 굉장히 효과적인 방법이라고 생각한다. 기본적으로 잠재 고객들이 이미 흥미를 보이는 주제에 내 콘텐츠를 관련지을 수 있기 때문에 그들이 내 콘텐츠를 발견하고 좋아할 가능성이 높다. 협업은 내게 맞는 잠재 고객을 향해 직진할 수 있게 해 주는 상당히 효율적인 수단이다.

또한, 필 란타는 많은 유튜버가 협업을 보다 쉽게 수행하기 위해 로스앤젤레스의 같은 아파트 단지로 이사한다는 걸 확인했다. 듣기로는 한때 많은 정상급 소셜 인플루언서가 '할리우드 앤 바인Hollywood and Vine' 건물에 살았다고 한다.

그러나 재키 코펠은 단지 이러한 이유로 섣불리 로스앤젤레스로 이사할 필요는 없다고 지적한다. 먼저 고향 인맥을 최대한 활용하고 볼 일이다. 그리고 구독자가 적어도 1만 명을 넘기면 로스앤젤레스, 뉴욕, 파리, 런던 등 세계 주요 도시에 있는 유튜브 오피스에 가서 한 달에 하루 무료로 찍을 수 있으니, 새로운 사람들을 만나고 인연을 쌓을 절호의 기회도 놓치지 말자. 대도시로 상경하기 전에 고향에서 최대한의 인맥을 활용해야 이사를 결정한 후에도 순탄한 전환이 가능하다.

⭕ 한 우물 파기

필 란타는 유튜브에서 잠재 고객을 탄탄하게 확보하기 위해서는 노력의 대부분을 해당 채널의 콘텐츠 제작에 쏟아야 한다고 생각한다. 그는 유튜브에서 팬을 구축하는 동안 다른 플랫폼을 무시하라는 뜻은 아니지만, 유튜브 동영상을 다섯 개 제작하는 쪽이 유튜브 동영상 두 개, 페이스북 게시물 두 개, 팟캐스트 한 개로 된 세트 구성보다 더 낫다고 말한다. 그는 규모에서 성장이 비롯되므로 먼저 유튜브에 콘텐츠를 대량으로 만들어 올린 다음, 다른 소셜 플랫폼으로 넘어가서 팬과 소통하고 유튜브 동영상 조회 수를 늘리는 것이 최적의 전략이라고 설명한다. 유튜브에 우선적으로 노력을 쏟아 부으면 여기저기서 모든 것을 한꺼번에 이루려 할 때보다 더 많은 구독자를 확보하기 쉽다. ╲

또한, 매일 양질의 콘텐츠를 만들어 올린다면 놀라울 만큼 성장에 도움이 된다. 필 란타는 성장하는 가장 빠른 방법은 더 많은 스윙을 휘두르는 것이라고 말하며,

여기서 많은 스윙이란 더 많은 동영상을 만드는 것을 뜻한다. 빈도는 특히 초심자 입장에서 구독자를 키우기 위해 아주 중요하다. 물론 본인 마음에도 들지 않는 콘텐츠는 게시하지 말아야겠지만, 만약 당신이 브이로거vlogger라면 일주일에 한 번만 게시물을 올려서는 매일 올리는 사람들을 따라잡기가 정말 어렵다. 팬들은 매일 유튜브를 들락날락하기 때문에 만약 나흘 연속으로 브이로그를 올려봤자 이후 며칠 동안 감감무소식이면 사람들의 기억에서 점점 멀어질 것이다.

● 뚜렷한 견해를 가지고 하나의 주제에 충실하라

필 란타는 성공한 모든 유튜브 크리에이터의 가장 중요한 공통점은 자신만의 뚜렷한 독자적 관점을 갖고 콘텐츠를 만드는 것이라고 생각한다. 여기서 말하는 견해는 유머 코드, 메이크업 스타일, 몸매 관리 등과 관련이 있을 수 있지만, 주제가 무엇이 됐든 자신의 고유한 개성을 드러낼 뭔가가 있어야 한다.

어떤 차별점이 있는지 파악했다면 그 특징이나 테마를 채널에서 부각시켜야 한다. 계속 하다 보면 성공할 것이다. 이것은 화면발을 잘 받거나 브이로거로서 경험을 많이 쌓는 것보다 중요하다. 필 란타는 훌륭한 기술을 가진 사람이라 할지라도 한 가지 주제를 고수하지 않으면 대개 성공하지 못한다는 사실을 관찰했다. 주제를 너무 자주 변경하면 사람들은 헷갈리게 된다. 한 가지 관점으로 콘텐츠에 접근하면 나만의 고객을 찾을 확률이 높아진다.

유튜브 댓글을 살펴보면 사람들이 가장 좋아하는 동영상과 채널은 절친한 친구와 연결된 듯한 느낌을 주는 동영상과 채널이라는 것을 알 수 있다. 자기 자신도 무엇에 관한 주제인지 설명할 수 없다면 시청자가 친근감을 느끼기 어렵다. 단순하게 생각하고 포커스를 좁혀서 시작하라.

⭕ 쌍방향 소통

유튜브는 다른 사람들과 이야기할 수 있는 공간과 커뮤니티를 제공한다. 영화배우, TV 스타와 소셜 스타의 가장 큰 차이점 중 하나는 영화나 TV 스타가 나와 다른 세상에 사는 듯한 이질감을 주는 반면, 소셜 크리에이터는 친구에게 이야기하는 느낌의 친근감을 준다는 것이다. 영화배우는 야심찬 존재이지만, 소셜 미디어 스타는 영감을 주는 존재다.

필 란타는 시청자가 브이로거나 인기 유튜버의 영상을 볼 때 그들이 마치 소통할 수 있는 존재 혹은 친구를 마주한다는 기대심이 이미 깔려 있다고 설명한다. 시청자들은 댓글에 자신들이 언급될 수 있다는 발상을 좋아한다. 몇몇 인기 채널 중에는 해설 위주 콘텐츠나 뮤직비디오 채널 비보Vevo 등과 같이 단방향 대화를 사용하는 경우도 있다. 그러나 이 콘텐츠들은 텔레비전 방송과 성격이 비슷하고 댓글이 비교적 덜 중요하므로 그 나름대로 좋은 반응을 얻는다. 그러나 유튜브 스타나 진행자가 되는 것이 목표일 경우 쌍방향 대화가 필수적이다. 시청자들에게 말을 걸면서 그들에게 친구처럼 대하고 있다는 인상을 줘야 한다.

⭕ 열정과 지식

필 란타는 자신의 주제에 애정이 없는 것은 잘못된 태도라고 말한다. 유튜브에서 성공한 사람들은 동영상 주제에 매우 애착이 있다. 그리고 열린 공간이라는 유튜브의 특성상, 멋진 콘텐츠를 만드는 한, 거의 모든 주제마다 잠재 고객이 있다고 보면 된다.

온라인에는 뿌리 깊은 불문율이 있다. 예를 들어, 여러분이 슈퍼 히어로나 만화책에 심취해 있다면 바깥세상에도 많은 광팬이 존재한다. 그래서 이 주제로 채널을 만들려면 자신이 전달하고자 하는 주제를 정말로 잘 이해한 상태여야 한다. 예컨대 필 란타는 만약 집에 가서 '마블Marvel 시리즈가 요즘 대세던데, 마블 영화 평론을 공략해 볼까?'라고 생각하지만 실제로 전문 지식이 없는 사람이라면, 사람들은 즉시 그가 사기꾼 같다는 낌새를 맡을 것이고, 그 콘텐츠는 망할 것이라고 말한다.

채널에서 다룰 주제에 대해 지식과 열정을 미리 확실히 갖춰놔야 한다. 이 진정한 열정에 사람들이 긍정적으로 반응한다. 게다가 좋아하는 주제라면 그것을 하나하나 공부하는 재미도 쏠쏠할 것이다. 그래서 동기 부여를 잃지 않고 인기 채널을 만들기 위한 노력을 계속 기울일 수 있다.

○ 같은 듯 다르게

유튜브에서 잠재 고객을 생성하려면 기본적인 콘텐츠 패턴과 트렌드를 따라야 한다. 대체로 전혀 익숙하지 않은 콘텐츠를 들고 나와 성공하고 유명해지는 경우는 없다. 필 란타가 항상 사람들에게 강조하는 가장 중요한 점은 남들과 '같고도 달라야' 한다는 것이다. 자신의 스타일은 남에게 확실히 인식될 정도로 뚜렷한 개성이 필요하고 무슨 주제인지도 잘 이해되어야 한다. 그러나 그 개성의 뚜렷한 정도는 다른 비슷한 브이로거를 제치고 사용자가 당신의 채널을 구독하기로 선택할 만큼이어야 적당하다.

재키 코펠은 유튜브에서 메이크업 강좌와 게임 채널도 제법 잘나가고, 특히 가족 및 어린이 콘텐츠는 유튜브를 지배하는 챔피언이라고 지적한다. 또한, 채널에서 더 많은 시청 시간을 기록하기 위해 요즘 애용되는 트렌드는 사람들이 중간에 나가지 않도록 신호를 주는 것이라고 한다. 예를 들면, 이런 단골 멘트가 있다.

"입이 근질근질하네요. 마지막에 놀라운 비밀을 알려드릴게요." 아니면 뷰티 강좌의 경우에는 "여러분, 끝까지 보세요, 완성된 모습을 보여드릴 테니까요."라는 식으로 말하기도 한다.

위에서 설명한 팁을 기본적으로 따르되, 실행 방식은 각자의 고유한 방식대로 하면 된다. 자신만의 진정한 목소리와 공식을 찾아야 한다. 자신의 독특한 개성과 진실한 모습을 보여 주도록 하자. 당신과 똑같은 사람은 이 세상에 없다. 카메라 앞에서 자신의 모든 것을 보여 주면, 더욱 빛나고 더욱 많은 팬을 얻을 수 있을 것이다.

⭘ 바이럴 제조기

필 란타가 속한 '스튜디오71'은 1,400만 명이 넘는 구독자 수에 45억 회 이상의 조회 수를 기록한 바이럴 영상들을 제작하며 세계에서 가장 잘나가는 인플루언서 중 한 명인 로먼 앳우드Roman Atwood와 협력하고 있다. 그는 장난기 넘치는 바이럴 동영상으로 유명해졌고, 그 성공을 바탕으로 더욱 가족 친화적인 일일 브이로그를 만들었다.

로먼 앳우드는 바이럴 콘텐츠 제조기다. 그는 바이럴 콘텐츠를 띄엄띄엄 제작하는 것이 아니라 꾸준하게 제작해 왔다. 그럴 수 있었던 가장 큰 이유는 완급 조절을 이해하고 클릭을 유도하거나 즐거움을 주는 요소가 무엇인지 알기 때문이다. 그는 연기나 진행 솜씨를 전문적으로 배울 필요가 없었다. 일단 장난을 시작하겠다고 마음먹으면, 그것을 능수능란하게 영상에 담아낼 뿐만 아니라 젊고 잘생겼으며 활기 넘치는 캐릭터다.

필 란타는 마이클 펠프스Michael Phelps에 대한 흥미로운 기사를 읽으며, 왜 그가 성공한 수영 선수인지를 알았다. 아마도 마이클 펠프스는 천생 수영 선수로, 남들보다 강한 심장과 물갈퀴 같은 손가락을 타고났을 것이다. 란타는 많은 유튜브 스타가 유명해진 이유도 마찬가지라고 생각한다. 마치 완벽한 유튜버가 되기 위해 실험실에서 제작되어 탄생한 사람처럼 보인다. 그는 성공하는 사람은 다들 열린 귀와 학습 의지가 있다고 말한다. 그들은 최적화 및 프로그래밍 전략에 관한 정보를 쏙쏙 받아들인다. 그리고 팬들의 반응을 관찰하고 기대에 부응하려 노력한다.

크리스 윌리엄스는 크리에이터의 개성이 유튜브에서 얼마나 성공할지를 가늠하는 중요한 지표라고 말한다. 그러나 그 이상의 성공 요인을 더 깊이 파고들고자 전 세계에서 가장 큰 유튜브 채널이자 포켓 워치의 파트너이기도 한 '라이언 토이스리뷰Ryan ToysReview' 채널의 경이적인 성장에 대한 몇 가지 특성을 유심히 살펴봤다. 포브스Forbes에 따르면, 여섯 살짜리 진행자 라이언은 유튜브로 한 해 1,100만 달러의 수익을 올렸다. 그의 채널은 포브스에서 집계한 연간 수익이 가장 높은 유튜브 계정 순위에서 8위를 차지했다(장난감을 갖고 놀며 유튜브 채널에서 리뷰하고 돈을 벌다니, 많은 어린이의 로망을 실현한 참으로 운 좋은 아이다).

크리스 윌리엄스는 라이언의 다문화적 측면이 성공에 크게 기인한다고 생각한다. 그는 드웨인 존슨Dwayne Jonson의 영화 〈더 록〉의 인터뷰 영상을 보다가 그런 생각을 하게 되었다. 드웨인 존슨은 자신의 인기 비결에 대해 질문을 받자, 많은 사람이 국적이나 민족성에서 그와 동질감을 느끼기 때문에 공감을 이루는 것 같다고 대답했다. 사람들은 드웨인 존슨이 다른 여러 소수 민족들을 대변하기 때문에 '자기와 같은 편'이라고 생각한다.

크리스 윌리엄스는 라이언도 비슷한 매력을 가지고 있다고 말한다. 그는 다문화로 인식되는 것이 유튜브에서 수익을 내게 할 만한 장점이 된다고 생각한다. 또한, 그는 라이언의 엄마가 지닌 전염성 있는 웃음소리도(카메라를 들고 있는 사람이 엄마다) 채널의 성공에 기여했다고 생각한다. 그리고 라이언이 리뷰하는 장난감과 콘텐츠의 선택도 당연히 성공에 한몫했다.

최고의 인플루언서들은 노력을 게을리하지 않는다. 사람들은 인플루언서가 하는 일을 깎아내리기 쉽겠지만, 사실 인플루언서들은 자신이 하는 일에 소질이 있다. 그들에게는 사람들이 보고 싶어 하는 어떤 매력이 있다. 그들은 끊임없이 콘텐츠를 올리고 시대에 맞게 적응했다. 이것은 가치 있고 존경할 만한 점이다.

○ 다중 채널 네트워크의 가치

다중 채널 네트워크^{MCN, Multi Channel Network}는 유튜브 같은 비디오 플랫폼과 협력하며 광고 수익을 토대로 채널 보유자에게 디지털 저작권 관리, 프로그래밍, 자금 지원, 파트너 관리, 잠재 고객 개발, 제품 출시, 상호 촉진, 수익 창출, 콘텐츠 판매 등을 지원한다.

유튜브 네트워크에 합류하기로 결정하는 것은 현재의 직업상 이유일 수도 있고, 앞으로의 목표 때문일 수도 있다. MCN은 매우 유용할 수 있지만, 에이전시나 매니저와 계약하는 것과 비슷하다는 것이 단점이다. 누구든 자기 이름이 명단의 맨 아래에 있어 우선순위에서 밀리는 상황을 원치 않을 것이다. 또한, 자기 브랜드의 니즈에 맞지 않는 두루뭉술한 범용 서비스도 원하지 않을 것이다.

예를 들어, 필 란타는 어떤 MCN이 당신에게 심층적인 데이터와 분석 결과를 제공해 줄 어느 기술 플랫폼을 소개했다고 가정하면, 더 나은 의사 결정에 도움이 되겠지만 데이터와 정보 분석에 엄청난 관심과 이해도가 있는 사람 외에는 아마 맞지 않을 것이라고 설명한다. 그러나 자신의 TV 쇼를 패키지로 꾸려 판매할 준비가 되어 있고, 해당 영역에서 성공적인 실적이 입증된 MCN을 찾았다면, 이를 이용하는 것이 유용하다.

○ 어린이 고객 도달과 지표 분석

유튜브가 '아이들 세상'이기 때문에 타깃 시청자 집단이 어린이와 가족인 경우 특히 훌륭하다. 어린이용 동영상 콘텐츠의 70% 이상이 스트리밍 플랫폼에서 소비된다. 그리고 유튜브는 아동의 시청 시간에 있어서 독보적이다. 그들은 아이들을 겨냥했으므로 유튜브는 회사의 성장에 가장 중요한 기본 플랫폼이었다.

잠재 고객 대상이 아이들이라면 성과 지표는 구독자의 수와 전혀 관련이 없다. 아이들은 너무 어려서 구독할 수 없기 때문이다. 대신 그의 팀은 추천 및 관련 동영상 목록에서 눈에 띄는 위치에 표시되도록 알고리즘에 최적화된 전략에 중점을 둔다. 그리고 대체로 시청 시간 및 후속 조회 수(초기 동영상 이후에 시청자가 시청하는 다른 동영상 수)와 같은 지표를 유심히 관찰해 전략의 효과성을 판단한다.

⭕ 바이럴로 가는 길

23만 9,000명 이상의 구독자를 보유하고 있고 '타코스' 영상으로 1억 이상의 조회 수를 기록한 콤프에이 프로덕션의 CEO이자 영상 제작자, 크리에이터인 페드로 플로레스는 바이럴 콘텐츠가 되는 건 항상 주사위 굴리기와 같다고 설명한다. 완벽한 바이럴 비디오가 되기 위한 모든 조건을 버무릴 수는 있지만, 그래도 성패 여부는 솔직히 예측할 수 없다.

그는 멕시코인처럼 생기지 않은 멕시코인의 이야기를 다룬 풍자 비디오 '타코스'가 바이럴 콘텐츠가 되리라고 결코 예상하지 못했다. 그 성공을 계기로 그는 만들고자 하는 콘텐츠 유형에 대해 전체적인 관점이 바뀌었다. 그 전에는 자신의 인종에 관한 콘텐츠는 어떤 것도 만들지 않았다. 그러나 시청자의 반응이 얼마나 좋은지 확인하고 나서 그는 그 틈새시장을 공략하기로 했다. 우리는 처음에 무엇이 효과가 좋은지 알지 못한다. 콘텐츠 제작, 테스트, 학습을 통해 시청자의 취향을 발견하게 될 것이다.

그는 끊임없는 변화가 필요하다고 말한다. 그리고 그걸 분명히 알고 있는 듯하다. 페드로 플로레스는 유튜브에서 초창기부터 활동해왔다. 그는 초기에 선풍적 인기를 일으킨 '마이스페이스의 제왕Kings of Myspace'과 '유튜브의 제왕Kings of YouTube'을 만든 바 있다. 그는 또한 구독자 360만 명의 티모시 드라게토Timothy DeLaGhetto와 구독자가 280만 명이며 '슈퍼이고SUPEReeeGo'로 알려진 에릭 오초아 Eric Ochoa와 같은 많은 유튜브 스타의 영상을 감독하고 여러 차례 그들과 공동 작업을 했다. 또한, 영어로만 제공되던 콘텐츠에서 스페인어로 된 콘텐츠를 제 공하는 채널로 무사히 옮겨갔다. 그 다음에는 실제 사람이 등장하는 스페인어 채널에서 만화 캐릭터가 주로 등장하는 채널로 이동했다. 시대에 맞게 변화하고 흐름을 기꺼이 따라가야 한다. 플로레스는 계속 분발하지 않으면 뒤처질 것이라 고 말한다.

- 유튜브에서 알고리즘의 반응을 얻으려면 적어도 구독자 수 2만 명, 수익을 창출하려면 5만 명, 브랜드들의 관심을 얻으려면 10만 명은 확보해야 한다.
- 현재 유튜브 알고리즘은 시청 시간 비율이 높은 콘텐츠를 선호한다. 길이가 긴 콘텐츠도 유튜브에서는 잘될 수 있다.
- 유튜브는 급속한 성장을 이루기에는 가장 어려운 플랫폼 중 하나다.
- 알고리즘, 검색, 협업이 성장의 열쇠다.
- 매일 꾸준히 콘텐츠를 올려라.
- 협업은 유튜브에서 급속히 성장하기 위한 핵심이다.
- 사람들이 후속 콘텐츠를 얼마나 소비하는지에 따라 콘텐츠의 효과성이 결정된다.
- 애드센스를 이용하여 사람들이 보는 동영상을 추적하라.
- 필요에 따라 구독자 수, 시청 시간, 후속 조회 수를 통해 성과 지표를 분석하라.
- 콘텐츠와 채널에서 뚜렷한 관점을 드러내라.
- 채널에서 한 가지 주제와 관점을 유지하라.
- 유명인이나 진행자가 되는 게 목표라면, 팬과의 쌍방향 소통은 필수다.
- 자신의 주제에 대해 애착을 갖고 많이 공부하라.
- 주제와 콘텐츠 제작 스타일은 남들과 같은 듯 달라야 한다.
- 유튜브에서는 메이크업 강좌, 게임 채널, 가족 친화적 프로그램이 대세다.
- 사람들이 중간에 나가지 않고 콘텐츠를 시청하게끔 기대감을 일으킬 신호를 보내라.
- 팬의 관심을 유도하도록 영상에 팬을 등장시켜라.
- 열심히 노력하고 융통성 있게 플랫폼의 변화에 적응하라.

한 달 만에 달성하는
100만 팔로워 마케팅

스냅챗의 현실

나는 트위터와 스냅챗을 잘 사용하지 않는다. 다른 플랫폼에 비해 성장과 수익 창출의 기회를 제공하지 못한다고 생각하기 때문이다. 실제로 많은 스냅챗 인플루언서가 인스타그램 스토리로 이탈하는 중이다. 게다가 여기서 배우게 될 여러 콘텐츠 전략은 인스타그램에도 마찬가지로 적용할 수 있다. 그래도 일부 브랜드에서는 스냅챗을 사용하면서 많은 이점을 발견했으며, 인플루언서 중에도 일주일에 10만 달러까지 벌어들인 사람들도 있다.

스냅챗에서 성공하는데 가장 큰 장애물은 성장의 유일한 방법이 협업을 하거나 인기 있는 누군가에게 대가를 주면서 샤우트 아웃을 부탁해야 한다는 점이다. 스냅챗에서는 저절로 남의 눈에 띄기는 매우 어렵다. 검색 도구도 거의 없으며, 일찌감치 스냅챗은 인플루언서를 지원하는 일을 하지 않기로 결정했다.

그러나 스냅챗에 마케팅의 장점이 전혀 없다는 의미는 아니다. 스냅챗 중심의 디지털 마케팅 회사 '퍼스트 인플루언스First Influence'의 CEO인 크리스티 최Christy

Choi는 스냅챗을 다이렉트리스폰스 마케팅DRM의 수단으로 사용하는 방법을 알아냈고, 고객사의 앱 설치를 유도해서 커다란 효과를 거두었다. 그녀는 이렇게 효과를 거둔 이유가 사람들과 스냅챗 인플루언서 간의 관계 때문이라고 생각한다.

스냅챗은 기본적으로 채팅 플랫폼이다. 그래서 주된 목적은 사진을 남들에게 공개적으로 보여 주는 것이 아니라 서로 더 친밀한 관계를 형성하기 위한 것이다. 그러니 인플루언서의 응답을 비록 직접 듣지 못하더라도 사용자는 메시지를 보낸 상대방과 직접적인 소통의 통로를 가지고 있다고 느낀다. 이처럼 스냅챗 특유의 높은 친밀성 때문에 인플루언서가 CTA를 제시할 때 사람들은 마치 자기한테 직접 추천해 주는 것처럼 느낀다. 즉, 내 손을 잡고 "여기 이것 좀 봐. 정말 멋져."라고 말하는 친구와 같다.

⭘ 스냅챗에 맞는 콘텐츠 제작과 전략

스냅챗 콘텐츠는 협업을 통해 빛을 발하며 어떤 방식으로든 잠재 고객을 등장시킬 수 있게 한다. 크리스티 최는 다양한 브랜드의 스냅챗 계정을 키워 주는 한편, 사용자가 질문에 답하는 식으로 참여를 이끌어낼 만한 스토리를 매주 올리는 것이 성공적인 방법 중 하나임을 발견했다. 예를 들어, 스냅챗 스토리에 노래 제목 맞추기나 그와 비슷한 게시물을 올렸다고 하자. 그녀가 노래를 올리면 사람들은 저마다 답을 제출한다. 그들은 답장을 보냈고 셀카를 함께 담아 보내기도 했다. 이 방법은 매우 인기가 좋았고 높은 참여도를 창출했다.

스냅챗의 협동적 특성상 응답률은 다른 어떤 플랫폼보다 높은 편이다. 그런 점 때문에 크리스티 최는 CTA를 사용해 사람들이 자신의 아이디어나 의견을 보내도록 유도할 것을 권장한다.

다시 말하지만, 사람들은 게시물에 '좋아요'를 누르고 댓글을 다는 수동적 행위를 넘어 인플루언서와 직접 소통하는 듯한 기분을 느끼고 싶어 한다.

⭘ 진정성 있게 진실을 말하다

스냅챗에서 처음으로 10만 명의 팔로워를 모은 1세대 크리에이터이자 인플루언서 그리고 현재 비트스매시Bitsmash (스마트폰만으로 누구나 창의적인 브이로그를 아주 쉽게 만들 수 있게 해주는 앱)의 CEO인 크리스 카마이클Chris Carmichael은 스냅챗으로 인기를 얻기까지 그의 사연을 들려준다. 스냅챗이 인기를 얻기 시작할 무렵인 2014년, 그는 아이슬란드로 여행을 떠났다. 스냅챗은 당시 미국에서는 별로 인기가 없었지만, 아이슬란드에서는 할아버지와 할머니들조차 소통의 도구로 사용하고 있었다. 그들의 행동을 관찰한 크리스 카마이클은 직감적으로 조만간 스냅챗이 도약할 것이라 믿었고, 매일 스냅챗 스토리를 올리기 시작했다. 그는 아이슬란드 여행 중에만 조회 수 1만 회를 기록했다. 당시 아무도 인플루언서 도구로 스냅챗을 사용할 생각조차 못했기 때문에 1만 조회 수를 얻는 것은 아주 신선한 일이었다.

이런 성공 직후, 그는 뉴욕으로 와서 바이너Viners (바인Vine 앱에서 유명해진 사람들)들과 협력하여 그들이 스냅챗에서 성장할 수 있게 지원했다. 결국, 크리스 카마이클은 스냅 하나당 약 15만 건의 조회 수를 기록했고, 제롬 자르Jerome Jarre, 킹 바흐King Bach, 비탈리Vitaly 같은 인플루언서들에게서 샤우트 아웃을 받아냈다. 일반적으로는 시청자의 전환율이 1-2%에 불과하다는 점을 감안하면, 그 샤우트 아웃에 대한 약 10%의 전환율은 전례가 없는 기록이었다.

여러 브랜드가 그에게 손을 내밀기 시작했다. 라면으로 연명하던 크리스 카마이클은 디즈니, 유니버설, 라이언스게이트, 폭스와 같은 유수의 브랜드로부터 스토리 건수 당 1만 달러를 받는 거물이 되었다. 그는 스냅챗과 인스타그램 스토리에서 볼 수 있는 세로 동영상이 젊은 층이 빠져들 차세대 매체가 될 것이라는 것을 금세 감지할 수 있었다. 그가 보기에는 현재 브랜드들은 세로 동영상 매체를 어떻게 사용하는지 전혀 알지 못하는 게 분명했다. 많은 브랜드가 전통적인 광고 이데올로기를 그것이 통하지 않는 플랫폼에 단순하게 대입하려고 했다. 밀레니얼 세대는 전통적인 광고를 볼 때 바로 꺼버리며, 스냅챗의 주된 사용자인 13-34세 젊은 층은 광고의 가식성을 곧바로 눈치챘다.

그러나 거짓이 통하지 않고 친밀도가 무엇보다 중요한 스냅챗에 기존의 방법론을 적용하려는 브랜드가 적지 않았다. 스냅챗에서 "이 치약을 쓰세요. 삶의 질이 달라집니다."라고 말할 수는 없다. 만약 거짓말을 하거나 무언가를 팔려고 하면 잠재 고객을 잃게 된다. 최대한 진정성 있게 진실을 말해야 한다. 또한, 세로 동영상은 얼굴 표정을 클로즈업으로 볼 수 있어, 고객의 면전에 대고 얘기하는 느낌을 준다. 그래서 제품을 향한 화자의 애정에서 진심이 느껴지지 않으면, 제품 홍보의 역효과는 불 보듯 뻔하다.

크리스 카마이클은 많은 브랜드가 스냅챗에서 고급스럽고 다듬어진 콘텐츠를 제작하려는 실수를 저지른다고 지적하면서, 이는 젊은이들이 좋아하는 것이 아니며 오히려 그들에게 거리감을 조성한다고 한다. 그들은 어설픈 그림과 실수에 더욱 흥미를 느낀다. 크리스티 최는 사람들은 늘 스냅챗을 즉흥적으로 쓴다고 덧붙였다. 그들은 무언가를 발견하고 스마트폰을 꺼내 기록에 남기고 바로 전송한다. 이것이 스냅챗 플랫폼의 특성이다.

크리스티 최는 스냅챗에서 스냅 한 개당 20만 건의 조회 수를 기록하는 마이크 카우리Mike Khoury의 이야기를 꺼낸다. 유튜브 채널이나 바인에서 팔로워가 많지 않은 사람이 보기에는 상당히 많은 조회 수다. 그는 그때그때 이런 저런 일에 대해 떠들어대는 코믹한 콘텐츠를 선보인다. 그는 말을 계속 버벅 거리지만, 재미있고 꾸밈없기 때문에 이런 모습이 시청자에게 잘 통한다. 이것이 바로 사람들이 스냅챗을 좋아하는 이유이며, 스냅챗 스토리의 공유를 이끌어내는 요소다.

젊은 층과 청소년들은 결점을 포함해 있는 그대로를 보여 주는 진짜 자기들의 이야기를 원한다. 그들에게 진정성 있고 리얼한 날것의 모습을 보여 줘라.

● 이벤트에 효과 만점

세계서핑연맹의 팀 그린버그와 그의 팀은 인스타그램 스토리를 시작하면서 '인스타그램과 스냅챗에 똑같은 콘텐츠를 올리고 싶지는 않은데, 어떻게 하면 스냅챗을 인스타그램과 차별화된 방식으로 활용할 수 있을까?'라고 생각했다고 한다. 그들은 스냅챗을 전 세계 팬의 팔로우 유도 플랫폼으로 쓰고, 최고의 참여도를 이끌어내는 인스타그램 스토리는 서퍼에 관한 콘텐츠 용도로 남겨둬야겠다고 판단했다.

세계서핑연맹은 세계적인 서핑 대회인 '빌라봉 파이프 마스터스Billabong Pipe Masters' 같은 라이브 이벤트를 취재할 때 스냅챗이 좋은 효과를 발휘한다고 생각한다. 그들은 스냅챗을 통해 더 재미있는 매력을 보여 주려 한다. 그리고 콘텐츠가 24시간 내에 사라지기 때문에 오히려 훨씬 더 재미있을 것이라고 말한다. 팬들과 바다를 더욱 가깝게 이어주는 도구로는 비하인드 스토리를 활용한다. 또한, 마치 친구가 "안녕, 나 여기 행사에 와 있어. 이곳 소식 전해 줄게."라고 말하는 듯한 생생한 현장감을 주려고 노력한다.

'윌 오브 코미디!'의 개발자 조이반 웨이드는 콘텐츠의 소멸성을 유리하게 활용할 수 있다고 덧붙인다. 그의 팀은 예컨대 스냅챗에서 토요일 5시가 지나면 콘텐츠가 사라지는 점을 고려하여 사람들에게 금요일 5시에 보러 와줄 것을 권장하는 콘텐츠를 만든다. 그들은 라이브 형식에 적합한 콘텐츠를 만든다. 그래서 사람들에게 바로 그 자리에서 실시간 중계를 시청할 것을 요구한다.

○ 발굴되기 어려운 게 단점

스냅챗은 크리에이터가 쉽게 발견되기 어려운 구조다. 크리스티 최는 불행하게도 인플루언서들이 약간이나마 스냅챗의 홍보에 기여한 것에 비해, 스냅챗은 그들의 성장을 도와주지 않았다고 생각한다.

최근에 스냅챗은 브랜드 및 셀러브리티를 표시할 수 있는 체크박스를 마련했으며, 음악 등의 관심사를 검색할 수도 있게 했다. 그러나 관심사를 검색하면 상위 10명의 뮤지션만 표출하는데, 이걸로는 충분하지 않으며 소규모 크리에이터들의 성장에 도움이 되지 않는다. 사용자 경험도 전반적으로 만족스럽지 않다. 크리스티 최는 사용자들이 원하는 콘텐츠를 찾을 때 '쓰레기통을 뒤지다시피' 하는 기분이라고 말한다.

이 플랫폼에서 성장할 수 있는 유일한 방법은 다른 인플루언서들과 샤우트 아웃을 교환하는 것이다. 서로 스토리를 방문하고, 스냅코드Snapcodes를 공유하고, 팔로우해야 한다. 그것이 카일리 제너Kylie Jenner처럼 이미 유명한 사람이 아니라도 성장할 수 있는 유일한 방법이다. 그 이후에는 물론 자연스럽게 팔로워가 늘어날 것이다.

○ 협업의 활용

크리스 카마이클은 관계 구축을 위해서는 한 걸음씩 사다리를 올라야 한다고 말한다. 맨 아래 단계의 사람부터 만나고, 그들과 가까워지며 샤우트 아웃을 확보해야 한다. 남들과 다른 독특한 것을 만들고, 사람들이 보기에 성장 가능성이 있으면 그들은 당신과 협력할 것이다. 스토리를 함께할 누군가가 있기를 바라는 마음으로 낮게 달린 과일, 즉 비교적 팔로워 수가 적은 사람들에게 먼저 접근해야 한다.

크리스티 최가 한 브랜드의 팔로워를 늘려 주는 일을 할 때, 팔로워의 대부분을 인플루언서의 유료 샤우트 아웃으로 얻었다. 하지만 스냅챗에서는 특정한 방식이 있다. 인플루언서에게 "이봐, 정말 멋진 채널이 있어. 그것은 이러쿵저러쿵한 이유로 좋아. 그러니까 얼른 팔로우해."라는 말을 기대하는 게 아니다. 대신 자신이 전부터 대규모 인플루언서와 친구였다는 점을 드러내야 한다. 그녀는 인플루언서들에게 "얘들아, 그나저나 내 친구 크리스티에게 인사하지 않을래?"라고 말해 달라고 부탁했다.

이렇게 접근한 후 수천 명의 사용자가 그녀를 팔로우하기 시작했다.

"크리스티가 누군지 모르지만, 그녀는 내가 좋아하는 이 사람과 친구야. 그리고 나더러 그녀에게 인사하라고 했어. 재미 삼아 인사 좀 해 봐야지."

이렇게 해서 크리스티 최는 엄청난 수의 팔로워를 모았다. 스냅챗에서 메시지를 보내려면 상대방을 친구 추가해야 하기 때문이다. 그 다음에 인플루언서의 팔로우를 활용할 수 있게 되자, 사람들을 계속 붙들기 위해 재미있는 스토리를 꾸준히 올렸다.

"내 스토리를 보고 있다면 수천 명의 화면에 나올 수 있어요."

그녀는 이런 식으로 채널에 팬들을 등장시키는 전술을 사용했다. 이 인센티브는 성공적일 때가 많다.

○ 스냅챗을 떠나는 사람들

마케팅 측면에서 보면, 크리스티 최는 스냅챗이 팬층의 높은 전환율을 보인다고 한다. 그녀가 스냅챗과 인스타그램 스토리에서 각각 같은 인플루언서를 데리고 같은 프로모션을 진행한 결과, 실제로 스냅챗에서 전환 성과가 더 좋았다고 한다. 그러나 점점 더 많은 인플루언서가 플랫폼을 떠난다는 것이 현재 스냅챗이 당면한 과제다.

많은 사람이 스냅챗에서 성장의 한계를 느끼고 인스타그램 스토리로 옮겨가고 있다. 그들은 실제로 팔로워 수가 얼마인지 알지 못하고, 조회 수는 어느 시점에 떨어지는 경향이 있어서 실망하게 된다. 크리스티 최는 인플루언서가 된다는 것은 자부심과 직결되기 때문에 실제로 자기 팔로워 수가 얼마인지 알지 못하거나 줄어드는 조회 수를 보는 것이 문제점일 수 있다고 생각한다.

스냅챗의 많은 원조 크리에이터들이 다른 플랫폼을 넘보려 하고 있다. 또한, 그들 중 다수는 이제 립싱크 앱인 '뮤지컬리musically'로 넘어갔다. 뮤지컬리에서는 자기 얼굴을 알려 팔로우를 구축할 수 있기 때문이다. 소셜 미디어를 사용하는 대부분 사람은 세력 확장을 목표로 하고 있으나 스냅챗에서는 그러기가 어렵다.

브랜드들의 추세를 보면, 크리스티 최는 최근 정기적으로 게시물을 올리는 브랜드가 점점 줄고 있다는 사실을 알게 되었다. 스냅챗의 성장세가 예전 같지 않거나 한풀 꺾였다고 판단하여 브랜드들도 관심이 줄어든 것으로 보인다.

크리스 카마이클은 브랜드 입장에서는 스냅챗에 능숙한 사람들을 고용하는 것이 많은 노력과 비용을 투자해야 하는 일이라고 덧붙인다. 그리고 실력이 있는 사람을 찾는다 해도, 그들은 자신만의 플랫폼을 시작하기에 바빠서 다른 브랜드를 위해 콘텐츠를 제작해 줄 이유가 없다. 그러니 브랜드들은 대개 자사의 소셜 미디어 담당자에게 콘텐츠 관리를 맡기는데, 결과물은 대부분 흥미가 떨어지거나 단조롭다. 게다가 브랜드들은 그 노력에 대한 성과를 측정하기도 쉽지 않다. 그래서 많은 브랜드가 인플루언서들과 마찬가지로 스냅챗을 떠나 인스타그램 스토리에 집중하고 있다.

크리스 카마이클은 많은 사람이 스냅챗을 떠나는 주된 이유가 플랫폼이 시작 당시부터 인플루언서들과 함께하지 않기로(사실 오히려 기피했다.) 결정했기 때문이라고 생각한다. 그들은 인플루언서를 지원하지 않을 것임을 분명히 했다. 바인도 수년간 똑같은 실수를 저질렀다. 페이스북과 인스타그램에 많은 이용자를 빼앗겼고, 다시 그들을 되찾고자 했을 때는 이미 너무 늦었으며 스냅챗의 상황도 마찬가지로 보인다.

인스타그램이 스냅챗을 복제했을 때 모든 인플루언서는 이렇게 생각한다.

'좋아, 그냥 인스타그램 하나에 스토리와 이미지 피드가 다 있는데 굳이 인스타그램과 스냅챗을 다 쓸 필요가 있을까?'

얼마 후 많은 인플루언서는 세력 확장에 더 유리한 인스타그램 스토리에서 실제로 훨씬 많은 조회 수를 기록했다. 인스타그램에서는 해시태그를 이용하여 스토리가 검색되게 할 수 있다. 게시물이 카테고리 상위권에 올라오면 많은 조회 수를 얻고, 사람들이 내 프로필을 발견해 나를 팔로우할 수 있다. 반면, 스냅챗은 이것이 말 그대로 불가능하다. 스토리를 공개로 올려도 사람들이 당신에게 연락하거나 당신이 누구인지 알아내거나 친구 추가할 길이 없다.

○ 세로 동영상이 미래다

크리스 카마이클과 크리스티 최는 모두 소셜 미디어의 미래가 세로 동영상에 있다고 믿는다. 셀레나 고메즈Selena Gomez와 마룬 5Maroon 5 등의 뮤지션은 스냅챗 같은 플랫폼을 이용해 세로 동영상 뮤직 비디오를 선보이기 시작했다. 카마이클은 인간미가 느껴지는 세로 동영상이 현재 나아가고 있는 방향이라 생각한다. 또한, 세로 동영상은 다른 사람의 세계로 들어가는 창과 비슷하다고 말한다. 세로 동영상을 보는 것은 영상 속의 주인공과 손을 잡거나 페이스타임FaceTime 통화를 하는 느낌이라는 것이다. 이처럼 가로 모드 동영상에서 느낄 수 없는 친근감과 연결성을 제공한다.

인스타그램 스토리는 이제 한 걸음 더 나아가 특정 스토리를 고정하거나 저장하여 유튜브 동영상처럼 피드에 계속 머무르게 할 수 있다. 그래서 인플루언서들은 재미있는 이야기가 담긴 인스타그램 스토리 동영상을 만들고 저장하기 시작했다. 그리고 사람들이 나중에 볼 수 있도록 고정한다.

크리스티 최는 세로 동영상으로 만든 코미디 상황극과 예술 작품 이야기 등이 앞으로 수년 동안 지배적일 것이라고 믿는다.

- 스냅챗은 채팅 플랫폼으로 제작되었다. 사람들은 스냅챗의 친밀감을 즐기고 인플루언서들과 직접 대화하는 것처럼 느낀다.

- 잠재 고객과 상호 작용하는 콘텐츠를 만들어야 한다. CTA를 사용하고, 스토리에 팬들을 등장시켜라. 팬들에게 자신의 생각과 의견을 보내도록 유도하고, 질문을 던져서 답변을 받아라. 스냅챗의 협동적 특성 때문에 일반적으로 응답률은 다른 플랫폼보다 높다.

- 진정성 있게 있는 그대로의 현실적 모습을 보여라.

- 진실을 말하라. 스냅챗은 얼굴을 클로즈업하기 때문에 거짓말할 때 얼굴에 쉽게 드러난다.

- 콘텐츠에 실수가 있어도 괜찮고 오히려 사람들이 좋아하기도 한다.

- 매일 꾸준히 콘텐츠를 올려라.

- 스냅챗은 라이브 이벤트 중계에 좋다.

- 스냅챗에서 성장할 유일한 방법은 다른 동료 인플루언서들과 샤우트 아웃을 교환하고 협업하는 것이다. 서로 스토리에 참여하고, 스냅코드를 공유하고, 팔로우하라.

- 다른 플랫폼과 다르게 스냅챗에서는 팔로워 수가 아니라 스토리의 하루 조회 수만이 중요하다.

- 스냅챗으로는 성장의 한계를 느낀 많은 사람이 인스타그램 스토리로 옮겨가고 있다.

- 세로 동영상으로 만든 코미디 상황극과 예술 작품 이야기가 소셜 미디어의 미래일 것이다.

한 달 만에 달성하는
100만 팔로워 마케팅

링크드인은 비즈니스 성장에 중대한 도움을 줄 수 있는 특정 사람들을 타겟팅하고 도달할 수 있게 해 주는 강력한 플랫폼이다. 어떤 사람들은 이것을 단순히 구인, 구직 플랫폼으로 간주하지만, 적절하게 활용하여 광고를 통해 제품을 판매하고 대형 거래를 성사시키며 커리어를 변화시키는 관계를 구축한다면 대단한 결실을 맺을 것이다. 예를 들어, 적어도 직원 1,000명 이상의 규모에 최고 마케팅 책임자들에게 도움이 될 제품을 취급하는 회사라면 링크드인은 적합한 인물을 찾기에 단연 최고의 도구이자 유일한 도구일 수도 있다.

링크드인의 광고 컨설턴트인 AJ 윌콕스^AJ Wilcox가 2014년 설립한 '비투링크드^B2Linked'는 100개 이상의 링크드인 광고 계정을 관리해 왔고, 그간의 광고 집행비가 개인과 법인을 통틀어 최대 규모인 총 1억 달러 이상이며, 링크드인의 상위 5개 계정 중 3개 계정을 고객으로 관리했다.

AJ 윌콕스는 링크드인이 브랜드나 회사의 구축과 성장을 위해 특정 직책이나 기술, 비즈니스 관련 프로필을 가진 사람들을 찾아 그들에게 접근하기 가장 쉬운 곳이라고 생각한다.

◯ 비즈니스 개발과 강력한 파트너십 구축

AJ 윌콕스는 원하는 누구와도 연결될 수 있기 때문에 링크드인이 구직 활동에 유용하다고 말한다. 원하는 사람에게 도달할 수 있는 범위를 제한하는 요소는 촌수에 따른 한계가 유일하다. 예컨대 검색 기능을 사용하여 함께 일하기를 원하는 회사의 마케팅 책임 담당자를 찾을 수 있다. 상대방에게 훌륭한 서비스를 제공할 수 있다면, "당신을 몇 년 동안 팔로우해 왔고, 당신의 업무 성과가 정말 마음에 들었습니다. 당신과 연락하고 싶습니다."라는 식으로 1촌 신청을 하지 못할 이유가 없다. 그리고 링크드인에서 누군가와 1촌을 맺으면 그 사람의 이메일 주소나 공개된 범위 내의 다른 프로필 정보에 액세스할 수 있다. 그리고 조건 없이 무료로 이메일을 주고받을 수 있다.

이상적인 고객이나 파트너 등 1촌을 맺고 싶은 사람이 있으면, 소통의 기회를 적극 마련하도록 시도할 수 있다. 여기서 연락을 취할 스마트한 방법을 궁리해야 한다. 예컨대 "있잖아요, 전화 좀 드려도 될까요? 제가 뭘 팔아야 하거든요."라며 다짜고짜 친구 요청할 사람은 없을 것이다. 핵심은 가치를 제공하는 방법을 찾는 것이다. 처음부터 무엇인가를 팔려고 하지 말고 칭찬으로 말문을 열거나 관계부터 형성하면서 시작하도록 한다.

AJ 윌콕스는 누구든 장사의 대상이 되고 싶은 사람은 없지만, 구매 행위는 모두 좋아한다고 지적한다. 그래서 먼저 접근할 때 시작부터 상대방에게 무언가를 팔겠다고 본색을 드러내면 안 된다. 그러다간 그들과의 만남은 거기까지일 것이다. 스팸처럼 취급될 뿐이다. 나는 개인 혹은 비즈니스의 성공이나 직장에서의 더 좋은 실적에 도움이 될 진정한 가치를 제공하겠다는 의도로 접근하여 개인적으로 엄청난 성과를 거뒀다. 상대방의 답변을 얻을 확률이 상당히 높아져서 결과적으로 제품 판매까지 이어질 수 있었다. 그들에게 제품이나 서비스를 팔려고 해서는 안 된다. 대신 제품이나 서비스를 매개로 고유한 가치를 제공해야 한다. 이 둘이 조금 비슷하게 들릴지 모르니, 한 가지 예를 들어 설명하겠다.

내가 포춘 100대 및 500대 기업에 대한 유료 소셜 미디어 최적화 서비스 회사의 고문으로 일하던 시기에 사람들에게 연락해서 "안녕하세요. 당신과 유료 소셜 캠페인 관리에 대해 이야기 좀 나누고 싶습니다. 이번 주 중 빠른 시일 내에 전화해 주실 수 있겠습니까?"라는 식으로 말하지 않았다. 이것은 너무 상술처럼 보여서 답변을 얻지 못할 것이다. 대신 나라면 편지에 다음과 같이 쓰겠다.

○○○ 님, 안녕하십니까. 먼저 귀사의 성과에 대한 축하의 말씀을 드립니다. (어떤 프로젝트, 제품, 캠페인)으로 달성하신 성과는 정말 놀라웠습니다.

귀하는 디지털 분야의 전문가이기 때문에 저희가 새로 개발한 기술 플랫폼에 대해 알려 드리고자 합니다. 이 플랫폼은 경쟁사의 소셜 채널에 대한 지출 현황과 과거 실적에 관한 정확한 데이터를 제공합니다. 또한, 방문자가 어떤 소셜 플랫폼에 들어가서 동영상을 시청했는지는 물론, 그들이 경쟁사의 동영상을 보기 전후에 시청하는 영상에 대한 심층적인 데이터도 제공합니다.

이 플랫폼의 흥미로운 부분은 이 모든 데이터 마이닝의 결과를 동영상의 품질 평가 점수를 높이는 데 사용할 수 있기 때문에 캠페인의 조회 당 비용을 낮추고 동영상의 유기적 바이럴 효과를 높여 준다는 것입니다. 플랫폼의 최대 강점은 100% 투명성을 유지하고 유료 미디어 캠페인에 (인상적인 수치 삽입)까지 비용을 낮추면서 (인상적인 수치 삽입)만큼 실적을 높일 수 있다는 것입니다.

현재 (어떤 고객사) 등이 이 새로운 기술을 채택해 저희와 협력 관계를 맺고 있습니다. 항상 디지털의 최첨단에 앞장선 귀하에게 저희가 도움이 될 수도 있겠다고 생각하여 정보를 전해드렸습니다. 더 궁금하신 점이 있다면 저희 회사에 귀사를 소개해 드리겠습니다.

안녕히 계십시오.

브렌단 케인 드림

이 메시지는 뭔가를 팔고 싶다는 얘기보다는, 상대방에게 소셜 미디어 활동의 성공 가능성을 높여줄 가치를 제공하겠다는 관점에 중점을 둔 접근이다. 실생활에서 직접 인맥을 쌓는 과정과 본질적으로 동일하다. 사람들은 대개 네트워킹 행사에 참석해서 상대방에게 다가가 손에 명함을 꼭 쥐어주고 "저기요, 그 회사에서 오셨죠? 우리 같이 거래했으면 하는데요."라고 말하지 않는다.

이렇게 말하면 많은 사람이 다과 테이블로 향하다가 자신을 피하게 할 뿐이다. 항상 자기소개로 부드럽게 시작하여 최대한 빨리 상대방에게 가치를 제공할 수 있는 방법을 찾아야 한다.

○ 잠재 고객을 창출하는 콘텐츠

AJ 윌콕스는 콘텐츠 공유로 자신이 사람들의 기억에 남도록 했고, 그 결과 여러 거래도 성사시키는 행운을 경험했다. 현재 그가 보유한 1촌은 3,000명이다. 이 수치는 별것 아닐 수 있지만, 이 3,000명은 모두 각자 자신이나 지인들에게 도움이 될 링크드인 전문가로서 AJ 윌콕스의 진가를 인정하는 사람들이다. 잠재 고객이 한 달에 한 번 피드에 등장하는 그를 보거나 로그인할 때 그의 업데이트 소식을 보면, 그들은 AJ 윌콕스에게 연락을 취할 가능성이 높아진다. 콘텐츠 공유를 통해 사람들에게 나를 떠올리게 하면 다른 회사보다 나에게 연락할 확률이 높아지기 때문이다. 개인적으로 AJ 윌콕스를 몇 명의 잠재 고객에게 추천한 적이 있으므로 이것이 효과가 있다고 확실히 말할 수 있다.

AJ 윌콕스는 링크드인 기사를 사용하는 대신 일주일에 한 번 콘텐츠, 생각, 경험 등을 공유하여 간단한 업데이트를 하는 것이 가장 효과가 있음을 발견했다. 항상 자기 콘텐츠에 대해 트래픽을 늘릴 책임은 자신에게 있기 때문이다. 링크드인은 트래픽 늘리기에 있어서는 큰 도움이 되지 않는다. 그러나 시간이 있고 글을 올려서 업데이트하고 싶다면 물론 그것도 도움이 될 수 있다. 요점은 콘텐츠가 오리지널인지 아닌지에 상관없이 잠재 고객은 무료 정보 제공에서 생겨난다는 것이다. 식견이 가치가 있는 한, 당신은 사람들에게 전문 지식과 권위를 갖춘 사람이라는 인상을 심어 준다.

순수하게 업무와 관련되지 않은 것을 공유해도 좋다. 개인적인 이야기를 섞어도 얼마든지 괜찮다. 예를 들어, AJ 윌콕스는 한 인사 담당자가 15분 지각하고도 사과 한마디 없이 인터뷰에 참석한 한 지원자에 관해 쓴 글을 본 적이 있다. 그 인사 담당자는 링크드인 커뮤니티에 그런 사람을 고용해도 될지 의견을 묻는 글을 올렸다. 사람들이 올린 수많은 댓글에는 "안 됩니다. 그 사람은 탈락돼야 합니다." 또는 "그럼요. 그 사람도 기회를 줘야 합니다. 어쩌면 단순히 사회생활에 서툰 엔지니어일 뿐일지도 모르잖아요." 등 의견이 분분했다. 어쨌든 그 게시물에서는 긴 대화가 오갔다.

링크드인과 다른 소셜 네트워크 간의 가장 큰 차이점 중 하나는 어떤 소셜 상호 작용(좋아요, 댓글, 공유 등)을 통해서도 상대방의 네트워크에 속한 사람 중 일부에게 내 콘텐츠가 보인다는 점이다. 다른 사람들과 상호 작용을 유발할 정도의 매력적인 콘텐츠를 게시한다면, 당신은 쉽게 입소문을 탈 수 있다. 콘텐츠가 네트워크를 건너고 건너 멀리까지 뻗어가며 계속 확장할 수 있다.

◎ 1촌이 많다고 영향력이 큰 것은 아니다

AJ 윌콕스는 링크드인에서 1촌을 맺을 때 정말 까다롭다. 그는 오직 직접 만나 봤거나 함께 일할 가능성이 보이는 사람과 1촌을 맺는다. 그는 상대방이 동종 업계에 속해 있다는 이유로 무턱대고 1촌을 맺지 않는다. 그는 자신의 인맥 범위를 비교적 제한적인 수준으로 유지했다.

그가 만나는 사람들은 1촌 수가 1만 5,000 - 2만, 심지어 3만 명까지 다양하다 (매우 특별한 인플루언서를 제외하고 링크드인이 허용하는 최대 1촌 수는 3만이다). 그러나 링크드인에서는 1촌 수가 많다고 마냥 좋은 것이 아니다. 콘텐츠를 공유할 때 인맥의 숫자보다 사용자들의 실제 반응과 참여를 얻는 것이 더 유리하기 때문이다. 그가 뭔가를 공유할 때 실제로 그를 응원하고 격려하는 친구와 동료가 있다. 그들은 충성도가 높고 AJ 윌콕스의 성공을 응원하기 때문에 거의 모든 게시물에 '좋아요'를 누르고 댓글을 단다. 만약 잠재 고객은 많지만 아무도 콘텐츠에 대해 '좋아요'를 누르거나 댓글을 달지 않는다면, 링크드인 알고리즘은 덜 강력한 콘텐츠로 인지하고 많은 사람에게 표출하지 않는다.

◎ 경력 개발에 관심 있는 개인을 공략

링크드인은 경력 개발에 관심 있는 개인과 교류하기에 최적인 플랫폼이다. 링크드인의 생태계 내에 있는 사람들은 비즈니스와 경력에 중점을 두고 있다. 그들은 비즈니스나 서비스, 제품에 연관되기 때문에 링크드인 플랫폼에서 광고를 실행하면 해당 분야 사람의 관심을 끌 가능성이 높아진다.

페이스북은 저렴한 가격으로 광고를 실행할 훌륭한 도구이지만, 사실 프로필에 현재 직업이나 경력에 대한 정보를 기입하는 사람은 거의 없다. 그래서 직책이나 직위별로 사람들을 타겟팅하려 한다면 규모 면에서 링크드인에 필적할 만한 플랫폼은 없다. AJ 윌콕스는 페이스북에서는 더 많은 콘텐츠와 치열한 경쟁을 벌여야 하는 반면에(예컨대, 손주들 사진이나 반려동물 콘텐츠는 거부할 수 없는 매력이 있다.), 링크드인에서는 직업과 경력에 특화된 제품이나 서비스를 제공함으로써 믿기지 않을 정도로 잠재 고객의 높은 전환율을 볼 수 있다고 말한다. AJ 윌콕스는 페이스북 광고가 산탄을 흩뿌리는 '샷건 접근법 shotgun approach'이라면 링크드인 광고는 타깃을 조준하는 저격수에 가깝다고 말한다. 링크드인에서는 원하는 비즈니스 영역의 인구 집단을 구체적으로 지정해서 효율적으로 접근할 수 있다.

○ 높은 비용이 문제

그러나 이와 같이 링크드인에서 얻을 수 있는 타겟팅의 집중성과 접근성, 특수성은 비용이 많이 들 수밖에 없는 구조다. AJ 윌콕스는 링크드인이 광고가 가장 비싼 플랫폼 중 하나라고 설명한다. 그가 확인한 바에 따르면 평균적으로 링크드인 광고 지출 비용은 클릭 당 3-9달러다. 이처럼 링크드인에서는 광고비가 더 많이 들기 때문에 그에 걸맞은 대형 거래를 성사시켜 비용을 회수해야 한다.

링크드인 광고를 자세히 살펴보기 전에, 광고 플랫폼을 사용하지 않아도 많은 거래 성사가 가능하다고 말하고 싶다. 광고만이 유일한 방법은 아니다. 예를 들어, 나는 최근에 개인적으로 적절한 대상에게 적절한 메시지로만 승부하여 디즈니, 엑스박스, 폭스와 1,500만 달러가 넘는 규모의 계약을 체결했다(비용은 들지 않았다). 그리고 나의 절친한 친구 한 명도 같은 전술을 사용하여 9,000만 달러 이상의 계약을 체결했다. 우리는 사실 그 전에 어떤 메시지가 가장 효과가 좋은지에 대한 비결을 서로 주고받았다.

그 비밀을 알고 싶은가? 단순하다. 우리는 단지 상대방의 입장에서 '어떻게 하면 이 사람의 삶을 더 편하게 해 줄 수 있을까?' 또는 '이 사람을 상사에게 최고의 인재처럼 보이게 하려면 어떻게 해야 할까?'라고 생각하려 했다. 그러나 광고 플랫폼을 정말로 사용하고 싶다면, AJ 윌콕스가 최상의 전략을 제공하므로 아래의 목록을 관심 있게 보기 바란다.

⭕ 누가 링크드인 광고 플랫폼을 사용해야 할까?

링크드인 광고 플랫폼을 사용하면 가장 많은 혜택을 볼 수 있는 사람의 몇 가지 유형이 있다.

1. 대규모 거래를 하는 사람이다. 다시 말해서, 거래 한 건 또는 고객 한 명, 한 고정 거래처에서 평생 1만 5,000달러 이상의 계약을 체결할 수 있는 사람이다.
2. 자사 제품을 구매할 집단의 유형을 정확히 알고 있는 사람이다. 구매자가 아무나 되어도 좋다고 생각하는 사람에게는 링크드인은 최적의 광고 플랫폼이 아니다. 타겟팅하는 잠재 고객이 구체적이고 명확한 경우에만 적합하다. 규모에 따라 고객에게 도달할 수 있는 유일한 플랫폼이다.
3. 거의 모든 유형의 화이트칼라 채용 담당자이다. 예컨대 영업부장을 고용하고자 한다면, 해당 지역에 거주하고 현재 담당 직책이 '영업부장'인 사람들에게 광고를 보여줄 수 있으므로, 자격을 갖춘 사람에게서만 이력서를 받을 수 있다.
4. 대학원 신입생 모집 담당자이다. 예컨대 한 MBA 대학원이 최종 학력이 학사 학위이고 학부에서 신문방송학이나 영문학을 전공한 대졸자를 모집하려 한다면, 이러한 세부적인 자격 요건을 충족하는 사람들을 링크드인에서 찾을 수 있다. 링크드인은 학력 관련 타겟팅을 세밀하게 할 수 있는 유일한 플랫폼이기 때문에 신입생을 유치하려는 대학이나 고등 교육 기관에 매우 적합하다. 링크드인은 실제로 사람들의 모든 학력 정보가 망라된 거의 유일한 소셜 미디어 플랫폼이다. 그리고 이때 대학원은 광고를 보고 지원한 신입생을 한 명만 확보해도 그가 학교에 막대한 학비를 지출할 것이기 때문에 앞서 설명한 대규모 거래의 조건에도 부합한다.

○ 링크드인 광고의 콘텐츠 전략

링크드인 광고를 잠재 고객과의 첫 만남의 기회로 생각해야 한다. 메시지로 사람들에게 다가갈 때와 마찬가지로, 소비자들에게 무엇을 요구하기 전에 가치를 제공할 목적으로 광고를 활용해야 한다. 사람들에게 전화를 달라거나 서비스를 구매하도록 대놓고 요청하지 않아야 한다. 서로 관계를 구축하고 사람들의 충성도를 확보하려면 먼저 자신이 전달하려는 주제에 실제로 정통하다는 것을 입증하며 가치를 제공해야 한다. 문제 해결에 도움이 되는 정보나 특정 문제를 해결하는 방법에 대한 통찰력을 잠재 고객에게 제공해야 한다. 이 전략을 사용하면 상대방의 믿음과 신뢰를 얻어 다음 단계로 넘어갈 수 있다.

앞서 말했듯이 링크드인 광고는 비용이 많이 들기 때문에 당신은 빨리 진도가 나갔으면 하는 생각이 들겠지만, 이는 사람들이 당신의 비즈니스에 대해 잘 알지 못하기 때문에 쉽지 않을 것이다. AJ 윌콕스의 팀은 업무 수행에 편의를 제공하겠다는 가치를 내세워 이들에게 접근한다. 이는 고객의 이메일 주소나 기타 관련된 개인 정보 제공에 대한 대가로 최대한의 가치를 부여하는 프로그래밍 방식 광고의 한 형식이다. 그들에게 값진 정보를 제공함으로써 믿음과 신뢰를 쌓을 수 있다.

또한, 페이스북 플랫폼과 마찬가지로 사람들이 많이 클릭하게 하여 경매 가격을 낮추는 광고를 만들고 싶을 것이다. 클릭률이 매우 높은 훌륭한 콘텐츠가 있으면 품질 또는 관련성에서 더 좋은 점수를 얻게 된다. 윌콕스는 링크드인에서 관련성 점수가 높으면 클릭 당 비용을 20-30센트 낮출 수 있으므로 콘텐츠 품질이 매우 중요하다고 말한다. 잠재 고객의 클릭을 유도할 만큼 충분히 흥미로운 것을 제공해야 한다. 링크드인은 커뮤니티를 소중하게 여기기에 형편없는 콘텐츠를 푸시하지 않는다. 내보내는 콘텐츠에 사람들이 공감하지 않으면, 광고를 내리거나 사람들에게 노출되는 횟수를 줄인다. 반면에 콘텐츠가 훌륭해서 사람들의 참여가 활발하면 링크드인은 계속 콘텐츠를 푸시한다.

○ 광고 제목의 중요성

AJ 윌콕스는 콘텐츠 제목(혹은 4장에서 우리가 살펴본 '헤드라인')이 매우 중요하다고 설명한다. 사람들이 콘텐츠와 상호 작용하거나, 뭔가를 다운로드하고 그 대가로 이메일 주소를 제공하는 이유는 그에 상응하는 가치를 보답 받으리라 기대하기 때문이다. 제목이 사람들로 하여금 제품에 대해 더 많은 정보를 알고 싶게 하거나 어떤 식으로든 관심사를 촉발하게 할 만큼 충분히 좋다면, 그들은 글의 나머지까지 읽지 않더라도 더 높은 전환율을 보일 것이다.

○ 고객의 A/B 테스트와 극단적 세분화

앞서 논의한 모든 소셜 미디어 플랫폼과 마찬가지로 테스트는 학습과 실험은 물론, 원하는 잠재 고객과 소통하고 마케팅 예산을 극대화할 최선의 방법을 찾는 과정에서도 중요하다. 테스트에서 가장 중요한 구성 요소는 여러 다양한 타깃 고객이 각각 어떻게 반응하는지 살펴보는 것이다. 이는 조직 내에서 자신의 메시지나 서비스 제공이 다양한 사람들 사이에서 어떻게 공감을 일으키는지 이해하는데 도움이 된다.

최고의 접근법은 특정 직책을 테스트하여 다양한 역할에 각각 가장 효과적인 메시지 유형을 측정하고 파악하는 것이다. 회사 내의 각 역할에는 저마다 다른 특정 목표와 책무가 있으며, 그에 따라 의사소통에 가장 효과적인 방법도 달라진다. 예를 들어, 한 고객이 AJ 윌콕스에게 찾아와서 "우리 제품은 마케팅 종사자라면 누구에게든 판매할 수 있습니다."라고 말하면 AJ 윌콕스는 먼저 캠페인을 여럿으로 나눈다. 다시 말해 마케팅 디렉터, 마케팅 부사장, 최고 마케팅 책임자 등으로 대상을 세분화할 것이다. 이처럼 각각의 타깃 고객에게 동일한 콘텐츠를 별도의 캠페인에서 제공하면, 최고 마케팅 책임자들이 콘텐츠에 반응하는 방식과 관리자들이 콘텐츠에 반응하는 방식을 비교해서 파악할 수 있다.

AJ 윌콕스는 덧붙여 사람들의 직책에 따라 클릭이나 전환 행동 등의 방식에 차이가 있다고 말한다. 수준 높은 B2B 마케팅 팀은 이를 알고 있으며 잠재 고객의 모든 움직임을 추적한다. 그들은 조건에 맞는 잠재 고객의 행동을 연구하고 거래의 성패 요인을 파악한다. 프로세스 전체에 걸쳐 행동을 추적하면 매우 흥미로운 통찰력이 밝혀지게 된다.

아마도 위의 경우에서는 최고 마케팅 책임자 그룹이 전환율은 높지만, 그들과 연락하기가 매우 어렵다는 사실을 알 수 있다. 반면, 관리자들은 쉽게 연락할 수는 있지만 행동 전환의 가능성은 낮을 수 있다(이것은 단지 예를 든 것이다. 잠재 및 미래 고객의 행동에 대해 무엇이 사실인지 알아보려면 역시 테스트하는 수밖에 없다).

그리고 데이터를 분석한 결과, 최고 마케팅 책임자들을 상대로 제품을 홍보하는 쪽이 낫다고 생각하겠지만, 실제로 투자 대비 효과를 높이기 위해 관리자를 대상으로 하는 쪽이 더 현실적이라는 것을 알게 될지도 모른다. 그러나 이것도 잠재 고객을 분리해서 테스트하지 않으면 알 수 없는 일이다. 본질적으로 당신은 보편적인 가정을 세우겠지만, 한 방향으로 집중하기 전에 그 가정의 옳고 그름부터 테스트해야 한다.

AJ 윌콕스는 타깃으로 가장 적합한 잠재 고객을 파악한 후에 이미지 크기, 소개 문구의 길이, 헤드라인의 글꼴을 살펴보기 시작한다. 각 요소마다 중요성의 정도는 다르다. 사람들이 동일한 이미지를 뉴스 피드에서 두세 번 보게 되면 그 이후로는 쳐다보지도 않으므로 광고 속 이미지는 매우 중요하다. 시간이 지나도 클릭률이 떨어지지 않도록 주기적으로 이미지를 변경하여 광고를 신선하게 유지하는 것이 매우 중요하다. 또한, 사람들이 광고를 클릭할지 말지 결정하기 전에 읽는 부분이 소개 문구이기 때문에 소개 문구도 테스트할 필요가 있다.

○ 광고를 다른 플랫폼으로 리타겟팅하기

링크드인에서 트래픽을 유도하는 클릭당 비용은 실제로 6-9달러로 비싼 편이기 때문에 광고 효과를 최대한 누리도록 해야 한다. 리타겟팅은 저렴한 가격으로 초기 트래픽을 유도하는 데 도움이 될 수 있다. AJ 윌콕스의 팀은 종종 다른 플랫폼으로 광고를 리타겟팅한다. 링크드인에는 자체적인 리타겟팅 방식이 있지만, 사람들이 다른 플랫폼에서만큼 링크드인에서 많은 시간을 보내지 않아 영양가가 별로 없다. 일반적으로 그들은 일주일에 한 번만 체크인한다. 리타겟팅을 하려면 잠재 고객 앞에 광고가 보여야 하고 사람들의 레이더망 안에 머물러 있어야 하지만, 링크드인에는 그만한 인벤토리가 없다. 반면에 페이스북 광고를 사용하면 사람들이 페이스북이나 인스타그램에서 소셜 미디어에 접속할 때마다 나타난다. 구글 애드워즈를 사용하면 구글 디스플레이 네트워크 Google Display Network, GDN를 통해 웹에 있는 모든 위치에서 광고를 볼 수 있다. 그래서 트래픽을 리타겟팅하려는 경우 드림팀을 구성하려면 답은 페이스북 광고와 구글 애드워즈가 될 것이다.

링크드인에서 잠재 고객을 확보한 다음, 이메일 주소와 같은 그들의 정보를 가져와서 페이스북 광고나 구글 애드워즈 플랫폼에 업로드하고 그 고객들을 리타겟팅할 수 있다. 이렇게 하면 최종적으로 구매 전환으로 이어질 가능성이 높아지고 지출한 비용 대비 트래픽을 가장 효율적으로 사용할 수 있다.

- 링크드인은 B2B 타겟팅, 구인 구직, 비즈니스 지향적인 사람들을 위한 훌륭한 플랫폼이다.

- 잠재적 제품 구매자와 인사 담당자 등 원하는 사람에게 도달할 수 있는 범위를 제한하는 요소는 촌수에 따른 한계밖에 없다.

- 링크드인에서 다른 사람들과 1촌을 맺을 때 가치를 제공할 수 있는 방법을 찾아야 한다. 처음에는 관계를 형성하기 위한 찬사로 시작하라. 자신의 제품이나 서비스를 팔려고 들지 말고, 대신 제품이나 서비스를 통한 고유의 가치를 제공해야 한다.

- 자신의 피드에서 가치를 제공하고 대화의 물꼬를 틀 수 있는 콘텐츠를 공유하라. 아무리 단순한 업데이트, 생각, 경험이라도 사람들의 마음을 사로잡는 데 도움이 된다.

- 어떤 상호 작용이든 네트워크에서 멀리까지 자신의 콘텐츠를 노출시키는 데 도움이 되기 때문에 링크드인은 다른 비즈니스 플랫폼보다 바이럴 효과를 얻기가 더 쉽다.

- 특히, B2B에 영역으로 특정된다는 특수성 때문에 링크드인 광고 플랫폼은 가장 비싼 소셜 미디어 중 하나다. 클릭 당 비용은 평균 약 6-9달러다.

- 링크드인 광고 플랫폼의 실질적인 혜택을 누릴 수 있는 유형으로는 1만 달러 이상 규모의 B2B 거래, 제품 및 서비스를 취급하는 사람들을 포함해, 타겟팅할 구매자의 세부 정보를 알고 있는 사람, 화이트칼라 채용 담당자, 대학원의 신입생 모집 담당자 등이 있다.

- 광고를 믿음과 신뢰를 구축하는 도구로 사용하라. 잠재 고객에게 최대 가치를 제공하라.

- A/B 테스트를 통해 잠재 고객을 극도로 세분화하여 그들에 대해 자세히 파헤쳐라.

- 광고에서 사용하는 이미지를 자주 변경하여 최신 상태로 유지하는 것이 중요하다.

- 페이스북이나 인스타그램, 구글 애드워즈와 같은 다른 플랫폼에 광고를 리타겟팅하여 지출 대비 효과를 극대화하라.

한 달 만에 달성하는
100만 팔로워 마케팅

12 신뢰를 얻어 오래 살아남기

　마지막으로 잠재 고객을 구축하고 콘텐츠를 전 세계로 퍼뜨리는 데 도움이 될 풍부한 정보와 도구를 소개한다. 그러나 여정은 여기서 멈추지 않는다. 나는 여러분 중 상당수가 각자 실현하고픈 커다란 포부와 목표를 가지고 있기 때문에 이 책을 읽으리라 짐작한다. 이 책의 목적은 불꽃처럼 피어올라 정점을 찍고 사라지는 것이 아니라, 사람들이 계속해서 들춰 보고 참작하는 정수이자 나침반 역할을 하는 것이다.

　자기 자신이 인지도와 신뢰를 얻는 브랜드가 되어야 한다. 조이반 웨이드도 브랜드를 지속시키는 가장 기본적인 방법은 신뢰할 만한 사람이 되는 것이라고 했다. 신뢰는 모든 것의 핵심이다. 사람들에게 자신이 무엇을 대변하는지, 제공하려는 가치가 무엇인지, 자신의 원동력(즉, 제품과 서비스를 만드는 과정 뒤에 내재하는 사고)이 무엇인지 알릴 필요가 있다. 그렇다면 오래 지속되는 강력한 브랜드를 구축하기 위해 지속성, 관련성, 신뢰성을 어떻게 쌓을 수 있는지 살펴보자.

❍ 누구나 할 수 있다

우선 세상에 이름을 떨치는 것이 가능하다고 믿어야 한다. 꿈을 크게 가져라! 프린스 이에이는 조종사가 종종 목적지보다 더 북쪽으로 방향을 취한다고 말한다. 직선으로 뻗어 간다면 원래 목적지에 미치지 못할 것이기 때문이다. 그는 이것이 일과 삶에 있어서 좋은 비유라고 말한다. 우리가 목표를 지나치게 현실적으로 정한다면 비관적인 결과로 끝날 것이다. 그러나 달까지 도달하겠다고 꿈을 원대하게 품는다면, 우리는 원래 목표 지점인 별까지는 안착할 수 있을 것이다. 유명한 하키 선수 웨인 그레츠키 Wayne Gretzky는 이렇게 말했다.

"나는 항상 퍽이 어디에 있는지가 아니라, 어디로 갈 것인지를 생각하고 움직인다."

당신이 생각하는 것 이상으로 나아가라. 달성할 수 있다고 생각하는 것보다 더 큰 목표를 상상하라. 예컨대 프린스 이에이는 세상을 뒤흔들고 싶다고 말한다. 우리도 세상을 뒤흔들 방법까지 알 필요는 없지만, 그것이 가능하다는 것은 알아야 한다.

자신의 능력에 믿음이 부족해서 한계에 부딪히는 사람이 몹시 많다. 프린스 이에이는 또한 직업상의 성공을 거두기 전에 개인적인 성장이 뒷받침되어야 한다고 덧붙인다. 자신의 본질을 잘 이해하는 사람은 재능으로 세상에 기여할 수 있다. 하지만 가지고 있지 않은 것을 남에게 줄 수는 없으므로 자기 개선과 자기 이해가 중요하다.

❍ 자신의 본질에 집중하라

누구든 세상에 기여할 재능을 지니고 있다. 그것을 찾으려면 조용히 내면의 소리에 귀 기울이고 자신을 있는 그대로의 모습으로 받아들여야 한다. 내면을 들여다보고 남다른 점이 무엇인지, 존재하는 이유가 무엇인지, 그리고 세상에 무엇을 보여줄 것인지 자신에게 물어봐라.

프린스 이에이는 자기 자신에 대해 더 잘 파악하고, 나아가 나만의 브랜드를 구축하기 위해 생각할 수 있는 질문을 다음과 같이 제시한다.

1. 나의 존재 이유는 무엇인가?
2. 나는 다른 사람들에게 무엇을 줄 수 있는가?
3. 나를 행복하게 하는 것은 무엇인가?
4. 5년밖에 살 수 없다면 무엇을 하겠는가?
5. 1년밖에 살 수 없고 그동안 내가 마음먹은 것은 뭐든 성공한다는 보장이 있다면 무엇을 하겠는가?

위의 질문에 대답하면 내가 해야 할 일이 무엇인지 이해하고, 나도 할 수 있다는 믿음이 생기며, 더 많은 후속 작업을 통해 브랜드를 구축할 수 있다.

워크 콜렉티브Works Collective의 설립자이자 미국 최고의 브랜드 전략가 중 한 명인 네이트 몰리Nate Morley는 광고 대행사 '세븐티투앤서니72andSunny'와 '도이치 로스앤젤레스Deutsch Los Angeles'를 비롯한 전 세계의 일류 에이전시에서 그룹 크리에이티브 디렉터로 활동했다. 그는 또한 나이키의 글로벌 브랜드 마케팅을 담당했고, '스컬캔디Skullcandy'와 'DC 슈즈DC Shoes'에서 최고 마케팅 책임자로 일했다. DC 슈즈에서 네이트 몰리는 새로운 종류의 브랜드 콘텐츠로 5억 회 이상의 조회 수를 기록한 짐카나Gymkhana 영상 시리즈의 개발에 도움을 주었다. 짐카나 3탄의 조회 수만도 유료 광고의 도움 없이 6,500만 회를 기록했다.

네이트 몰리는 브랜드 구축에서 자신의 본질과 본업에는 차이가 있다며 다음과 같이 말한다.

"대부분 사람은 나이키를 신발 회사로 생각하지만, 그렇지 않다. 나이키는 신발의 형식을 빌려 인간의 능력을 고취시키고 발휘하게 하는 퍼포먼스 기업 performance company이다. 성능(즉, 신발)의 표현은 지난 40년 동안 극적으로 바뀌었지만 브랜드로서 그들의 본질은 변하지 않았다. 나이키는 퍼포먼스 기업으로 시작했으며, 그것이 현재, 그리고 미래의 그들의 본질이다."

브랜드를 창조하는 것은 쉽지 않은 일이다. 신발 회사는 많지만 나이키는 하나뿐이다.

네이트 몰리는 자신의 본질을 진정으로 알게 되면 수많은 다른 일도 할 수 있고 많은 사람에게 호소할 수 있다고 말한다. 그는 기업들과 협력할 때 모든 과정에서 이 접근 방식을 적용한다.

"대부분 스타트업은 제품을 생산해서 시장에 출시하는 일에 과도한 초점을 맞추고 있다. 이게 나쁘다는 뜻은 아니다. 그러나 지금은 자신들이 만드는 제품이나 하는 일보다는 기업의 본질에 대한 이야기를 들려주는 것이 중요한 시점이다. 만드는 제품이나 하는 일은 자신의 본질을 브랜드로 표현하는 행위다."

챗북스는 사람들이 스마트폰에 저장하거나 소셜 미디어에 올린 사진으로 사진첩을 만들어주는 스타트업이다. 챗북스의 자문 위원인 몰리는 챗북스가 인쇄물 회사가 아니라는 사실을 그들에게 깨우쳐 주었다. 챗북스는 사람들에게 영감을 주고 그들로 하여금 가장 소중한 순간을 남길 수 있도록 돕는, 즉 '중요한 것을 간직하는' 일을 하는 회사다. 그 목적을 위한 수단은 물론 사진첩을 인쇄하는 것이지만, 인쇄 행위 자체의 핵심에는 자신들의 본질이 들어있지 않다. 이에 몰리는 설명한다.

"챗북스는 이러한 접근 방식을 통해 한 브랜드로서 자신의 본질을 바꾸지 않고도 제품과 서비스를 계속 발전시킬 수 있다."

또한, 브랜드가 되면 변화하는 세계에서 오래 살아남을 수 있다. 예를 들어, 세계 최고의 프로세서를 만드는 한 회사가 있지만 그들에게 그게 전부라면, 조만간

다른 2위 프로세서 기업이 더 좋은 프로세서를 만들게 된다. 이런 이유로 세계 최고의 기업들은 제품을 판매하기에 앞서 먼저 브랜드로서 자신의 본질을 표현할 목적으로 광고의 힘을 빌린다. 정상급 브랜드들은 브랜드 구축을 위한 자원을 따로 할당하는 것이 얼마나 중요한지 알고 있다.

몰리는 대형마트 타깃을 위한 몇 가지 캠페인을 개발하면서 광고에 제품 얘기를 전혀 넣지 않았다. 이 캠페인의 목표는 단순히 타깃이 세련되고 쿨하고 재미있고 가까이에 있다는 것을 사람들이 느끼도록 돕는 것이었다. 타깃에서 취급하는 물품은 대부분 어디서든 구매할 수 있지만, 사람들은 이왕이면 자신이 좋아하는 브랜드에서 구매하기를 원한다.

○ 큰 뜻을 품자

언론인 케이티 쿠릭은 기술과 스토리텔링을 결합하는 방법을 터득하는 사람들이 장기적으로 훨씬 더 성공할 것이라고 믿는다. 가능성은 무한하지만, 관심을 끌기 위한 경쟁은 그 어느 때보다 치열하다. 과제는 자신의 원칙에 충실하면서 눈길을 끄는 것이다. 또한, 전략도 필요하다. 그렇지 않으면 아무리 콘텐츠가 훌륭해도 누구도 보지 않을 것이다.

인플루언서라면 신제품이나 서비스의 홍보에 그칠 게 아니라 주변 세계에 관심을 가져야 한다. 큰 뜻을 품은 브랜드가 되어야 한다. 쿠릭은 이것이 실제로 메시지의 증폭 효과를 높인다고 생각한다.

○ 나를 표현하는 브랜드 구축

필 란타는 자사인 스튜디오71의 중점 분야 중 하나가 크리에이터의 브랜드를 구축하여 장거리 경력을 위한 안전망을 갖추게 하는 것이라고 말한다. 특히, 잠재 고객이 주로 젊은층인 엔터테인먼트 분야에서 유명 연예인은 한 가지만 잘해서는 장수하는 경우가 매우 드물다. 일반적으로 젊은이들은 또래들과의 상호 작용을 원한다. 그래서 필 란타는 고객이 나이가 들어 그 연령대를 넘어서도 브랜드를 떠나지 않게 그들을 붙잡으려 노력한다.

오래 살아남으려면 나를 둘러싼 브랜드를 구축하는 것이 중요하다. 이것은 현재 만들고 있는 콘텐츠에 국한된 의미가 아니다. 유튜브 장에서 언급한 렛 앤 링크는 이 경지에 오른 훌륭한 사례다. 그들은 〈굿 미시컬 모닝〉을 제작해 엄청난 인기를 얻은 후, 이 모닝 쇼의 제작진들에게 초점을 맞춘 후속 시리즈 〈굿 미시컬 크루Good Mythical Crew〉를 시작했다. 렛 앤 링크는 독자적으로 스타덤에 오른 인물일뿐만 아니라 팬들을 다른 사람들에게 소개하여 그들이 계속 성장하도록 돕기까지 한다. 이제 그들은 누구에게나 사랑받는 자신의 브랜드 안에 15명의 인기 유튜버를 추가하게 되었다. 크리에이터로서 본인의 성공 그 이상의 발전을 추구하는 것은 정말 멋진 일이다.

○ 멀티 채널을 사용

포켓 워치의 크리스 윌리엄스는 잠재 고객에 대한 도달 범위의 확보가 곧 브랜드의 확보를 의미하지는 않는다고 말한다. 페이스북 팔로워가 100만 명이 되거나 동영상 조회 수를 5만 건 기록한다고 해서 브랜드가 있다는 의미는 아니다. 심지어 한 달에 8억 조회 수를 달성해도 브랜드 인지도가 생겼다고 장담할 수 없다.

윌리엄스는 많은 수의 팔로워를 브랜드로 전환하기 위해 여러 곳에서 사람들에게 다가갈 것을 권장한다. 그는 유튜브 스타인 제이크 폴Jake Paul이 디즈니 채널 쇼 〈비자바르크Bizaarvark〉에 나서면서 자신의 디지털 브랜드를 초월했다고 생각한다. 제이크 폴은 돈 때문에 한 일이 아니었다. 더 많은 플랫폼에 등장하여 자신의 브랜드를 구축하기 위해서였다. 여러 군데에서 얼굴을 내밀기 시작하면 그것이 브랜드 구축의 시작임을 그는 알았던 것이다. 반면, 하나의 플랫폼에만 모습을 드러내는 것은 대개 충분하지 않다.

나인개그의 레이 찬도 이에 동의하며 새로운 사용자를 확보하면서 견고한 브랜드를 구축하는 것이 목표가 되어야 한다고 말한다. 사람들에게 자신의 브랜드를 알리고 신속하게 이해시켜야 한다. 다른 채널에서도 자신을 볼 수 있다는 점을 널리 알려서 그들에게 다른 여러 방법으로도 참여할 수 있게 해야 한다.

○ 기회의 창출

조이반 웨이드는 연기 학교를 졸업한 후 BBC와 코미디 센트럴Comedy Central 같은 유명 방송국에서 활동하고 싶었지만, 비현실적인 꿈이란 것을 알았기 때문에 독자적인 코미디 쇼를 만들기로 결정했다. 대신 그는 자신의 손에 통제권을 쥔 채 프로그램을 창작하고 스스로 온라인으로 배포했다. 그렇게 그는 '개념 증명proof of concept'을 완료했고, 온라인으로 콘텐츠를 보여줌으로써 수많은 팔로워를 확보하는 '사회적 검증proof of concept'을 거쳤다. 그리고 그의 콘텐츠가 매우 큰 인기를 얻었기 때문에 훗날 BBC라는 더욱 큰 네트워크에 입성할 타당도와 신뢰도를 확보할 수 있었다. 그는 대형 채널을 상대로 자신의 콘셉트가 효과가 있다는 걸 증명해야 한다고 말한다.

"스스로 윙윙 소리를 내며 소문의 근원지를 만들면 꿀벌들이 모인다."

스스로 무언가를 만들다 보면 다른 사람들이 나타나기 시작한다. 당신과 당신의 생각을 따르는 사람들이 우르르 몰려들기 마련이다.

조이반 웨이드는 BBC에 진출하기 전에 직접 만든 디지털 코믹 콘텐츠로 수백만 건의 조회 수를 기록하여 자신의 창작물이 효과가 있다는 것을 BBC에 입증해 보였다. 그 결과 BBC의 러브콜을 받게 됐다. 그는 자신의 브랜드를 시작하는 사람이라면 누구나 자신의 힘으로 해야 한다고 생각한다. 기회는 하늘에서 뚝 떨어지는 것이 아니므로 기회를 직접 만들기 위해 열심히 노력해야 한다.

○ 강력한 유대감을 형성하라

팝핏펀의 데이비드 오는 고객이나 팬과의 관계에 헌신하고 가치를 부여해야 한다고 설명한다. 잠재 고객과의 강력한 관계를 유지해야 오래 생존할 수 있다. 100만 명의 팔로워를 모으는 것은 교감과 관계의 유지 없이는 아무런 의미가 없다.

게시물에 댓글을 단 사람들에게 응답하고 관계를 맺으면 그들과 더욱 결속을 다질 수 있다. 이로써 사람들은 브랜드와 진정한 유대감을 느낀다. 팝핏펀은 고객이 원하는 건 무엇이든 건의할 수 있는 포럼을 운영하고 있으며, 데이비드 오도 직접 들어가서 고객과의 대화에 참여한다. 이것은 회사에 많은 가치를 창출해 주었다. 데이비드 오는 많은 브랜드가 이렇게 하기를 두려워한다고 말하지만, 스티브 잡스와 빌 게이츠를 포함한 최고의 기업가들도 온라인 세계로 들어가 직접 참여했다는 사실을 알고 있다.

그는 또한 가장 위대한 비평은 친구들의 조언이라고 덧붙인다. 그러니 팬을 친구라고 생각하고 대하면 그들은 좋은 통찰력과 조언을 제공해 줄 것이다. 그들은 당신의 회사나 페이지에 대해 어떤 점이 가장 좋은지 알려줄 것이며, 시간이 지남에 따라 당신이 발전하도록 도움을 줄 수 있다.

○ 성공의 비법은 없다

레이 찬은 게시물을 어느 시간대에 올릴지 따져보거나 인기 있는 해시태그를 활용하는 등 소위 지름길과 요령으로는 성공할 수 없다고 말한다. 대부분 사용자는 바보가 아니어서 해시태그를 타고 들어왔다가 시시한 콘텐츠를 보면 그 계정을 팔로우하지 않는다. 지름길은 처음에는 약간의 도움이 될 수 있지만, 사실 성공의 비결은 매우 우직한 방법이다. 사용자가 플랫폼에서 최상의 경험을 즐기도록 하는 것이다.

레이 찬은 좋아하는 영화를 보면서 이 과정에 대해 많은 점을 깨달았다고 얘기한다. 그는 마블 코믹스Marvel Comics에 매우 인기 있는 슈퍼히어로로 영화가 많다는 것을 알아차렸다. 이 때문에 DC 코믹스DC Comics는 마블의 모델을 복제하려고 했다. 그러나 박스 오피스 수익에서 DC 코믹스의 영화는 마블 영화에 비해 성적이 좋지 않았다.

그는 여기서 중요한 요소가 슈퍼히어로 자체가 아니라는 사실을 알게 되었다. 더 깊이 파고들면 마블 영화에는 아주 재미있는 유머에서 감동적인 가족 문제와 인간관계까지 포함하고 있다는 점을 알 수 있다. DC 코믹스 영화에는 일반적으로 그런 측면이 없다. 사실 필요한 비결은 인간의 감정과 연결되는 훌륭한 콘텐츠이지만, DC 코믹스는 지름길(슈퍼히어로의 인기)을 택하려 했다.

○ 테스트와 학습이 필수

레이 찬은 소셜 미디어를 제대로 사용하기 어려운 이유가 소셜 미디어 플랫폼과 환경이 끊임없이 변화하는 와중에도 탁월한 성과를 거두고 존재감 있게 버텨야 하기 때문이라고 말한다. 오늘날 몇 년마다 새로운 플랫폼이 등장하는 환경에서 우리는 이에 적응하도록 열심히 노력할 수밖에 없다.

조이반 웨이드는 소셜 미디어에 끊임없는 변동성이 있으며, 이에 맞춰 변화를 모색할 방법이 필요하다는 점에 동의한다. 이 점에서 바로 브랜드 구축이 도움이 된다. 브랜드 구축은 소비자 행동 변화에 따른 단기적 부침 또는 문화적 변화, 사회적 압력에 대처할 수 있는 방법 중 하나다.

레이 찬이 생각하기에 그의 꾸준한 성과에 커다란 영향을 미친 요인은 끊임없는 발전과 새로운 방법의 개발을 위해 계속 학습하고 테스트한다는 점이다. 스토리텔링, 재미의 선사, 참여 유도 등 콘텐츠의 핵심 원칙은 한결같았지만, 콘텐츠를 각 플랫폼에 맞는 형식으로 포장하는 방법은 지속적인 학습, 테스트, 반복 과정의 결과에 따라 달라졌다.

예를 들어, 페이스북은 최근 뉴스 피드에 큰 변화가 생길 것이라고 발표했다. 브랜드나 미디어 회사가 아닌 가족과 친구들의 소식이 더 많이 표시되도록 중점을 두겠다는 것이다. 이런 환경에서 존재감을 지키며 살아남으려면, 내가 설명한 광고 플랫폼의 활용 전략이 더욱더 중요해진다. 유료 광고의 가치를 깨닫지 못한다면 많은 기업은 고전할 것이다. 브랜드와 미디어 기업 입장에서 페이스북을 이용한 유기적 마케팅은 이전보다 훨씬 어려워질 것이다.

이러한 변화에 적응하는 한 가지 방법은 이 책에서 제공하는 광고 전략을 활용하고 제공된 콘텐츠에 온전성과 독창성을 부여하는 것이다. 콘텐츠의 공유 가능성이 높지 않으면 사람들에게 노출될 기회가 절대 생기지 않는다. 이러한 환경의 변화는 소셜 미디어로 인해 우리가 지속적으로 전략을 최신 상태로 유지하며 열심히 노력해야 할 여러 이유 중 한 가지일 뿐이다.

◐ 직감을 믿고 꿈을 이루자

모든 사람에게는 목표와 그 목표를 실현하게 해줄 재능이 주어진다. 그리고 나만의 기업을 만들어 내가 가진 어떤 기술이든 활용할 수 있다. 다른 사람들에게 어떻게 가치를 제공할 수 있는지 생각해보라. 자신의 직감을 따라야 한다. 꿈이 있다면, 그리고 그 꿈이 없는 삶을 상상할 수 없다면, 그것을 추구하지 않을 이유가 있겠는가? 그 꿈이 사라지는 때는 오직 포기하는 경우뿐이다.

조이반 웨이드는 여러분이 가장 자기다운 최고의 삶을 살 것을 촉구한다. 우리는 완벽한 행복을 경험하지 못할 이유가 없다. "나에게는 좋아하는 일이 있고, 그 일을 앞으로 평생 하고 싶다."라고 말하는 내면의 목소리가 꿈틀거리면 망설일 필요 없다. 비록 '성공'하지는 못하더라도, 꿈을 좇아 사는 것이 싫은 일을 하면서 현실에 안주하는 것보다 짜릿한 인생이다.

조이반 웨이드의 말은 인생이 한 번뿐임을 일깨워 준다. 한 번 사는 인생인데 스스로 행복해지는 일을 하자. 꿈을 현실로 만들기 위해 할 수 있는 모든 것을 시도하기 바란다. 꿈을 쌓지 않으면 다른 사람에게 고용되어 그의 꿈을 쌓는 데 도움만 주며 살게 될 것이다.

주킨 미디어의 조나단 스코모는 기업가들에게 성공은 단거리 경주가 아니라 마라톤임을 일깨우고자 한다. 로켓에 올라타지 않았다고 해서 발전이 없다는 의미는 아니다. 그리고 로켓에 올라탔다 해도 연료가 떨어지는 시점은 오기 마련이니 마냥 앞날이 밝지만도 않다. 조나단 스코모는 서두르지 말고 차근차근 테스트하면서 최고의 승리 조합을 찾으라고 말한다.

당장 실행에 옮겨 뭔가를 테스트하고 학습하고, 테스트에서 성공한 것을 반복하라. 많은 시간과 노력의 투입은 감수해야 한다. 단기전이 아닌 장기전을 해야 한다. 웨이드는 사람들이 인내의 진가를 별로 인정하지 않는 듯하지만, 그래도 인내가 무엇보다 중요하다고 생각한다. 오래 생존하기 위해서는 일단 오늘 바로 시작하되, 성공은 소소한 성과부터 느긋하게 기다려야 한다. 조그만 것이라도 꾸준히 하다 보면 티끌 모아 태산이 된다.

이틀에 한 번씩 동영상이나 콘텐츠를 올리기 시작한 후, 익숙해지면 하루 한 편으로 늘려보자. 열정과 시간이 있다면 가치 있는 것을 만들어 낼 수 있다. 지금부터 1년 후면 과거에 상상할 수 없었던 위치에 있는 자신을 발견하게 될 것이다. 오늘부터 당장 시작하여 꿈을 실현하기 바란다.

- 큰 꿈을 가져라.

- 자신의 본질을 이해하면 재능으로 세상에 이바지할 수 있다.

- 브랜드 구축은 더 길게 경력을 이어가기 위한 안전망이다.

- 브랜드를 구축할 때 여러 플랫폼을 사용하라.

- 자신의 본질과 본업에는 차이가 있다. 지속적인 성공을 위해 자신의 본질에 집중하라.

- 믿을 만한 사람이 되어라. 신뢰는 모든 것의 핵심이다.

- 고객과의 강력한 관계를 구축하라. 팬을 친구처럼 대하라.

- 플랫폼 사용자에게 최고의 사용자 경험을 제공하라.

- 테스트와 학습을 통해 변화하는 플랫폼에 적응하라.

- 스스로 기회를 창출하라. 스스로 윙윙 소리를 내며 소문의 근원지를 만들면 꿀벌들이 모인다.

- 실패의 유일한 방법은 포기하는 경우다.

- 꿈을 현실로 만들기 위해 능력이 닿는 대로 뭐든지 하라.

- 서두르지 말고 천천히 나아가라. 테스트를 잊지 말자.

- 조급하게 굴지 마라.

- 오늘부터 시작하여 꿈을 실현하라.

감사의 글 ⌧

먼저 저작권 에이전트 빌 글래드스턴Bill Gladstone에게 감사드린다. 그가 없었으면 이 책은 나오지 않았을 것이다. 그동안 그의 손을 거쳤던 도서의 총 매출액이 50억 달러가 넘을 만큼 이미 대단한 거물이지만, 작가로서의 내 경력과 이 책의 출판을 이끌어주기 위해 귀한 시간을 내주어 진심으로 영광이다. 지속적인 지원에 감사하며 차기작을 통해 다시 함께 일할 수 있기를 기대한다.

정말 좋은 친구가 되어 준 래섬 아네슨에게 감사드린다. 파라마운트 픽처스에서 그와 일한 시간은 언제나 즐거웠지만, 우리가 작업한 모든 영화에서 최상의 결과를 얻을 수 있는 방법에 대해 깊고 의미 있는 대화를 나눌 때가 특히 좋았다. 이러한 대화를 앞으로도 계속할 수 있기를 바란다. 이 책에 참여해 줘서 다시 한번 감사의 말을 전한다.

수년 동안 나에게 통찰력과 방향을 제시해준 에릭 브라운스타인에게 진심으로 감사드린다. 우리가 알고 지낸 지 오래되지 않았지만, 그 사이 그가 얼마나 많은 것을 성취했는지를 보면 놀라울 따름이다. 브라운스타인의 팀이 셰어러빌리티에서 보여 주는 성과는 정말 놀랍다. 그리고 친절하게도 독자들을 위해 보다 중요하고 강력한 콘텐츠를 만드는 방법에 관한 중요한 통찰력을 기꺼이 제공해 주었다.

이몬 캐리에게 감사의 말을 전한다. 지난 몇 년간 그와 함께 대화하면서, 특히 디지털과 비즈니스에 대한 전 세계의 상황에 대해 토론할 때 그에게서 큰 감명을 받았다. 지난 10년 동안 그가 들려준 정보를 통해 나는 엄청나게 많은 것을 배웠다.

나인개그의 레이 찬에게 감사드린다. 이 책을 위해 일부러 시간을 내어 지혜를 공유해 주어 정말로 고맙게 생각한다. 나인개그가 그토록 성공할 수 있었던 이유에는 의문의 여지가 없을 것이다. 이 책에서 그가 제공한 많은 중요한 교훈은 다른 사람들의 성장 궤도와 소셜 미디어 전략을 촉진하는 데 도움이 될 것이다.

수년 동안 훌륭한 친구이자 협력자가 되어준 켄 쳉에게 감사드린다. 서로 다양한 콘셉트, 전략, 비즈니스 모델에 대해 의견을 나누는 것은 언제나 즐거웠다.

케이티 쿠릭에게 정말 감사드린다. 그녀와 함께 일한 지난 3년은 진정한 영광이자 기쁨이었다. 흥미로운 인터뷰 콘텐츠를 함께 제작하게 되어 항상 즐거웠고, 계속 함께 일할 수 있기를 바란다. 또한 앞으로 보여줄 혁신적인 콘텐츠도 기대된다.

웹 서밋에서 만났을 때 시간을 내어 인터뷰에 응해준 줄리어스 데인에게 감사드린다. 그가 기록한 성장 속도는 진심으로 놀라웠다. 이 책은 한 달 만에 100만 명의 팔로워를 달성하는 것을 전제로 했지만, 데인은 15개월 만에 1,500만 명의 팔로워를 기록하여 한 단계 넘어선 레벨을 보여 주었다. 그의 콘텐츠가 보여준 지속적인 성장과 바이럴 효과는 내가 보기에 타의 추종을 불허할 정도다.

페드로 플로레스를 수년 동안 알고 지낸 것은 놀라운 경험이었으며, 우리가 유튜브에서(제이슨 스타뎀의 영화 〈아드레날린 24〉와 관련된) 최초의 인플루언서 캠페인 중 하나를 만들었던 게 10년 전 일이라니 믿기지 않는다. 진정으로 독창적인 유튜브 크리에이터 중 한 명이며, 그가 만든 창의적인 콘텐츠는 언제 봐도 재미있다.

시간을 내서 이 책에 참여해준 팀 그린버그에게 감사드린다. 세계서핑연맹의 글로벌 커뮤니티를 육성하기 위한 그의 놀라울 정도로 혁신적인 접근 방식은 항상 배울 점이 아주 많았다.

필 란타에게 감사드린다. 우리가 만날 때마다 난 항상 동기 부여의 자극을 받았다. 아주 오래 전 그가 풀스크린에서 일하던 초창기에도 마찬가지였다. 지금까지 이 업계에서 달성한 그의 성과는 놀랍다. 계속해서 그에게서 배우고 있으며, 그가 공유하는 모든 것에 진심으로 감사하고 있음을 알아주기 바란다.

언변이 뛰어난 존 자쉬니에게 감사드린다. 그는 내가 엔터테인먼트 업계에서 만난 가장 지적인 사람 중 한 명이고, 그가 말하는 모든 단어는 시처럼 예술적이었다. 깊은 대화를 통해 디지털 및 엔터테인먼트 산업뿐만 아니라 일반적인 삶에 대해서도 지혜를 공유해준 것에 감사하게 생각한다.

마이크 저코박에게 감사드린다. 패션 트러스트 Fashion Trust에서의 협력을 시작으로 아드리아나 리마 Adriana Lima, 현재의 배스트 VAST에 이르기까지 우리가 함께 일한 지난 8년은 놀라운 경험이었다. 그간의 공동 작업에 진심으로 감사하며 더욱 혁신적인 프로젝트를 함께 개발할 수 있기를 기대한다.

제프 킹에게 감사드린다. 의사소통 처리 모델 PCM에 대한 그의 가르침은 내 인생에서 변곡점이 되었다. 모든 지원과 지도에 감사드린다. 나는 커뮤니케이션이 비즈니스, 콘텐츠, 소셜 미디어뿐만 아니라 우리 일상생활에도 어떤 영향을 미치는지에 대해 대화를 나누면서 즐거웠다. 내 인생과 경력에서 PCM과 그의 존재는 중요한 영향을 끼쳤다.

지속적인 지도와 우정을 베풀어준 롭 모란에게 감사드린다. 지난 몇 년 동안 함께 일하게 되어 매우 기뻤다. 가까운 미래에 함께 협력하고 같이 일할 수 있길 바란다.

브랜딩에 대한 네이트 몰리의 지식과 경험은 내가 보기에 따라올 자가 없을 것 같다. 브랜딩은 오래 지속되는 성장을 위해 가장 중요하고 필수적인 요소 중 하나라고 생각한다. 그는 나이키, 스컬캔디, DC 슈즈 등과 함께 작업하면서 항상 타깃 고객을 사로잡을 매력적인 콘텐츠를 만드는 가장 혁신적인 방법을 찾아냈다. 우리가 나눈 모든 대화에서 그가 제공한 지식에 감사드린다.

데이비드 오에게 감사드린다. 나는 그가 지금까지 만난 가장 스마트한 인터넷 마케팅 전문가라고 사람들에게 이야기한다. 그의 전문 지식, 경험, 통찰력은 차원이 다르다. 나는 그와 대화할 때마다 엄청난 지식을 배워가곤 했다. 그리고 그가 수년 동안 구축한 모든 회사에서 달성한 성과를 보며 항상 놀란다. 팹핏펀의 인상적인 성장은 행운이 아니라 통찰력과 경험에 기인한다. 앞으로의 프로젝트에서 함께하기를 기대한다.

카리오 살렘과의 우정은 내게 큰 의미가 있다. 우리 대화는 항상 즐거웠으며, 시나리오 작가로는 물론 음악가로서 그의 지속적인 성장을 지켜보길 고대한다. 그의 음악과 관련한 소셜 캠페인 작업과 협업은 재미있고 신나는 일이었다.

조나단 스코모에게 감사드린다. 우리가 시카고에서 LA로 이사했을 때, 당시 우리가 살았던 아파트에서 그가 '주킨 미디어'를 탄생시켰다는 것이 믿기지 않는다. 한 개인으로서, 그리고 기업인으로서 그의 성장을 지켜보는 것은 놀라울 정도다. 나는 그의 사무실로 걸어갈 때면 주킨 미디어가 이룩한 성취에 감탄하고 자랑스러운 생각이 든다. 우리는 함께 먼 길을 왔다.

조이반 웨이드에게 감사드린다. 우리의 대화는 정말 황홀했다. 지구 반대편에서 같은 마인드와 목표를 가진 사람을 만난다는 건 정말 흥분되는 일이다. 나는 항상 영감을 주는 그의 통찰력을 좋아했으며, 앞으로도 그와 협업할 기회가 오기를 기대한다.

AJ 윌콕스에게 감사드린다. 링크드인에서 그의 성과는 놀랍다. 링크드인 플랫폼에 1억 달러 이상의 광고를 집행한 경력은 그의 전문성과 지식 수준을 입증한다. 우리 대화는 언제나 즐거웠으며 앞으로의 협업을 기대한다.

크리스 윌리엄스는 정말 경이로운 사람이다. 나는 그가 메이커 스튜디오의 최고 커뮤니티 책임자였을 때 처음 만난 기억이 난다. 나는 그가 디지털 분야에서 가장 영리한 인물이라는 것을 알고 있었다. 그의 통찰력은 이 책은 물론 나의 지식과 성장에 매우 유용했다. 새로운 회사인 '포켓워치'에서 짧은 시간 내에 달성한 성장과 규모는 무척 인상적이다.

　프린스 이에이에게 감사드린다. 시간을 내어 이 책을 위한 인터뷰에 임하여 지혜를 공유하고 디지털 콘텐츠 제작에 있어서 동기부여와 영감을 주는 접근 방식을 취하도록 영향을 준 것에 감사하게 생각한다. 짧은 기간에 그가 이룩한 성과는 정말로 놀랍다. 그는 세계 최정상급 바이럴 동영상을 제작함으로써 훌륭한 소셜 콘텐츠를 만드는 방법과 긍정적이고 영향력 있는 삶을 사는 법을 우리에게 알려 주었다.

　이 책을 위한 인터뷰에 시간을 할애해 준 모든 분이 지식과 통찰력을 나눠 주었다. 앞서 언급한 분들을 비롯해, 시간 내어 참여해 준 여러분에게 진심으로 감사드린다. 크리스티 아니Christy Ahni, 앤서니 아론Anthony Arron, 크리스 바턴Chris Barton, 크리스 카마이클Chris Carmichael을 비롯한 모든 사람들에게 특별히 감사의 말을 전한다.

　이 책의 내용을 수정하고 책이 세상의 빛을 보도록 헌신해준 벤벨라BenBella 팀에게 감사드린다. 팀원 모두에게 진심으로 감사하며, 특히 글렌 예페스Glenn Yeffeth, 바이 트랜Vy Tran, 새라 에이빙어Sarah Avinger, 에이드리언 랭Adrienne Lang, 제니퍼 칸조네리Jennifer Canzoneri에게 감사드린다.

　'옵트인OPTin.tv'의 훌륭한 팀원들에게 감사드린다. 우리의 성장은 팀원의 끊임없는 노력과 헌신 없이는 불가능했을 것이다. 샨트 예그파리안Shant Yegparian, 데이브 시들러Dave Siedler, 스트라힐 하드지브Strahil Hadzhiev, 마이크 시거Mike Seager에게 특별히 감사를 표하고 싶다.

　이 책을 만들면서 많은 도움을 준 타라 로즈 글래드스턴Tara Rose Gladstone에게 진심으로 감사드린다. 그녀가 없었으면 이 책도 나오지 못했을 것이다. 그녀와 함께 일하는 것은 놀라운 과정의 연속이었다. 중간에 부침이 있었지만, 그녀가 할애한 노력, 헌신, 시간 덕분에 완성본이 정말 훌륭하게 나왔다고 생각한다. 진심으로 감사드리며 앞으로도 함께 일하기를 기대하고 있다.

마지막으로 언급하지만 역시 소중한 사람들로, 지난 몇 년간 멘토가 되어준 가이어 코진스키Geyer Kosinski, 게리 루체시Gary Lucchesi, 안토니 랜달Antony Randall, 피트 윌슨Pete Wilson, 브라이언 맥넬리스Brian McNelis, 리처드 라이트Richard Wright에게 감사의 말을 전한다.

한 달 만에 달성하는
100만 팔로워 마케팅

초판 1쇄 발행 | 2020년 11월 23일

지 은 이 | 브렌단 케인
옮 긴 이 | 임경은
펴 낸 이 | 윤석진
펴 낸 곳 | 도서출판 작은우주
총괄영업 | 김승헌
책임편집 | 김아롬
디 자 인 | 이상량

출판등록일 | 2014년 7월 15일(제25100-2104-000042호)
주   소 | 서울특별시 마포구 월드컵북로4길 77, 3층 389호
전   화 | 070-7377-3823
팩   스 | 0303-3445-0808
이 메 일 | book-agit@naver.com

ISBN 979-11-87310-49-5 03320

* 북아지트는 작은우주의 성인 단행본 브랜드입니다.